《四川全面建成小康社会研究》编委会

编委会主任：范　毅
副 主 任：何　健　曾俊林　蒋　勇
编辑部主任：周作昂
副 主 任：唐学清　车茂娟
成　　　员：廖　彬　周　怡　丁　娟
　　　　　　兰　想　贺　嘉　王亚敏
　　　　　　王丹美亚　安江丽
　　　　　　范伊静

四川全面建成小康社会研究

四川省统计局 主编

项目策划：徐　凯
责任编辑：毛张琳
责任校对：张伊伊
封面设计：墨创文化
责任印制：王　炜

图书在版编目（CIP）数据

四川全面建成小康社会研究 / 四川省统计局主编. — 成都：四川大学出版社，2021.10
ISBN 978-7-5690-5033-2

Ⅰ．①四… Ⅱ．①四… Ⅲ．①小康建设－研究－四川 Ⅳ．① F127.71

中国版本图书馆 CIP 数据核字（2021）第 191989 号

书　名	四川全面建成小康社会研究
主　编	四川省统计局
出　版	四川大学出版社
地　址	成都市一环路南一段24号（610065）
发　行	四川大学出版社
书　号	ISBN 978-7-5690-5033-2
印前制作	四川胜翔数码印务设计有限公司
印　刷	郫县犀浦印刷厂
成品尺寸	185mm×260mm
印　张	12.25
字　数	265千字
版　次	2021年11月第1版
印　次	2021年11月第1次印刷
定　价	68.00元

◆ 版权所有 ◆ 侵权必究

◆ 读者邮购本书，请与本社发行科联系。
电话：(028)85408408/(028)85401670/(028)86408023　邮政编码：610065
◆ 本社图书如有印装质量问题，请寄回出版社调换。
◆ 网址：http://press.scu.edu.cn

四川大学出版社
微信公众号

序　言

2020年是全面建成小康社会和"十三五"规划收官之年，要实现第一个百年奋斗目标，为"十四五"规划和实现第二个百年奋斗目标打好基础，既是决胜期，也是攻坚期。

为深入贯彻党的十九大和第十九届二中全会、三中全会、四中全会、五中全会精神，全面落实习近平总书记对四川工作系列重要指示精神和中央经济工作会议精神，扎实抓好省委第十一届三次全会、四次全会、五次全会、六次全会、七次全会、八次全会各项决策部署落实，紧扣全面建成小康社会目标任务，围绕重点领域，推动四川经济社会发展再上新台阶，为各级党委政府科学决策提供参考依据，四川省统计局联合大专院校、科研院所开展"四川全面建成小康社会系列研究"，完成系列研究课题20项，并将其中12篇优秀成果汇编成书公开出版。

该系列课题研究得到了四川大学、西南财经大学、四川师范大学、四川轻化工大学、四川省区域科学学会、成都市西博信社会经济研究咨询有限公司、成都极课教育科技有限公司等科研院所和单位的大力支持，在此表示衷心的感谢。

书中难免有疏漏，敬请批评指正。

编者

2021 年 1 月

目 录

四川全面建成小康社会成效研究 …………………………………………（1）

四川建立解决相对贫困的长效机制研究 …………………………………（14）

四川提升开放型经济水平研究 ……………………………………………（26）

四川筑牢长江黄河上游生态"双屏障"研究 ……………………………（34）

四川人工智能应对人口老龄化问题研究 …………………………………（49）

四川农民工养老问题调查研究

——基于巴中的调查数据 ………………………………………（67）

四川"互联网+医疗健康"发展研究 ……………………………………（75）

新冠肺炎疫情对四川经济社会的影响分析及政策建议 …………………（96）

疫情影响下四川消费转型升级研究 ………………………………………（104）

疫后四川重要农产品稳产保供的长效机制研究 …………………………（114）

金融集聚助推成渝地区双城经济圈协同发展研究 ………………………（131）

成德眉资同城化研究 ………………………………………………………（163）

四川全面建成小康社会成效研究

2020年是"两个一百年"奋斗目标的承上启下之年,既是全面建成小康社会的收官之年,也是"两步走"实现现代化的起始之年。面对新冠肺炎疫情前所未有的冲击和错综复杂的宏观经济形势,全省上下坚决贯彻落实党中央、国务院和省委、省政府的决策部署,统筹推进疫情防控和经济社会发展,扎实做好"六稳"工作,全面落实"六保"任务,全面建成小康社会取得明显成效,稳步向基本实现现代化迈进,为实现"两个一百年"奋斗目标奠定了良好基础。与此同时,我省经济社会发展仍存在一些短板和不足,制约着"两个一百年"奋斗目标的实现。本报告对四川省全面建成小康社会的成效进行梳理总结,认清四川省基本实现现代化的基础条件,并剖析当前面临的挑战,提出对策建议,以期为党委政府提供决策参考。

一、四川全面建成小康社会的成效

在全面建成小康社会进程中,四川经济实力不断增强,经济结构持续优化,科技实力大幅提升,区域经济协同推进,开放程度日益提高,人民生活更加富裕,社会事业全面进步,生态建设成效显著,在助力全面建成小康社会圆满收官的同时,也为基本实现现代化奠定了坚实的基础,创造了良好的环境和条件。

(一)经济实力不断增强

一是经济总量跃上新台阶。2010年以来,四川经济总量跨越三个万亿元大台阶,2011年迈上2万亿元台阶,2015年迈上3万亿元台阶,2018年迈上4万亿元台阶。四川地区生产总值由2010年的17185.5亿元增加到2019年的46615.8亿元,翻番指数达到135.6%,按可比价计算,2011—2019年年均增长9.5%。与此同时,四川经济总量在全国的位次稳步提升。2010年,四川经济总量位居全国第8位,2015年超过河北和辽宁,位居全国第6位,2019年仍居全国第6位,且经济增速快于经济总量较大的广东、江苏、山东、浙江、河南五省。四川经济总量的不断扩大为决胜全面小康,开启基本实现现代化新征程奠定了坚实的基础。

二是产业发展不断夯实。2019年,第一产业增加值达到4807.2亿元,居全国第 2 位，比 2010 年增加 2364.0 亿元，2011—2019 年年均增长 3.8%；第二产业增加值达到 17365.3 亿元，居全国第 8 位，比 2010 年增加 9463.2 亿元，2011—2019 年年均增长 10.5%；第三产业增加值达到 24443.3 亿元，居全国第 8 位，比 2010 年增加 17603.2 亿元，2011—2019 年年均增长 9.9%。

三是财政收入稳步增长。2019 年，全省实现地方一般公共预算收入 4070.7 亿元，居全国第 7 位，比 2010 年增加 2509.0 亿元，2011—2019 年年均增长 11.2%。

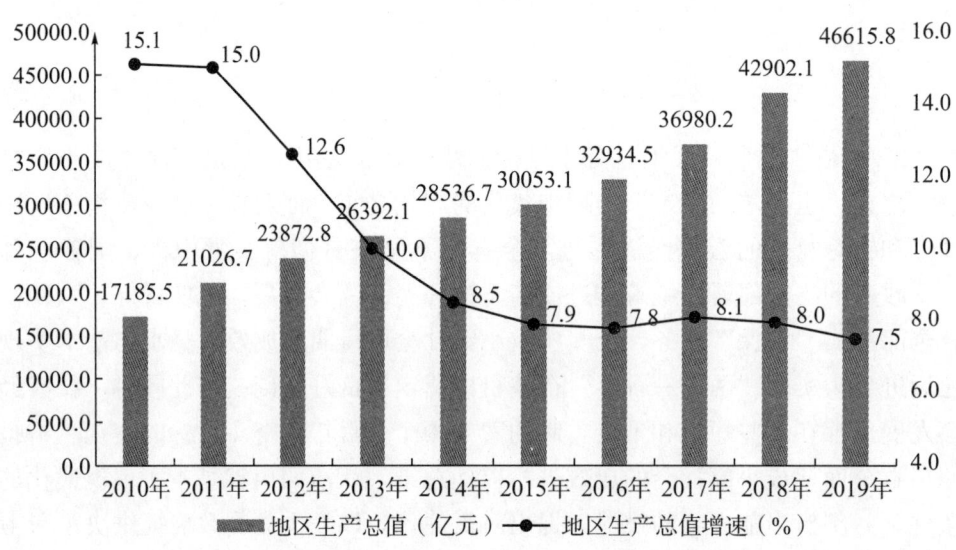

图 1　2010—2019 年四川地区生产总值及增速

（二）经济结构持续优化

一是产业结构实现重大调整。2010 年以来，随着工业化进程的不断推进和现代服务业的不断崛起，四川产业结构逐步优化升级。三次产业结构从 2010 年的 14.2∶46.0∶39.8 调整为 2019 年的 10.3∶37.3∶52.4，第一产业比重下降 3.9 个百分点，第二产业比重下降 8.7 个百分点，第三产业比重上升 12.6 个百分点。在产业结构优化调整过程中，以 2016 年为转折点，四川三次产业结构实现了"二、三、一"到"三、二、一"的转变，此后工业和服务业"双引擎"拉动作用明显，助力全省经济平稳增长。

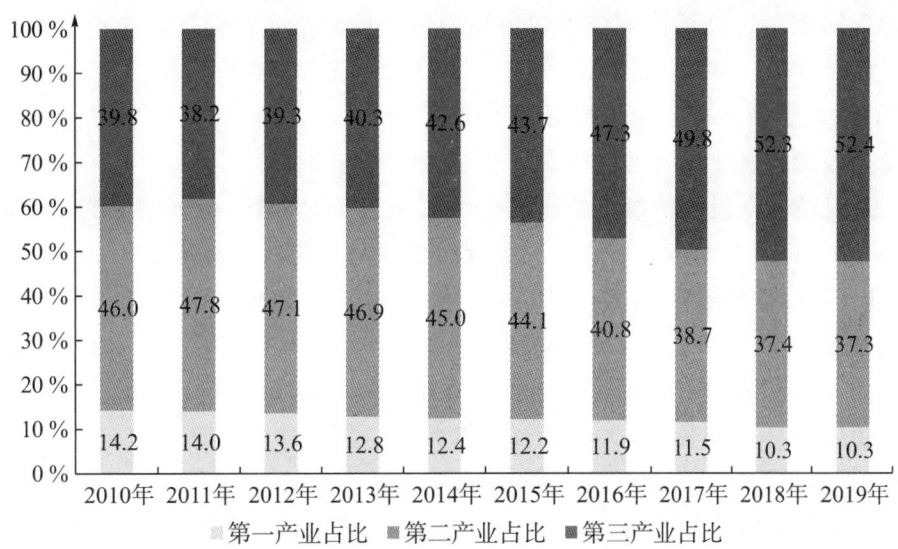

图 2　2010—2019 年四川三次产业结构占比

二是供给侧结构性改革深入推进。在去产能方面，结构性去产能任务基本完成，企业质量效益提升，2019 年规模以上工业企业利润总额比上年增长 10.4%。在去库存方面，推进租购并举，2019 年商品房销售面积比上年增长 6.3%。在去杠杆方面，规模以上工业企业资产负债率有所下降，2019 年规模以上工业企业资产负债率 56.1%，比上年降低 0.7 个百分点。在降成本方面，2019 年新增减税降费约 800 亿元，持续推进电力体制改革，开展水电消纳产业示范区试点，一般工商业电价下降 11.7%，减轻全社会用电负担 216 亿元；规模以上工业企业每 100 元主营业务收入中成本为 82.4 元，比上年减少 0.1 元。在补短板方面，实施基础设施等重点领域补短板三年行动，2019 年基础设施投资 9861.7 亿元，比上年增长 5.6%，占全省社会固定资产投资总额的比重超过 30%。

三是新经济蓬勃发展。在新产业方面，2019 年规模以上高技术产业增加值比上年增长 11.7%，增速比规模以上工业平均水平高 3.7 个百分点，其中航空航天器及设备制造业比上年增长 29.2%，医疗仪器设备及仪器仪表制造业比上年增长 17.2%，计算机及办公设备制造业比上年增长 11.9%，电子及通信设备制造业比上年增长 11.4%，医药制造业比上年增长 9.7%。在新业态方面，2019 年在限额以上企业（单位）中，通过互联网实现的商品零售额达 1013.2 亿元，比上年增长 23.1%。

（三）科技实力大幅提升

一是科技创新环境不断优化。2015 年，四川被确定为全国 8 个全面创新改革试验区之一；2017 年，四川获批国家创新型省份试点；2019 年，四川获批国家数字经济创新发展试验区。在政策落实方面，研究开发费用税前加计扣除比例从

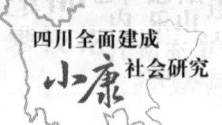

50%提高到75%、高新技术企业减免税等普惠性政策全面落实,企业受惠面不断扩大。在财政投入方面,2019年全省财政投入科技资金185.9亿元,是2010年的5.4倍,财政科技支出占全省财政支出比重为1.8%,比2010年提高1.0个百分点,稳步增加的财政支出为科技事业发展提供了有力保障。

二是科技创新投入持续加大。在经费投入方面,2019年全省共投入研究与试验发展(R&D)经费871.0亿元,总量居全国第8位、西部第1位;研究与试验发展(R&D)经费投入强度(R&D经费与地区生产总值之比)为1.87%,比2010年提高0.3个百分点,投入强度居全国第14位、西部第3位。在人员投入方面,2019年四川省R&D人员折合全时当量达到17.1万人年,是2010年的2倍,2011—2019年年均增长8.3%;每万人R&D人员全时当量为20.4人年,比2010年增加10人年,2011—2019年年均增长7.8%。

三是科技创新成果丰硕。在科技产出方面,2019年全省授权专利82066件,是2010年的2.5倍,其中授权发明专利12053件,是2010年的5.5倍;发明专利授权率(授权发明专利占申请量的比重)达到30.5%,万人发明专利拥有量达到7.23件。在技术市场发展方面,2019年共登记技术合同13200项,是2010年的1.9倍;实现成交额1216.2亿元,是2010年的21.2倍,居全国第7位。

四是科技创新成效稳步提升。在提质增效方面,新兴产业保持较快增长,2019年全省高新技术产业实现营业收入1.89万亿元,比上年增长7.6%;五大支柱产业实现营业收入超过4万亿元,增加值比上年增长8.2%,增速比全省工业平均增速高0.2个百分点。截至2019年,全省拥有国家高新技术企业5669家,比上年增加1336家;登记入库科技型中小企业9275家,居全国第4位。在平台建设方面,2019年全省建成各类科技创新平台1840个,比上年增加207个,其中国家级科技创新平台173个,省级1667个。截至2019年,全省拥有国家高新技术产业开发区8个,居全国第6位,拥有省级高新技术产业园区16个,比上年增加4个;拥有国家级科技企业孵化器35个,省级123个;国家级众创空间65个,省级125个;国家级国际科技合作基地22个,省级64个。

(四)区域经济协同推进

在"一干多支"区域发展战略引领下,四川省区域经济发展协调性不断提升,"一干多支、五区协同"新格局正逐步形成。

一是主干引领作用持续增强。2019年成都市经济总量达到17012.7亿元,占全省经济总量的36.5%,比2010年提高4.4个百分点。2014年,天府新区晋升为国家级新区,天府新区建设的持续推进为进一步推动成都经济高质量发展,增强区域引领辐射带动能力提供了重要支撑。2020年,成渝地区双城经济圈建设上升为国家战略,为成都进一步提升城市能级创造了有利条件。

二是多支竞相发展。2019年成都平原经济区经济总量达28295.6亿元,经济总量占全省的60%左右，环成都经济圈、川南、川东北经济区经济增速领先，攀西经济区、川西北生态示范区经济稳步增长。同时，四川省7个区域中心城市加快培育，"两千亿"俱乐部再添新军，除原有的绵阳、德阳、宜宾、南充四市外，泸州、达州两市经济总量首次迈上"两千亿"新台阶。成渝地区双城经济圈建设为区域中心城市、节点城市的发展带来新的机遇，将进一步促进多支发展与干支联动。

三是县域经济稳健支撑。2019年，全省183个县（市、区）中，经济总量过100亿元的县（市、区）有121个，占全省县（市、区）个数的66.1%，比上年增加1个。超过200亿元的县（市、区）有77个，比上年增加8个；超过500亿元的有18个，比上年增加2个；超过1000亿元的县（市、区）由上年的7个增加至9个，离2022年目标仅差1个县（市、区）。

（五）开放程度日益提高

2010年以来，四川抢抓"一带一路"建设、长江经济带发展、新一轮西部大开发等重大战略机遇，推动形成"四向拓展、全域开放"的立体全面开放新态势，对外贸易保持较快增长。以美元计价，2019年，四川实现进出口总额980.5亿美元，是2010年的3倍，2011—2019年年均增长13%。其中，出口额和进口额分别为563.8亿美元和416.7亿美元，都是2010年的3倍，保持平衡增长态势。2019年四川实际利用外资124.8亿美元，比上年增长13.1%。外商投资实际到位资金92.3亿美元，比上年增长2.3%。对外承包工程新签合同金额达185.1亿美元，比上年增长80.0%；完成营业额63.7亿美元，比上年增长4.0%。新批（备案）外商直接投资企业676家，累计批准（备案）12984家。新增境外投资企业90家，境外投资企业累计1155家。落户四川的境外世界500强企业有247家，比上年增加3家。

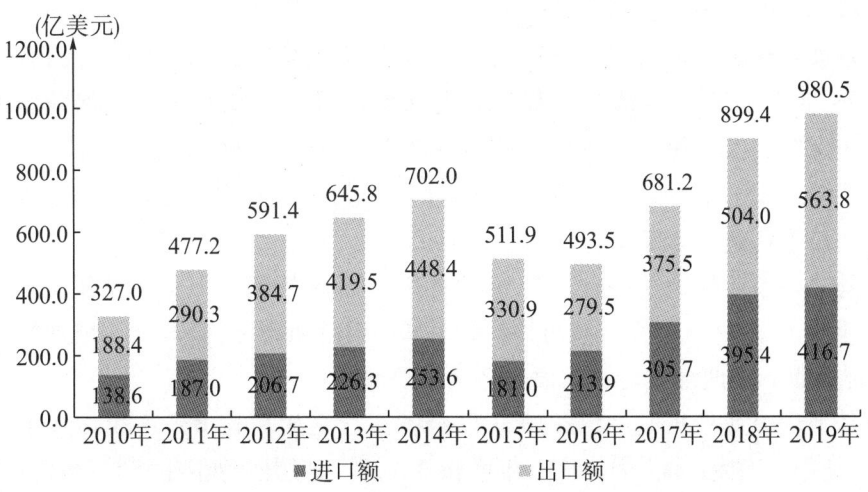

图3　2010—2019年四川进出口总额及构成

（六）人民生活更加富裕

一是居民收入水平持续提升。2019年四川城镇居民人均可支配收入36154元，比2010年提高20693元，是2010年的2.3倍，翻番指数达到116.9%，按可比价计算，2011—2019年年均增长10.0%；农村居民人均可支配收入14670元，比2010年提高9583元，是2010年的2.9倍，翻番指数达到144.2%，按可比价计算，2011—2019年年均增长11.7%。四川城乡居民人均收入翻番目标已经提前实现，与此同时，城乡居民收入差距缩小，城乡居民收入比从2010年的3.04下降到2019年的2.46。

二是居民消费向发展型和享受型转变。2019年，四川城镇居民人均消费支出25367元，比2010年增加13262元，是2010年的2.1倍，2011—2019年年均增长8.6%，其中医疗保健支出保持较快增长；农村居民生活消费支出14056元，比2010年增加10158元，是2010年的3.6倍，2011—2019年年均增长13.6%，其中医疗保健、交通通信支出增长较快。城镇居民家庭恩格尔系数0.326，比2010年下降0.069；农村居民家庭恩格尔系数为0.347，比2010年下降0.136。

三是扶贫脱贫效果显著。2019年，全省财政专项扶贫资金投入235.13亿元，比上年增加37.62亿元，实现50.3万人脱贫，1482个贫困村退出，31个计划摘帽贫困县达到退出标准，藏区贫困县全部摘帽，全省贫困发生率从2010年的20.4%下降至0.3%。

四是最低生活保障标准不断提高。2019年，全省城乡居民最低生活保障标准低限为城市居民540元/月、农村居民350元/月，分别比2015年首次公布的标准提高170元/月、160元/月。

（七）社会事业全面进步

一是社会保障不断增强。2019年，全省社会保障卡持卡8904.01万人，持卡率达到97.85%；全省城镇职工基本养老保险、城乡居民基本养老保险、失业保险、工伤保险、医疗保险、生育保险参保人数分别为2700.3万人、3368.8万人、953.5万人、1177.1万人、8616.9万人、954.9万人，其中，工伤保险参保人数增速超过两位数，达16.2%。

二是文化事业快速发展。2019年，全省1789家规模以上文化及相关产业企业实现营业收入3612.7亿元，按可比口径计算，比上年增长15.5%，增速比全国高8.5个百分点，比西部省份平均值高3.7个百分点。

三是卫生事业稳步发展。2019年，全省医疗卫生机构83757个，比上年增长2.7%；其中，医院2417个，比上年增长3.2%，基层医疗卫生机构80499个，比上年增长2.6%；医疗卫生机构床位63.2万张，比上年增长5.5%；卫生技术人员60.2万人，比上年增长7.0%，其中执业医师18.5万人，比上年增长7.9%，执业助理医师 3.6 万人，比上年增长 5.6%，注册护士 27.1 万人，比上年增长 9.4%。

(八) 生态建设成效显著

一是绿色发展步伐加快。第四次全国经济普查结果显示，截至 2018 年年末，全省工业企业法人单位中，六大高耗能行业企业 17084 个，占全部工业企业法人单位的比重为 22.9%，比 2013 年年末下降 5.3 个百分点。2019 年，全省能源消费总量 20790.59 万吨标准煤，比上年增加 874.41 万吨标准煤，单位 GDP 能耗下降 2.8%，其中规模以上工业单位增加值能耗下降 3.3%，能源消费总量和强度"双控"目标任务[①]全面完成。

二是环境治理卓有成效。2019 年，全省优良天数比例为 89.1%，比上年提高 0.7 个百分点，未达标城市 PM2.5 平均浓度 38.6 微克/立方米，比上年下降 0.8%。全省 87 个国家考核断面中水质优良断面 85 个，占比 97.7%，比上年提升 9.2 个百分点，无劣 V 类水质断面。10 个出川断面水质全部达到优良标准。全省地级及以上集中式饮用水水源地水质优良率为 100%。

三是生态建设持续推进。2019 年是大规模绿化全川行动开展的第四年，全年完成营造林 938 万亩，近四年累计完成营造林 4429 万亩，全省森林覆盖率比上年提高 0.8 个百分点，达到 39.6%，比全国平均水平高 16 个百分点。

二、四川基本实现现代化面临的挑战

推动基本实现现代化必须坚持以新发展理念为引领。对标新发展理念，四川面临创新能力不强、协调发展不足、绿色发展不够、开放程度不深、共享水平不高等问题和挑战，制约了四川基本实现现代化。

(一) 创新能力不强

一是创新投入不足。2019 年四川 R&D 经费投入强度比全国平均水平 (2.19%) 低 0.32 个百分点，与创新型省份 2.5% 的标准存在较大差距，研发规模不足广东、江苏的 30%，基础研究资金占比有所下滑，地区发展不平衡问题比较突出。

二是创新支撑不够。四川重大科技成果偏少，高端创新资源较少，产业关键技术"卡脖子"问题仍然突出，制造业仍然处于产业链、价值链的中低端，产业核心竞争力不强，领军型科技企业不多，企业研发机构数量少，尤其缺乏高水平的研发机构。与此同时，四川创新政策门槛较高，创新政策受益面较窄，制约了创新政策

---

① 目标任务：全年能源消费总量增量控制在 900 万吨标准煤以内，单位 GDP 能耗下降 2%，规模以上工业单位增加值能耗下降 1.5%。

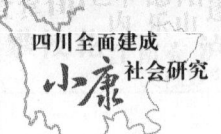

效果。2019年四川企业创新调查显示，在开展创新活动的企业中，超过七成的企业因"不具备享受政策的资格"而未获得创新政策优惠。

三是创新产出不高。创新产出远低于创新投入，2019年四川科研院所R&D经费285.9亿元，占全部R&D经费的32.8%，但专利申请量和授权量仅分别占全省的3.3%和3.0%。2019年四川万人发明专利拥有量比全国平均水平低6.07件，全国排名靠后。此外，2019年全省有产学研合作的企业每投入1元创新费用带来的新产品销售收入为4.9元，比上年减少1.2元，低于8.6元的全国平均水平，当前产学研合作创新的效率相对偏低。

四是创新人才紧缺。四川省高端创新创业人才和团队数量偏少，研发人才素质总体上与发达地区存在较大差距，研发人员特别是高层次创新人才行业布局不合理，总体比较紧缺。企业研发人员数量占全社会研发人员数量的比重不到60%，低于全国平均水平；高层次创新人才主要集中在高校和科研院所，企业高端科技人才匮乏。2019年四川小微企业创新情况调查显示，57.1%的企业面临人才短缺问题，人才短缺是企业在创新过程中遇到的除资金不足以外的最大困难。

（二）协调发展不足

一是经济区发展不平衡。2019年，成都平原经济区占全省经济总量的比重为60.7%，比2010年提高了2.4个百分点；川南经济区、川东北经济区、川西北经济区经济总量占全省经济总量的比重分别为16.2%、15.7%、5.8%，分别比2010年下降0.6个、0.3个、1.7个百分点；攀西经济区经济总量占全省经济总量比重仅为1.7%，比2010年提高了0.2个百分点。

二是市州发展不平衡。2019年成都市经济总量突破17000亿元，占全省的比重超过33.3%，而广元、资阳、巴中、雅安、阿坝、甘孜6个市州经济总量不足1000亿元。除成都外，四川省其他市州的经济实力较弱，仅有成都、攀枝花、德阳、绵阳、宜宾、乐山6个市人均地区生产总值高于全省平均水平，巴中市人均地区生产总值仅为23000元，仅相当于全省平均水平的40.7%。

三是城乡发展不平衡。2019年四川城乡居民收入绝对差距从2010年的10374元扩大到21484元；户籍人口城镇化率为36.8%，比常住人口城镇化率（53.8%）低17.0个百分点。同时，农村基础设施仍不完善，教育、医疗等资源仍较匮乏。

（三）绿色发展不够

一是经济发展与环境保护协调发展不足。四川省是长江、黄河上游最大的绿色生态屏障和主要水源涵养地，生态环境地位特殊，还肩负着维护国家生态安全的重大使命。与此同时，四川经济发展水平相对滞后，重点生态功能区与深度贫困地区高度重合，地区经济社会发展与生态环境保护之间的矛盾仍将长期存在，其经济发展与环境保护的协调性还有待提高。根据国家统计局发布的《2016年生态文明建设年度评价结果公报》，四川绿色发展指数居全国第 14 位，处于全国中游水平。

二是环境保护治理任务重。在全球气候变化和人类活动过度干扰的双重影响下，四川局部生态保护形势不容乐观，部分地方大气、水、土壤污染防治任务艰巨，生态环境保护任务较重，甘孜等部分地区草地退化、沙化、石砾化的"三化"面积较大，地质环境脆弱，地质灾害频发，水土流失严重，森林生态系统的土壤保持、水源涵养等生态功能不强，高原沼泽湿地萎缩退化趋势未得到根本遏制。

三是生态文明体制机制不健全。《生态文明体制总体改革方案》为我国生态文明体制改革指明了新方向，提出要通过深化生态文明体制改革来解决生态环境问题，用制度来保护生态环境。目前，四川生态文明体制机制有待健全完善，生态补偿机制构建有待探索，损害赔偿与责任追究等相关制度有待完善，相关部门对自身生态文明建设的任务和要求仍不明确。

（四）开放程度不深

一是外贸规模不大。2019 年，四川进出口总额为 6765.9 亿元，仅占全国进出口总额的 2.1%，经贸外向度（进出口总额在地区生产总值中的占比）为 14.5%，比全国平均水平低 17.3 个百分点，居全国第 13 位。与经济大省的差距较大，四川进出口总额仅相当于广东的 9.5%、江苏的 15.6%、上海的 19.9%。

二是结构不够优化。外贸结构较为单一，2019 年四川出口商品主要为自动数据处理设备及其部件、集成电路，两类商品出口额占总额的 59.7%，进口商品主要为集成电路，其进口额占总额的 59.3%。外贸主体和对象过于集中，2019 年四川外商投资企业进出口额占全省进出口总额的 67.5%，比上年同期提高 2.0 个百分点。同时，贸易伙伴主要是美国、东盟和欧盟，与三者的贸易总额占全省的比重超过 60%，其中美国占比超过 20%。

三是出口依存度较低。2019 年四川出口外向度（出口额在地区生产总值中的占比）从 2012 年的 10.4% 降低到 8.3%，远远低于广东、江苏、浙江等经济大省，同时比重庆还低 7.4 个百分点。

四是对外投资合作不足。2019 年四川省实际利用外资 873.3 亿元，仅相当于全省地区生产总值的 1.8%。招商引资缺乏大项目、好项目。四川省对外投资额居全国第 15 位左右，走出去步伐滞后，与四川省地区生产总值总量在全国的位次不匹配。

五是对外市场拓展不足。开放平台和载体作用没有充分发挥，吸引入驻的企业不够多，四川省开放口岸仅有 4 个，不足广东的 1/10。产品竞争力不强，川货市场占有率不高，部分传统著名产品因质量均一性和稳定性差、不能大规模稳定供应等，进不了全国超市系统。

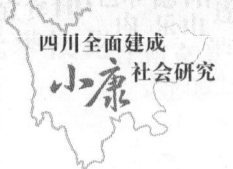

（五）共享水平不高

一是人均指标相对靠后。2019年，四川省人均地区生产总值为55774元，居全国第18位，仅为全国平均水平的78.7%，比全国平均水平低15118元；城镇居民人均可支配收入、农村居民人均可支配收入分别居全国第18位、第21位，分别为全国平均水平的85.4%、91.6%，分别比全国平均水平低6205元、908元。发展不充分在一段时间内依然是制约四川民生改善的最大瓶颈。

二是公共服务供需不平衡。就业、教育、医疗、居住等方面仍有不少薄弱环节，看病难、看病贵、择校热等比较突出，有效公共产品供给和服务供给总量不足、质量不高。社会保障水平不高，四川教育支出、医疗卫生和计划生育支出都略低于河南省，每千人口的卫生技术人员数和执业（助理）医师数均低于全国平均水平。

三是脱贫攻坚任务艰巨。四川省作为全国脱贫攻坚重点省份之一，脱贫攻坚任务依然艰巨。2019年，全省31个贫困县完成摘帽，藏区贫困县全部摘帽，成绩来之不易。2020年是打赢脱贫攻坚战的全面收官之年，剩余脱贫县均属深度贫困地区，脱贫攻坚难度大，任务十分艰巨，而且相对贫困问题仍将长期存在。

三、推动四川基本实现现代化的政策建议

创新、协调、绿色、开放、共享五大新发展理念是促进四川经济高质量发展、推动四川基本实现现代化的重要引领，坚决贯彻落实新发展理念是推动四川基本实现现代化的根本遵循和重要保障。

（一）坚持创新驱动，推动经济高质量发展

一是加快推进全面创新改革。坚持科技创新和制度创新"双驱动"，高质量完成全面创新改革试验任务并深化拓展，大力推广试验成果。破除"民参军"壁垒，加大"军转民"力度，推进低空空域协同管理试点，实施创建国家军民融合创新示范区先行示范行动。加快建设成都国家自主创新示范区、国家成德绵科技成果转移转化示范区，推进绵阳科技城加快发展。加快转化医学研究设施等国家重大科技基础设施项目建设。深化职务科技成果混合所有制改革。完善知识产权保护体系，创建国家军民融合知识产权试点省。巩固全国双创活动周成都主会场活动成果，打造"双创"升级版。

二是切实提升科技支撑能力。进一步加大财政科技投入，推动研发加计扣除、研发后补助等政策落地生根，强化金融助推科技创新，发挥财政资金杠杆作用，加大基础研究和应用基础研究投入。打通科技成果与产业的转化通道，构建关键核心技术攻关新型体制，组织开展现代技术运用和示范，培育一批创新型企业群体。深

化科技合作与交流,大力推动成渝地区双城经济圈建设,协同打造具有全国影响力的科技创新中心。大力实施天府科技英才计划,加强科技创新领军人才、创业领军人才培养力度,做好高端人才引进工作,营造尊重知识、尊重人才、尊重创造的良好氛围。大力提升基础研究能力、技术攻关能力、成果转化能力和社会治理科技支撑能力,助力经济社会高质量发展。

三是创新引领产业转型升级。深入推进供给侧结构性改革,加快构建工业"5+1"、农业"10+3"、服务业"4+6"现代产业体系,积极培育新经济,大力发展新产业、新业态、新模式,促进一、二、三产业融合发展。积极推进农村农业现代化发展,优先发展三大先导性支撑产业,强化科技支撑,推进农业绿色发展,以现代农业引领乡村产业振兴。加快推动制造业高质量发展,加快推进互联网、大数据、人工智能和实体经济深度融合,加快发展"5+1"现代产业,大力推进传统产业转型升级,不断发展壮大新兴产业和先进制造业,持续推动制造业创新发展。加快培育现代服务业,大力推进服务产品、技术、业态和模式创新,加快推动四大支柱型服务业转型升级,做大做强六大成长型服务业,培育壮大市场主体,推动服务业高质量发展。

(二)坚持协调发展,形成"一干多支"发展格局

一是加快区域中心城市建设。坚持全省经济发展"一盘棋"思想,根据"宜主则主、宜副则副"原则,以做大规模、增强实力、提高能级为目标,加快推动成德眉资同城化发展,做大做强主干"成都"的同时,明确经济副中心功能定位与发展方向,充分抓住"一带一路"建设、长江经济带建设、新时代西部大开发战略、成渝地区双城经济圈建设、"一干多支、五区协同"战略等有利政策因素,创新区域合作机制,深入推进区域协调发展,形成合力,共同推动全省经济副中心建设工作,支持区域中心城市争创全省和成渝地区经济副中心。

二是构建产业协同发展体系。重点解决产业发展不平衡、不协调这一核心问题,加强区域产业协同的顶层设计,明确各地区在全省产业中的定位,探索完善区域产业协同发展规划,优化产业空间布局。充分发挥成都国家中心城市辐射带动作用,结合成都"主干"产业链向高端化转变的溢出效应,有序转移相关产业至各市州,促进产业链的相互对接、相互融合,强化市场共同体协作,形成产业发展的利益共同体。

三是创新协同发展要素体系。搭建省内优质资源共享平台、资源转移平台和产业孵化平台,共建创新飞地,促进优质资源要素在五大经济区之间的合理流动和共享;依托各市州地方特色资源发挥比较优势,协调各方面利益吸引补充要素,汇聚各方面资源打造特色区域经济板块,促进产业链的相互对接、相互融合,为重塑全省产业经济地理提供重要动力,打造差异化协同发展的全国样本。

（三）坚持绿色发展，加强生态文明建设

一是打好污染防治攻坚战。推进大气、水、土壤污染防治行动计划，突出抓好成都平原、川南、川东北城市群大气污染联防联控，加强岷江、沱江、嘉陵江等重点流域综合治理，加强土壤重金属污染治理，加大农业面源污染治理力度，全面提升环境质量。

二是完善生态补偿机制。作为长江上游重要的生态屏障，四川在全国生态地位显著，应主动作为，积极探索建立健全生态产业体系、生态补偿机制、资源开发利益分配机制、资源税费制度等，特别是要探索建立市场化、多元化的横向生态补偿机制，积极争取国家生态补偿地区试点。逐步完善省内生态保护补偿转移支付办法，按照区际公平、权责对等、试点先行、分步推进的原则，完善区域流域多元化横向生态补偿机制。

三是推进主体功能区建设。推进市、县落实主体功能定位，按照主体功能定位和资源基础，明确各地区发展方向，优化产业空间格局，统筹谋划人口分布、产业布局、国土利用和城镇化格局。重点开发的城镇化地区，要大力推进节能减排，发展循环经济，提高能源资源利用效率，减少对生态环境的损害和影响；限制开发的农产品主产区要增强农产品生产能力，加强面源污染治理，防止污染转移和扩散；限制开发、禁止开发的重点生态功能区要树立保护就是发展的理念，增强生态产品生产能力和环境生态功能。

四是建立健全生态文明体制机制。探索建立符合四川实际的行之有效的生态文明体制机制，调动社会各方面的积极力量和因素，形成政府主导、全社会参与的良性互动局面。

（四）坚持开放合作，不断拓展发展空间

一是全面畅通进出川大通道。加快完善省际高铁建设，连通京津冀、长三角、珠三角三大经济圈，提升"蓉欧快铁"国际运输能力，构建国际交通物流大通道。加快省际高速公路通道建设，构建长江经济带综合立体交通走廊、推进省际互联互通。建成成都天府国际机场，优化成都双流国际机场，推进成都国家级国际航空枢纽建设。完善内河航道体系和现代化港口体系，提升内河航运能力。

二是积极推动开放合作平台建设。加快推进自贸试验区建设，打造川渝自贸试验区协同开放示范区，推动更大规模的"川货出川"和国际产能合作；加快建设中德、中法、中韩、中意等国别产业合作园区，搭建投资促进、贸易合作和对外交往的重要平台。

三是深化国际国内区域合作。加快推动成渝地区双城经济圈建设，积极融入国家"一带一路"和长江经济带战略布局，大力加强与欧洲经济圈和亚太经济圈的高端化合作，广泛开展与"一带一路"沿线国家在能源资源、电子信息、装备制造等

领域的合作，深化与长江经济带沿江省份、泛珠三角等区域合作，拓宽合作领域，在合作办学、康养医疗等方面加强合作。

四是培育开放经济新优势。提高利用外资的质量和效益，引资引技引智，切实推动四川经济结构调整与转型；优化外贸出口商品和服务结构，培育"四川造"出口品牌，既要加大电子信息、装备制造等优势产业出口，也要鼓励川茶、川酒等传统优势产品和中医药、文化创意、轨道交通、化工、水电等服务贸易走出国门；鼓励重大装备、水电、化工等优势企业在海外建厂，推动四川优势产业、技术、服务走出去。

（五）坚持共享发展，提高人民生活水平

一是提高城镇化水平和质量。稳步提高户籍人口城镇化水平，积极推进城镇化市政基础设施建设、污水垃圾处理、空气污染治理等，增强城镇环境承载能力，完善城镇和农村基础设施水平和公共服务设施建设，扶持培育一批经济发展快、人口吸纳能力强的特色小城镇、幸福美丽新村和大批新型农村社区，带动农业现代化和农民就近城镇化。

二是推进基本公共服务均等化。促进城乡教育一体化发展，高度重视发展农村义务教育，统筹配置城乡师资，积极推动优质教师资源在城乡的合理流动。加快城乡一体的社会保障体系建设，完善统一的城乡居民基本医疗保险制度、城乡基本养老保险制度、城乡社会救助体系、住房保障体系等。强化农村公共卫生服务，加强农村医疗卫生基础设施、基层医疗卫生服务体系建设等。

三是构建解决相对贫困长效机制。坚决如期全面打赢脱贫攻坚战，建立相对贫困群体动态监测机制，完善政府、社会、市场三者协同的相对贫困治理机制，充分调动相对贫困群众积极性、主动性、创造性，坚持"扶智、扶志、扶技"相结合，构建解决相对贫困的内生动力机制，以产业、金融、信息等要素供给为重点，构建解决相对贫困的多要素支撑机制，将解决相对贫困纳入乡村振兴战略统筹安排，建立解决相对贫困与乡村振兴的衔接机制。

负 责 人： 童 峰（成都市西博信社会经济研究咨询有限公司）
成   员： 杨 帆（西南财经大学）
     丁 娟（四川省统计局）
     周作昂（四川省统计局）

四川建立解决相对贫困的长效机制研究

2020年是全面建成小康社会和打赢脱贫攻坚战的收官之年，在我国即将全面消除绝对贫困的背景下，第十九届四中全会适时提出："坚决打赢脱贫攻坚战，巩固脱贫攻坚成果，建立解决相对贫困的长效机制。"这表明2020年后我国贫困治理工作的重点和难点将从消除绝对贫困转向缓解相对贫困，缓解相对贫困将是一项长期任务，必须依靠长效机制逐步分段解决。

党的十八大以来，四川省认真贯彻落实党中央扶贫工作决策部署，扎实推进脱贫攻坚工作，取得显著成效。截至2019年年底，全省贫困发生率从2013年的9.6%下降至0.3%。[1] 然而，脱贫攻坚任务的完成只代表贫困程度最深的绝对贫困被消除，并不意味着扶贫工作的彻底结束，新时代的扶贫工作将以缓解相对贫困为核心进行更高层次的贫困治理。由于省内各区发展状况、地理位置、资源禀赋等因素差异较大，相对贫困问题涉及不同区域、不同群体，具有相对性、动态性和多维性等特征，因此，综合考虑四川经济发展、居民收入、公共服务、城乡差距等多种因素制定四川省相对贫困衡量标准，客观分析四川相对贫困现状，找到影响四川相对贫困状况的因素，探索建立解决四川相对贫困的长效机制，对于巩固四川脱贫攻坚成果具有重要意义。

一、相对贫困的界定

相对贫困是一个以社会平均收入水平为参照的概念，与社会总体收入分配格局密切相关，有别于绝对贫困，其是一种程度较轻的贫困状态。国家统计局在《中国农村贫困监测报告（2016）》中提出，"相对贫困是指一部分人相对于另一部分人更加贫困，或者一部分人的收入远低于平均收入水平的现象"。相对贫困的个人或家庭所拥有的资源，虽然可以满足其基本的生活需要，但是不足以使其达到社会平均生活水平，通常只能维持相对不富裕的状况，难以获得体面、有尊严的物质生活，主观上表现为个体或家庭基于较低生活水平的客观事实而产生被剥夺和被社会排斥

---

[1] 数据来源：四川省扶贫开发局. http://fpzg.cpad.gov.cn/429463/429470/429495/index.html.

的感受。实际上，相对贫困首先是一个客观事实，即生活水平处于一个相对较低的状况，介于温饱水平和社会平均水平之间的状态，其次才是一种主观感受，且这种主观感受以实际生活状况为基础。因此，相对贫困也有一个确定的收入标准，这一标准应该处于绝对贫困收入和社会平均收入区间内的低段。

目前，国内外确定相对贫困标准的方法主要有两种：一种是中位收入比例法，欧盟国家多普遍采用，即认定家庭收入低于全社会收入中位数的50%或60%为相对贫困；另一种是平均收入比例法，由世界银行提出，认为收入处于绝对贫困和社会平均收入1/3的区间段内即被视为相对贫困，这一标准与我国的地方扶贫标准类似。① 国内还未形成权威性、共识性的相对贫困标准，仅沿海个别省份在中央划定的扶贫标准范围内确定了与自身发展水平相适应的相对贫困标准（见表1），例如：广东省2016年将4000元（2014年不变价）作为相对贫困的认定标准②，占2014年全省农村人均可支配收入的32.7%，江苏省将2020年全省全面小康农民人均可支配收入目标值20000元的30.0%作为"十三五"的扶贫标准③，浙江省2012年将4600元（2010年不变价）作为新一轮（2013—2017年）的扶贫标准，占2010年该省农村人均可支配收入的40.7%，是国家扶贫标准2300元（2010年不变价）的两倍，等等④。而在我省，成都市2012年年底就已经全面消除绝对贫困，扶贫工作进入以相对贫困为主的阶段，而且标准较东部省份更高，从最初以农民人均可支配收入低于7000元（2012年不变价）作为相对贫困标准，提高到以10000元（2014年不变价）为标准，是国家扶贫标准2800元（2014年不变价）的3.57倍，确认相对贫困户的标准更是按照中央标准中的50%的上限来设置，以收入低于2014年同区县人均可支配收入的50%的标准在全市确定了10000户相对贫困户。⑤

表1 江苏、广东、浙江确定相对贫困标准的情况

地区	全面消除绝对贫困时间	相对贫困标准（元）	占农村人均可支配收入的比例（%）	适用期
江苏	2015年	6000（2020年不变价）	30.0	2016—2020年
广东	2015年	4000（2014年不变价）	32.7	2016—2020年
浙江	2011年	4600（2010年不变价）	40.7	2013—2017年

课题组在充分考虑全省经济发展实际情况的基础上，参照世界银行及国内广

---

① 注：中央规定地方扶贫标准可在当地农民人均可支配收入的30%~50%范围内确定。
② 数据来源：广东省扶贫信息网，http://www.gdfp.gov.cn/xxgk/bzcx/201610/t20161026_800555.htm。
③ 数据来源：国务院扶贫办开发领导小组办公室，http://www.cpad.gov.cn/art/2015/12/16/art_5_42750.html。
④ 数据来源：国务院扶贫办开发领导小组办公室，http://www.cpad.gov.cn/art/2012/5/11/art_624_17106.html。
⑤ 数据来源：四川新闻网，http://scnews.newssc.org/system/20151229/000634615.htm。

东、江苏等地的做法,认为以 2015 年为基期,按照收入高于绝对贫困线、低于农民人均可支配收入 1/3 的原则,认定我省"十三五"的相对贫困标准为 2855~3400 元①(2015 年不变价)是合理的;同时,为保证年度间的可比性,参照《中国农村贫困监测报告》中的农村贫困标准调整方法,根据"农村贫困人口生活消费价格指数"对这一标准进行年度调整,认定 2012 年、2014 年、2016 年和 2018 年我省相对贫困标准区间分别为 2625~3186 元、2800~3346 元、2952~3519 元和 2995~3561 元。由于本报告中涉及贫困、相对贫困、绝对贫困的内容较多,为避免歧义,对报告中的相关名词进行简单界定。贫困指一部分人的生活水平低于相对贫困的状态,按照收入由低到高的顺序将收入样本分为绝对贫困、相对贫困和非贫困三个组别,贫困组包括绝对贫困组和相对贫困组,具体分类见图 1。

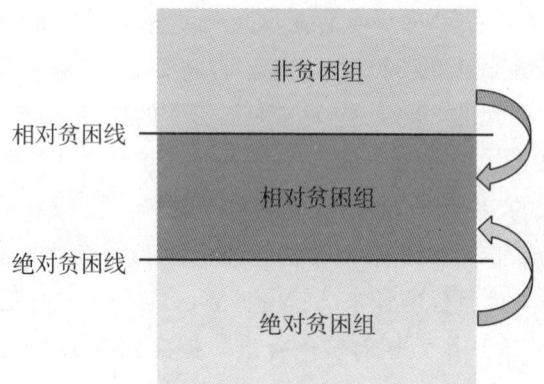

图 1 相对贫困、绝对贫困等名词的划分

二、四川相对贫困的演变分析

为全面摸清四川省相对贫困问题,课题组将从相对贫困的广度、强度和深度三个维度展开分析。相对贫困广度反映的是贫困的规模和范围,可以用相对贫困发生率 H 来表示,即相对贫困人数占总人口数的比例 $H = \frac{q}{N}$,其中,q 为相对贫困人口数量,N 为总人口数量。相对贫困强度衡量的是解决相对贫困所需要的资源的多少,可以用贫困缺口比 I 来表示,即实际贫困缺口总额与理论最大贫困缺口总额的比值 $I = \frac{1}{q}\sum_{i=1}^{q}\frac{z_1 - y_i}{z_1 - z_0}$,其中,$z_1$ 是相对贫困线,z_0 为绝对贫困线,y_i 是第 i 个贫困人口的收入。相对贫困深度体现的是贫困人口内部的收入差距,可以用

---

① 注:我国现行的农村贫困标准为"2010 标准",即按 2010 年价格,每人每年 2300 元,根据"农村贫困人口生活消费价格指数"进行年度调整,2011 年是 2536 元,2012 年是 2625 元,2013 年是 2736 元,2014 年是 2800 元,2015 年是 2855 元,2016 年是 2952 元,2017 年是 2952 元,2018 年是 2995 元。3400 元是按照 2015 年我省农民人均可支配收入 10247 元的 1/3 计算后取整得到的。

$FGT_2 = \frac{1}{N}\sum_{i=1}^{q}(\frac{z_1 - y_i}{z_1 - z_0})^2$ 来表示,即以距离贫困线相对距离的个体贫困差率来衡量收入的不均等,以其二次幂突出贫困差异。

根据上述贫困指数公式计算相关贫困指标需要相对贫困人口的收入数据,而官方统计平台只发布了按收入分组的农村居民人均收入数据,难以对相对贫困的测定指标进行计算。基于数据的可获取性原则,本报告选取北京大学中国社会调查中心发布的"中国家庭追踪调查数据(CFPS)"中四川的家庭收入追踪调查数据进行测算。

(一)相对贫困发生率呈先升后降的变动趋势

按照2855～3400元(2015年不变价)的相对贫困标准衡量,2012—2018年四川农村相对贫困发生率整体呈上升趋势,由1.49%上涨至6.4%(见表2),农村相对贫困人口由98.12万人增加至374.42万人。具体来看,我省农村相对贫困发生率的变动可以分为两个阶段:一是增长阶段,2012—2016年四川相对贫困发生率由1.49%增长至7.25%,相对贫困人口从98.12万人增加至445.11万人,表明在扶贫工作开展初期,四川农村贫困问题主要表现为绝对贫困,收入低于相对贫困标准的人口中,绝大多数还处于绝对贫困状态,相对贫困问题还不明显。随着扶贫工作的深入开展,我省贫困地区农村居民收入快速增长,绝对贫困人口自我发展能力提升,逐渐进入相对贫困组或非贫困组,使得我省农村相对贫困人口不断增加。二是下降阶段,2018年全省相对贫困发生率下降至6.4%,相对贫困人口由445.11万人减少为374.42万人,减少70.69万人,这是因为随着脱贫攻坚战进入收尾阶段,我省农村绝对贫困人口不断减少,由绝对贫困组进入相对贫困组的人数也逐渐减少,数据显示,2016—2018年,由绝对贫困组进入相对贫困组的比例从51.55%下降至49.47%(见表3)。

(二)相对贫困深度呈直线上升趋势

2012—2018年,FGT_2指数从0.60%增加至3.03%,表明我省农村相对贫困人口越来越向收入低位集中,这与我省农村相对贫困人口的构成密切相关。数据显示(见表3),相对贫困组主要由绝对贫困组和非贫困组中转入,其中,从绝对贫困组中转入的比重大于从非贫困组转入的比例。而且随着减贫进程的不断推进,遗留的都是脱贫难度大的贫困人口,虽然在政府扶贫政策支持下顺利脱贫,但由于其自身发展能力较低,收入增长较慢,游走在刚从绝对贫困转为相对贫困的边界线附近。绝对贫困组和非贫困组共同向相对贫困组缓慢挤压式流动,且前者的流动效应大于后者,最终形成了相对贫困人口中收入低位者较多、高位者较少的非均衡分布状况。

（三）相对贫困强度呈先降后升的变动趋势

2012—2018年，四川农村相对贫困缺口比呈现先降后升的变动特征，整体呈上升趋势。2012—2016年由55.07%下降至43.48%（见表2），表明这一阶段四川农村相对贫困强度有所下降，缓解相对贫困所需要的资源更少，即政府帮助摆脱相对贫困的人均成本下降。2018年，相对贫困缺口比上升至61.47%，表明当前四川农村相对贫困强度较之前有所加深，缓解相对贫困所需要的资源更多，这是因为脱贫工作临近收尾阶段，愈加进入深水区和攻坚区，遗留的都是贫困程度深、脱贫难度大、返贫风险高的"硬骨头"和"老大难"问题。

（四）相对贫困的构成情况

数据显示，2018年相对贫困组中49.47%的成员从绝对贫困组中转入，41.05%的成员从非贫困组中转入。此外，相对贫困群体还表现出明显的脆弱性特征，2018年我省相对贫困人群中有15.79%是依靠政策兜底脱离绝对贫困组而进入相对贫困组的，有23.16%是未建档立卡的边缘群体。可以预见的是，2020年后兜底脱贫群体和边缘群体必将成为我省农村相对贫困群体的重要组成部分。由此可见，目前我省返贫致贫风险仍然较高，为进一步巩固我省脱贫成果，打好脱贫攻坚的最后一仗，必须深入建立健全返贫监测预警和动态帮扶机制，顶住返贫压力，将扶贫工作的重心从摆脱绝对贫困向缓解相对贫困转移，提高贫困地区农村居民尤其是低收入群体的收入增长速度，从而维护好贫困人群从绝对贫困到相对贫困再到非贫困的单向流动秩序。

表2 四川相对贫困测度指标体系

年份	绝对贫困线（元）	相对贫困线（元）	农村户籍人口（万人）	相对贫困发生率 H（%）	相对贫困缺口比 I（%）	FGT_2指数（%）	相对贫困人口（万人）
2012	2625	3186	6585.4	1.49	55.07	0.60	98.12
2014	2800	3346	6465.1	4.09	44.95	1.31	264.42
2016	2952	3519	6139.5	7.25	43.48	1.80	445.11
2018	2995	3561	5850.3	6.40	61.47	3.03	374.42

数据来源：根据CFPS数据库历年相关数据计算得出。由于该数据库的数据调查频率为2年/次，故本报告关于四川的相对贫困的指标分析频率也与之同步。

表3 四川相对贫困人口的构成　　　　　　　　　　　　　　　单位:%

年　份	从绝对贫困组转入	从非贫困组转入	从相对贫困组转入
2016	51.55	48.45	—
2018	49.47	41.05	9.47

数据来源：根据CFPS数据库相关数据计算得到。

三、四川相对贫困的致贫因素

要深入解决我省相对贫困问题，除了摸清我省相对贫困现状外，还应进一步深入探究四川相对贫困的影响因素，找出致贫原因。课题组尝试从自然条件、基础设施、收入分配、内生动力、就业、医疗、社会保障等多方面、多视角探究相对贫困的发生机制。

（一）自然条件劣势是制约农民增收的客观限制因素

四川地形地貌复杂，全省地质类型可分为四川盆地、川西北高原和川西南山地三大部分，其中，地势平坦、气候适宜、雨水丰富的四川盆地仅占全省土地面积的33.95%，而资源禀赋较差的山地和高原却占66.05%。[①] 一方面，我省农村贫困地区与自然条件劣势区、自然灾害频发区高度重合，如甘孜州、阿坝州、凉山州、巴中、广元等地，这些地区地理环境复杂、自然资源禀赋较差，农业生产效益不高，农户持续增收难度大，且受人类工程、经济活动日益频繁的影响，自然灾害更加频繁，农民人身、财产安全受损的风险加重，极易陷入自然灾害与贫困恶性循环的困境；另一方面，我省农村基础设施建设较为落后，乡镇公路硬化率及建制村公路硬化率等标志性基础设施均未像城市一样实现100%全覆盖，使得这些自然条件劣势区的农产品运输成本和损耗率较高，且吸引外部投资、推进现代农业困难，当地农民只能继续传统的小农式家庭经营，利润单薄，仅能勉强满足基本生活需要，不足以支撑现代化、多样化消费的生活方式，极易沦为相对贫困人口。

（二）收入分配差距大，农民收入难提升

相对贫困因其具有相对性，故而与社会收入分配格局有关，收入分配差距过大意味着社会平均收入水平1/3以下的人群更多，相对贫困的程度更严重。收入分配差距不仅指城乡之间的收入分配差距，也包括城镇和农村各自内部的收入分配差距。在城乡之间，我省城乡居民人均可支配收入差值已由2013年的14473元增加

---

① 数据来源：四川省人民政府，http://www.sc.gov.cn/10462/10778/10876/2020/5/9/470372d947e441509d099688f803044b.shtml.

至 2019 年的 21484 元[①]，城镇居民的人均可支配收入是农村居民的 2.5 倍，城乡差距有扩大的趋势，农村相比于城市处于相对贫困的范畴。在农村内部，近年来我省农村居民之间的收入分配差距也在不断拉大，2013 年我省农村低收入户的平均收入为 3079 元，2018 年却下降为 1795 元，同时高收入户的收入由 16413 元上升至 33551 元[②]，低收入人群的收入并没有获得相应程度的上升，反而下降，可能因为家庭劳动力足且掌握农业技术的新型农业经营主体和新型职业农民的收入增长较快，家庭劳动力弱且仍然采用传统生产的小农户收入则相对降低，后者无法有效提高收入，从而成了相对贫困群体。

（三）农民低收入群体脱贫内生动力不足

一是低收入群体受教育程度低，专业知识和生产技能不足，自我脱贫能力有限。众所周知，教育对提高收入水平尤为重要。课题组通过分析 CFPS 调查数据发现，2018 年四川农村大专以上学历的农民人均收入为 2877.78 元，小学学历的农民人均收入为 1354.8 元，没有上过学的农民人均收入仅为 590.34 元，可以看出，教育与收入水平具有较强的正相关关系。然而我省存在的教育投入不足以及教育资源分配不均衡等问题，使得我省农民尤其是偏远山区、民族地区的农民受教育程度较低，获取收入的能力弱，成为相对贫困人口。2018 年四川农村相对贫困人口中具有大专以上学历的仅占 0.51%，而文盲率高达 38.27%。同时，受教育程度低的农民的自我脱贫能力有限，对政府政策的依赖性较强，缺乏对市场的预判和应对能力，极易因市场波动而陷入相对贫困困境，如在 2020 年新冠肺炎疫情对农业生产和农产品销售产生巨大影响，政府短时间内又还未制定出合理有效的应对政策的情况下，广东、北京、浙江等经济发达地区的农民由于受教育水平较高，对市场变化及时做出反应，利用互联网进行线上销售，从而解决了农产品滞销问题，避免了损失，而我省大部分果农、菜农却因市场知识不足未能及时将产品销售出去，蒙受了巨大损失，成为新的相对贫困群体。

二是低收入群体脱贫的主观能动性不强。在脱贫攻坚的实际工作中，脱贫人员再次返贫的现象屡见不鲜。部分贫困户因长期享受较高的扶持优惠政策，滋生了严重的"等、靠、要"思想，依赖政府扶贫政策，不愿主动积极劳动以提高收入，从而在脱贫后又再次陷入贫穷状态，往返于贫困与脱贫之间，成为扶贫工作中的"钉子户"和扶贫政策的"套利者"。这种情况在农村较为普遍，在贫困集中连片的偏远地区尤为严重，已经成为这些地区扶贫工作的重要障碍。

---

① 2013 年数据来自《四川统计年鉴 2013》、2019 年数据来自《2019 年四川省国民经济和社会发展统计公报》。

② 数据来源：《四川统计年鉴 2019》。

（四）就业促进力度不够，农民就业困难

促进就业是解决贫困的根本途径，四川省在促进农民就业方面还存在以下问题：一是针对农村特殊群体的公益性类岗位供给不足，使部分群体因市场竞争力弱成为相对贫困群体，CFPS 调查数据显示，2018 年我省农村相对贫困人口中有 32.5% 是因为残障或疾病而没有劳动能力；二是就业服务体系不完善，职业技能培训力度不够，部分农村劳动力因技能单一，无法适应新技术行业，只能从事劳动强度大、收入低的简单工作，2018 年我省农村相对贫困人口中 80% 从事的是农业生产；三是农民工的权益保障体系还不完善，2018 年我省农村相对贫困人口中劳动合同签订率仅为 20%，面临较高失业风险，极易加深我省贫困深度。故必须尽快从提能力、创机会、建保障等多方入手健全我省就业促进机制，从而缓解相对贫困问题。

（五）医疗保障水平低，农民因病致贫、返贫风险大

健康是正常参与工作和生活的前提，不良的健康状况和贫困往往具有双向作用关系，即"因贫致病""因病致贫"，而完善的医疗保障体系是阻断这种双向作用关系的关键变量。CFPS 调查数据显示，2018 年四川农村相对贫困人口中有 13.64% 的身体健康状况较差，非贫困人口中健康状态较差的占比 9.02%，这是因为我省农村居民的基本医保还未实现全覆盖，医疗报销比例不高和药物报销范围较窄，与城市还有较大差距。2018 年我省农村相对贫困人口中没有参加任何医疗保险的人占比 9.48%，非贫困人口中占比为 5.65%，且相对贫困人口的参保类型少于非贫困人口，参保水平低、种类少使得这些群体抵御疾病的能力更弱，屡屡因病致贫、因病返贫。因此，提高基本医疗财政投入水平、实现医疗资源的均衡分配、提高相对贫困群体的参保力度对缓解相对贫困问题至关重要。

（六）社会保障不充分，脆弱性群体兜底不彻底

社会保障体系是社会的"安全网"，其收入再分配功能可以有效缓解相对贫困。近年来，我省不断完善农村社会保障体系，有效保障和改善了农民生活，但仍存在以下问题：一是扶贫保障覆盖范围有待扩宽。2018 年我省相对贫困人口中有 23.16% 是未建档立卡的边缘群体，这些边缘户其实与建档立卡贫困户之间的收入差距很小，但由于缺少政府扶贫的福利保障，对疾病、灾害等风险冲击的抵御能力较弱，极易陷入贫困。二是农村低保标准有待提高。2018 年四川省城市最低生活保障人数为 93.71 万人，城市低保资金为 38.73 亿元，城镇人均低保水平为 4132.96 元/年，农村最低生活保障人数为 339.92 万人，农村低保资金为 74.90 亿元，农村人均低保水平仅为 2203.46 元/年。三是政府转移支付的精准度不高。2018 年四川省城镇居民人均转移净收入为 7587 元，农村居民人均转移净收入仅为

3524元，不及城镇居民的1/2；从农村内部来看，最高收入户的人均转移净收入为6996元，最低收入户的人均转移净收入为484元[①]，差距很大。因此要缓解相对贫困，必须全面落实社会保障制度，扩宽保障覆盖范围，同时充分发挥其兜底效应，进一步瞄准低收入群体，精准施策，将有限的转移支付惠及真正迫切需要帮助的低收入群体。

四、构建解决四川相对贫困的长效机制

2020年我省已全面消除绝对贫困，但相对贫困将会作为新的贫困形态而长期存在。我省相对贫困人口基数大、发生率高、农村相对贫困严重，必须以全面深化农村改革为契机，构建解决相对贫困的长效机制，在巩固脱贫攻坚成果的基础上进一步向缓解相对贫困迈进。长效机制的构建首先要求对四川相对贫困的标准进行科学认定，建立起相对贫困动态认定机制和动态监测预警机制，其次是建立健全一个集自然风险防范机制、脱贫能力提升扶持机制、就业促进机制、医疗保障机制、教育服务机制、社会保障兜底机制、解决相对贫困与乡村振兴统筹衔接机制等于一体的系统性机制。

（一）建立相对贫困标准的动态认定机制

所谓动态认定机制，主要体现为相对贫困人口认定标准的变动：时间上，农村相对贫困标准随经济社会的发展而不断提高；空间上，不同地区的相对贫困标准可以在全省平均标准的基础上浮动。2020年我省全面消除绝对贫困后，迫切需要建立与小康社会相适应的、与社会发展和居民收入提高同步的动态相对贫困标准，这要建立在对全省居民住户调查数据深入分析的基础上。建议由省扶贫开发局和国家统计局四川调查总队合作，建立全省居民住户调查数据共享机制，组织专家对相关数据进行深度挖掘和充分讨论，科学制定符合我省经济社会发展目标和客观省情的相对贫困认定标准。建议以五年为一个调整期，在省委、省政府反复调研和充分论证的基础上，按比例动态调整我省相对贫困标准，并且参照中央的做法，鼓励各市（州）、县（区）在全省标准的基础上，结合自身发展水平制定更加本土化和个性化的相对贫困地方标准。

（二）建立健全相对贫困动态监测预警机制

建议由省扶贫开发局牵头，在全国扶贫开发信息系统和全国居民住户调查系统的基础上，搭建一个能覆盖全省所有农村居民基本信息、实现数据共享交换、数据对比及预警推送等功能的相对贫困大数据信息系统。逐步对全省范围内所有农村户

---

① 数据来源：《四川统计年鉴2019》。

籍人口进行建档立卡，依托政务服务网，对接民政、卫计、教育、住建、工商、税务等部门数据，通过云计算技术将农户建档立卡数据和政务数据进行对比分析，纠正相对贫困人口的错漏信息，有效实现相对贫困人口的精准识别、精准退出、后续追踪。设置返贫触发预警指标，如家庭劳动力减少、劳动技能丧失、失业、收入骤减、支出骤增等，人工及时上报指标信息，由系统动态测算家庭年人均收入是否稳定超过国家扶贫标准线，一旦触发预警指标，系统会自动进行干预和调度，便于第一时间实施精准帮扶，及时消除返贫风险。

（三）健全相对贫困区域的自然风险防范机制

建议由四川农业科学院和四川农业大学合作开展自然灾害机理研究，掌握自然条件劣势区各类农业自然灾害的规律、分布和特征，由省农业农村厅牵头，省应急厅协助建立自然灾害预警平台，通过电视、广播、网络等方式及时向公众发布预警信息。此外，还必须健全自然灾害应对机制。一是要求当地应急管理局要加快制定具有科学性、针对性和可操作性的自然灾害应急预案，并在灾后吸取教训、总结经验，不断完善预案；二是完善农业保险救助体系，引导农业经营主体参与商业保险和合作保险，通过市场机制分散风险、降低损失；三是要做好灾后的社会救助和社会帮扶工作，灾后及时定损，按照受灾严重程度给予不同力度的财政支持。

（四）构建相对贫困人口的脱贫能力提升扶持机制

一是引入竞争激励机制。摒弃过去的平均分配、大水漫灌的模式，采取生产奖补、劳务补助、项目优惠等方式，对低收入群体的劳动创造进行考核奖励，多干多得，少干少得，不干不得，激发争先向上的志气，并减少对习惯依靠政府的"因懒致贫"群体的支持，逐渐改变其"等、靠、要"的惰性思想。二是开展全方位、靶向型、菜单式的技能培训，提高农民自主增收的能力。可以由村委会、合作社等单位通过走访问询、问卷调查的方式收集基层农民的技能培训需求，汇总形成农民技能培训清单，再由农业农村厅、人力资源和社会保障厅、财政厅等部门协同制定农民技能培训菜单，为低收入群体提供有针对性的技术培训，使其与高科技行业、金融业、服务业等现代行业实现有效对接，扩宽其就业空间，组织、引导、支持低收入群体实现自主脱贫致富。

（五）健全相对贫困人口的就业促进机制

健全我省就业促进机制，促进相对贫困人口就业，一是要增强相对贫困人口的就业意愿。各地扶贫办应组织人员对贫困人口开展就业宣传，帮助其树立正确的就业观，杜绝因懒致贫。二是要为相对贫困人口创造充足的就业机会，通过户企对接、党员干部挂钩帮扶等方式帮助其就业，由省扶贫开发局牵头，人力资源社会保障厅、经济和信息化厅共同组建就业扶贫信息服务平台，向贫困群体提供就业咨询、就业援助等服务，帮助贫困群体"稳就业"，同时通过户企对接、党员干部挂钩帮扶等方式帮助其就业。三是加大公益性扶贫岗位开发力度，做实兜底就业。坚持政府主导、社会参与、属地负责、单位管理的原则，整合各部门资源，拓宽就业渠道，安置无法离乡、无业可扶、无力脱贫的"三无"劳动力就近上岗。建议由人社厅、扶贫开发局联合制定相关方案，指导乡（镇）政府对所辖行政村实际用工需求和待业人员进行摸底调查，建立岗位库和人选库，根据收入情况，优先安置低收入群体中劳动力贫乏家庭、残疾人家庭、重大疾病家庭上岗就业，保障他们的基本收入。四是健全相对贫困人口的就业保障机制。由省扶贫开发局牵头，人力资源社会保障厅、经济和信息化厅共同组建就业扶贫信息服务平台，向贫困群体提供就业咨询、就业援助等服务，帮助贫困群体"稳就业"；促进非正式就业契约化，督促企业与所招贫困群体签订书面劳动合同；完善税收调节机制，加强对垄断行业收入分配的管理以缩小行业工资差距；建立低收入群体工资稳定增长机制，依据社会平均工资水平调整最低工资标准。

（六）建立相对贫困人口的优惠医疗保障机制

一是要坚持把医疗卫生投入放在优先位置，尤其要加大贫困地区的医疗卫生投入，保障医疗支出特别是基本医疗支出"只增不减"；二是要建立专门的相对贫困人口医疗保障机制，建议由省卫健委、财政厅、省扶贫局、省医保局联合制定《四川省相对贫困人口基本医疗保障实施方案》，确保相对贫困人口100%参加基本医保，提高医疗费用报销比例至90%以上；三是要提高医疗卫生服务供给水平，统筹城乡基本医疗保险，在加快农村地区、经济落后地区医疗基础设施等"硬件"建设的同时，注重提升医疗服务团队等"软件"水平，确保相对贫困群体也能享受优质的医疗服务。

（七）优化相对贫困人口的教育服务供给机制

首先，要建立教育投入资金长效保障机制，对财政教育投入资金建立专项预算，坚持教育优先，提高基本教育支出，拓宽非义务教育的经费渠道，以财政补贴、税收优惠、土地划拨等政策吸引社会力量办学。其次，要促进教育资源公平、科学分配，推进城乡之间、地区之间、不同群体之间教育资源均等化，大力推进农村和经济落后地区教育基础设施建设，提高办学质量，适当减免农民工子女教育费用，减轻贫困家庭的教育支出压力，通过提高教育水平来阻断相对贫困的代际传递。最后，要加强相对贫困群体的知识培训，一是增强村民的市场知识，建议以村为单位，由村委会定期开展经济相关课程，通过组织村民观看财经新闻、商业新闻等，使村民了解和把握市场动态；二是增强村民的法律知识，由村委会邀请附近基层法院的律师和工作人员，定期开展法律知识普及，组织村民学习法律，增强村民的法律常识；三是增强村民的科技知识，由市（县）财政补贴一定金额，给村民配备一台智能手机，定期开展现代科技学习课，村委会组织村民集中、集体学习使用微信、淘宝、抖音等社交和销售 App，同时鼓励村民家属教老人使用智能机，对熟练运用手机或其他设备进行社交、线上销售的村民给予学习奖金，力求农村居民人人会用智能机，人人都懂互联网。鉴于农民自主学习意愿不强的现实情况，可对参加任何一门课程的农民都给予一定补贴，鼓舞农民积极学习市场、法律、现代科学技术和互联网知识。

（八）完善相对贫困人口的社会保障兜底机制

一是拓宽社会保障的覆盖范围，加强普惠性、基础性、兜底性民生建设，将以往只针对绝对贫困户的政策转变为对相对贫困和相对贫困边缘户的普惠性政策，逐步完善农村低收入群体的社会保障体系。二是要逐步提高社会保障标准，支持各地区按照本地城乡居民人均消费状况确定差异化的最低生活保障标准，同时简化社会救助审批流程，保证弱势群体能够及时得到救助。三是要进一步提升社会保障的精准度，建立以特困群体兜底保障、一般低收入群体普惠保障、因病返贫群体保险救助保障的分类保障机制，提高相对贫困纾解工作的精准性和前瞻性。

（九）构建解决相对贫困与乡村振兴统筹衔接机制

坚持"解决相对贫困要以乡村振兴为抓手，乡村振兴要以解决相对贫困为重点"的基本原则，保证解决相对贫困和乡村振兴同步进行，避免乡村振兴过程中出现乡村整体发展向好而内部发展不平衡的问题。一是抓好规划衔接，建议省扶贫开发局结合《四川省乡村振兴战略规划（2018—2022 年)》制定出台解决我省相对贫困问题的系统性规划方案，梳理、归并两者的重点任务、主要政策和具体举措，形成衔接的事项清单，明确衔接的方法和细则；二是推进体制机制衔接，不断完善乡村振兴战略责任制，进一步强化省、市、县、乡、村五级书记一起抓乡村振兴的领导机制，尽快优化整合脱贫攻坚与乡村振兴的机构职能，统筹推进组织机构一体化；三是强化政策衔接，抓紧对现有扶贫政策的系统梳理和科学评估，分门别类地确定需要取消的、接续的、完善的或强化的扶贫政策，使其成为乡村振兴政策体系和制度框架的重要组成部分。

负责人：曾令秋 （四川师范大学）
成　员：王　芳 （西南财经大学）
　　　　　丁　娟 （四川省统计局）
　　　　　王丹美亚（四川省统计局）
　　　　　田　嫒 （四川师范大学）
　　　　　鞠中芳 （四川师范大学）

四川提升开放型经济水平研究

作为西南地区最大省份,四川省要在更高水平上建设开放型经济,积极融入双循环新发展格局,这对应对国际复杂环境,发展内陆开放型经济和构建现代化经济体系,实现经济高质量发展和治蜀兴川再上新台阶,具有非常重要的现实意义。

一、四川省开放型经济发展现状

(一)深度融入国家开放战略,顶层设计不断优化

四川省响应"一带一路"倡议,制定《四川省参与建设丝绸之路经济带和21世纪海上丝绸之路实施方案》,实施"一带一路""251行动计划",推进国际产能合作"111"工程,主动融入国家开放战略。先后出台《关于进一步扩大和深化对外开放合作的意见》《关于扩大开放促进投资若干政策措施的意见》等重要纲领性文件,制定构建开放型经济新体制"29条"实施意见,稳步推进企业、产业、市场、人才"四个国际化"。出台外商投资管理体制改革12条和支持外商投资企业发展8条措施,外资准入全面进入"备案时代"。

(二)投资促进取得重大突破,开放型经济稳步提升

四川省成功举办中外知名企业四川行、世界华商大会、川商返乡发展大会、科博会、四川全球推介等系列投资促进活动,2019年实际利用外资124.8亿美元,比上年增长13.1%。2019年新批(备案)外商直接投资企业676家,累计批准(备案)12984家;外商投资实际到位资金92.3亿美元,增长2.3%。截至2019年年底,在川落户世界500强累计达到352家,其中,境外世界500强累计达247家。2019年年末驻川外国领事机构19家。2019年川企有序"走出去",新增境外投资企业90家,境外投资企业累计1155家。2019年对外贸易达到历史最好水平,全年进出口总额6765.9亿元,比上年增长13.8%。截至2020年10月,累计新增市场主体13万家、注册资本超过1.3万亿元,引进亿元以上项目近300个,新增外商投资企业1200余家,实际到位外资超12亿美元,进出口总额超2300亿元。

（三）区域经济协作全面深化，开放合作载体能级提升

中国（四川）自由贸易试验区获批三年多来，深入实施内陆与沿海沿边沿江协同开放战略，实现了从奠基性高位开局到引领性强势布局再到集成性攻坚格局的"三步走"跨越。推动宜宾、德阳等8个协同改革先行区建设，在全省形成强大的学习效应、开放效应、竞争效应。与广东、广西、海南等兄弟省份开展联动试验、对比试验、互补试验。发起并连续举办两届中国自由贸易试验区协同开放发展论坛，联合各自由贸易试验区发布《协同开放发展"七点"倡议》。共同争取泛珠三角、成渝双城经济圈上升为国家战略，在全国占据了更加重要的位置，积极融入长江经济带建设，强化与长江经济带沿线的产业、市场等重点领域合作。积极拓展与泛珠三角各省区的合作交流，加强与港、澳、台地区的交流合作，香港成为四川重要的投资来源地和贸易伙伴。把双向合作园区作为扩大开放的重要依托，中德合作平台成功落地，四川成为对德合作先行省；中法成都生态园高水平拓展同法国及欧盟的交流合作，苏伊士环能、标致雪铁龙、佛吉亚等30多家法国企业入驻。

（四）做大做强国际通道，持续拓展优化通道建设

瞄准内陆开放高地定位，国际开放通道枢纽建设有序推进。2017年以来，双流国际机场新开国际航线27条，年旅客吞吐量突破5500万人次，跻身全球最繁忙机场30强。截至2019年年底，成都青白江铁路港片区已基本形成7条国际铁路通道、5条国际铁海联运通道，连接境外26个城市、境内15个城市，最短8天到达欧洲腹地。截至2020年4月底，成都国际班列已累计开行8654列，其中中欧班列累计开行5262列，连续四年保持国际班列和中欧班列开行量全国"双第一"。泸州港"启运港＋无水港"政策联动运用，144小时过境免签扩围至11个城市，连续两年位居全国港口铁海联运集装箱码头前10名，与全国46个物流节点城市（自贸片区、产业园区）建立了开放合作关系，初步构建起"覆盖内外、联系广泛"的区域合作网络。

二、四川省提升开放型经济水平面临的主要问题

四川省在开放型经济发展方面与沿海省份还存在一定的差距。为了更清楚地认识这些差距产生的缘由，需要深入考察新形势下四川提升开放型经济水平的主要问题。

（一）开放基础相对薄弱

1. 通道建设基础条件薄弱

目前，四川省尚未形成快速立体综合交通大通道，跨省跨境交通基础设施还较薄弱，川东北经济区、攀西经济区、川西北生态示范区等地区的通道建设基础条件尤为薄弱。截至 2020 年 8 月 26 日，中欧班列（成都）累计开行达 6000 列，位居全国第一，但铁海联运、江海联运等交通运输方式仍然有很大的提升空间，物流成本仍然高于全国平均水平。据 2018 年四川省商务厅的统计数据，四川省进出口货值空运占 70％左右，江海联运占 25％左右，公路运输占 3％左右。虽然四川省已经开通成都经重庆至钦州，成都、内江经贵阳至防城港，成都、宜宾经百色到钦州港的铁江（海）联运大通道，但货源整体不足，与重庆等周边省份市场竞争激烈，甚至省内城市之间也存在货源争夺的情况；成都经重庆至上海或广州的铁海联运路程太长；经云南出境昆明至泰国、缅甸、越南的铁路公路也还在建设或规划中。

2. 省内各区域发展不平衡

目前，成都平原经济区仅占全省总面积的 20％，却拥有全省 45％的人口，经济总量占全省 60％左右。2019 年成都平原经济区服务业总量约占全省的 2/3，成都市服务业增加值约占全省 40％，95％以上的科技服务业集聚在成都、德阳、绵阳，除成都外各市州服务业以商贸、物流、娱乐、餐饮等传统行业为主。此外，四川省甘孜州、阿坝州、凉山州、乌蒙山区、秦巴山区等一带是国家重点扶贫的地区，经济开放程度明显偏低。

3. 产业结构层次偏低

四川省的产业主要集中在价值链中低端的传统优势产业，加工贸易占比仍然很大，例如交通运输设备、电气器材等优势产业。从产业附加值上看，四川省仍然处于较低水平。目前，四川省出口产品仍以低附加值的资源型产品、劳动密集型产品为主，出口商品中相当一部分属于产业链中的中、低端产品，知名品牌、高附加值产品非常少，外贸出口产品低端特征明显。

（二）开放范围和层次需进一步拓展

1. 经贸合作层次不高

四川省对外经贸合作主要集中在新加坡等少数国家和香港地区，与其他国家或地区的经贸合作规模偏小、层次不高，其中，向"一带一路"沿线国家出口的高端成长型产业和战略性新兴产业产品仍然偏少，未能建立新型合作关系和产业供应链。"一带一路"沿线国家对四川省的出口集中在劳动密集型产品和水果等自然资源产品，四川省在"一带一路"沿线国家以水能、农林、矿产、公路建设等基础设施领域的低端工程承包为主，缺少高科技含量和技术型含量的重大项目。较低的经贸合作层次不仅表现为外贸产品出口效益低、竞争力弱，而且容易在国际引起贸易摩擦，制约自身融入"一带一路"建设的进程。

2. 双向合作平台建设不足

对外开放特别是进出口贸易、跨境保税加工、研发、设计，都需要落脚到平台功能载体上，依托对外开放口岸、海关特殊监管区建设。目前，四川省对外开放口岸、海关特殊监管区建设滞后于产业发展和对外开放需求。截至2020年6月底，全国31个省（自治区、直辖市）现有综合保税区134个，其中四川省5个，包括封关运行2个和在建3个。四川省与南亚国家双向产能合作园区仅有新川科技园取得重大突破，中国（四川）—东盟自由贸易合作中心刚刚启动建设，双向合作及创新平台仍然较少、层级不高。

（三）开放潜力有待提升

1. 外贸企业竞争力有待提高

四川省对外贸易主体主要集中于民营企业，而民营企业容易受到融资、技术、管理经验等因素的制约。市场主体中民营企业占多数，但与沿海地区仍然存在差距。截至2019年年底，全省累计登记实有民营企业137.3万户，低于同期广东（494.3万户）、江苏（312.0万户）等发达省份。虽然四川省民营企业实绩领先国有企业和外商投资企业，但是龙头型民营企业数量仍然偏低。2019年，四川省已有11家民营企业入围中国民营企业500强，比2018年增加3家，但数量仍远低于浙江（92）、江苏（83）、山东（61）、广东（60）等其他发达省份。

2. 人才引育留用机制欠完善

"一带一路"沿线国家的基础设施总体薄弱，劳动力素质不高，产业布局及配套能力较弱，往往存在政府行政效率偏低、官员腐败以及小范围武装冲突等问题。四川省参与"一带一路"建设的企业中只有少数龙头企业有国际经营团队，大多数缺乏熟悉国际经贸规则的人才，对国际市场的研究不够深入，缺乏相关智库机构。究其原因，四川省缺乏更具吸引力、竞争力的人才引育留用机制，与"一带一路"沿线国家在创新创业和科技金融等领域的合作不足，没有共同建设的国际性创新创业服务平台，缺乏相关引才的政策支持和国际化生活工作环境。

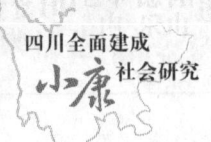

三、新形势下四川省提升开放型经济水平的建议

面对中美贸易摩擦和新冠肺炎疫情等国际形势变化,四川省要站在国家战略高度,结合区位和产业优势,抢抓"一带一路"和我国周边自贸网络建设等重大机遇,积极融入新时代西部大开发、成渝地区双城经济圈建设等国家战略,抓住西部陆海新通道、中缅经济走廊建设等开放通道建设所带来的发展机遇,以贸易为先导、产能合作为重点,进一步强化双向开放,全面提升互联互通水平,着力打造重大开放合作平台,深入推进内陆与沿海沿边沿江协同开放,为建设西部内陆开放高地、打造全国开放型经济强省奠定坚实的支撑,加快提升四川省开放型经济水平,积极融入"双循环"新发展格局。

(一)加快物流通道建设

1. 加强路网建设规划

一是规划建设成都—稻城—缅甸北部的陆路铁路和高速公路通道;稳定开行国际铁海联运班列,畅通至北部湾的出海通道;拓展至昆明的互联互通班列,对接中老、中泰铁路建设,形成经昆明到达老挝、泰国等南向国家的铁路大通道。二是加快天府国际机场和国际空港新城建设,加密和开通南向地区重点城市特别是新德里、班加罗尔、雅加达、悉尼等国际航线,打造南向空中走廊。

2. 推动通关便利化

依托自由贸易试验区改革创新,加强通关一体化建设,积极构建与西部陆海新通道、中缅经济走廊相关国家(地区)在客货运输、通关服务、签证等方面的便捷通关模式。根据国家授权实行集约管理体制,在有效防控口岸风险的前提下,取消或最大限度地简化入区货物的贸易管制措施,最大限度地简化一线申报手续,探索实施以"零关税"为基本特征的自由化便利化制度安排。推进国际贸易"单一窗口"标准版的全面应用,有效对接其他口岸监管系统,提高通关便利化水平。

3. 提升多式联运水平

推动江海、江铁、铁海、陆航等多式联运发展,加快形成水、陆、空一体化的多元物流方式,提高四川省通达"一带一路"沿线国家的运输效率。优化多种运输方式衔接、中转流程,完善多式联运标准和服务规则,探索与沿海沿边沿江重要枢纽城市高效联运新模式。

4. 完善国内协调机制

深化成渝地区双城经济圈建设，构建东西呼应、相向发力的战略推进格局，推动建立西部陆海新通道、中缅经济走廊、北向物流大通道的省际协调机制，着力解决重大项目、物流运输、平台载体、通关通检、政策协同等问题。

（二）不断深化经贸合作

1. 搭建对外开放平台

以自由贸易试验区建设为突破口，深入推进四川对外开放合作，深化中德、中法、中韩、中意、新川等国别园区建设，带动四川融入全球经济；利用西博会、"中国—欧洲中心"等平台，深入实施"全球顶级科技园区合伙人计划"，打通四川与境外的贸易、投资通道；依托国家搭建的西部陆海新通道、中缅经济走廊合作平台，积极构建四川与缅甸、越南、柬埔寨等南向国家的经贸合作机制；依托成都天府国际机场、东部新区和中欧班列建设，构建四川省对外开放新门户，发展临空型开放经济，变内陆劣势为优势。

2. 优化南向出口贸易

鼓励四川省集成电路、通信设备、化工产品等优势产品出口到"一带一路"沿线国家和地区；发挥四川省工程建设和装备制造产业优势，带动装备产品出口；大力发展南向运输服务，鼓励工程设计、施工建设、运营维护等建营一体化服务输出。

3. 鼓励优势产业走出去

推动四川省比较优势较为明显的产业"走出去"，到"一带一路"沿线国家尤其是南向国家投资农产品加工、电力、建筑业、轻工、电子等领域，建立境外生产基地，并且加强对境外并购的指导，更好地服务四川省实体经济发展。鼓励川企积极参与中缅经济走廊沿线的卫生医疗、供水供电、防洪灌溉等民生项目，以及与南向国家开展农业、旅游、边贸等贴近民生的合作。

4. 加强高端产业国际合作

围绕四川重点产业和领域建设国际合作园区，推动国际先进技术、高端制造项目、科技研发、技术转移、专利代理等专业服务机构在国际合作园区落地。鼓励外资、港澳资本、民间资本参与国际合作园区的建设与运营，支持驻国（境）外经贸代表机构为国际合作园区引进项目。推进川港澳政府间合作，依托港澳在金融服务、信息资讯、国际贸易、风险管理等方面的优势，不断提升跨境贸易和投融资便利化水平。

5. 推进与发达经济体和新兴经济体合作

在新能源、节能环保、智能交通等高技术领域，深化中欧区域合作。依托RCEP，进一步拓展与日、韩、澳在电子信息、农业等领域的合作，加强与东盟、南亚的国际产能合作。以资源开发、基础设施、装备制造等为重点，拓展与印度、巴西、南非等新兴经济体的合作。

（三）加强人文交流合作

1. 促进佛教文化对外交往

佛教是缅甸的国教，而四川省佛教文化历史悠久，拥有丰富的佛教文化旅游资源。四川省可以搭建佛教文化交流基地，发挥四川省佛教协会的作用，加强与缅甸等国家和地区的佛教文化交流，以及发展以佛教为载体的民间交流和文化旅游活动，如开展佛教论坛和佛教文化展。

2. 深化文化研究合作

以西部陆海新通道和中缅经济走廊为依托，积极组建南向开放智库等研究机构，对南向国家的人文地理、风俗习惯、政策措施等领域进行研究，促进政策沟通、人心相通，为南向开放贸易合作提供基础支撑。

3. 加强人才引进与培育

持续推进人才建设，构建更加开放、更加灵活和更具竞争力的人才体制机制，围绕产业发展方向，聚焦重点行业和重大项目，持续引聚海内外人才。增加项目合作、智力引进、成果转移转化等柔性人才引进方式，为四川开放型经济发展提供雄厚的人才支撑。加强服务于西部陆海新通道、中缅经济走廊和成渝地区双城经济圈的国际化人才队伍建设，建立更具吸引力、竞争力的人才引育留用工作机制；完善相关引才的政策支持和国际化生活工作环境；增强各级领导干部的对外开放战略意识和风险防范、摩擦应对能力。

（四）培育外向型市场主体

1. 培育民营经济的外向功能

适应四川省加快推进"四向拓展、全域开放"的立体全面开放新态势，继续优化对贸易型民营企业的服务与支持，完善鼓励民营企业融入"一带一路"的激励机制，引导民营企业把握"一带一路"建设机遇，主动适应市场多元化需求，探索外贸新业态新模式，进一步培育民营经济的外向功能。

2. 结合产业布局培育创新型企业

结合四川省"5+1"现代产业体系布局，制定政策引导企业参与五大万亿支柱产业和数字经济发展，打造"天府独角兽培育基地"，培育一批独角兽、准独角兽和潜在独角兽企业。

3. 打造高质量的现代服务业企业

积极开展国际创新合作，打造全球性的高水平创新创业优质平台，培育出更多面向全球市场的、具有国际视野的服务业企业，发展规模以上服务业企业，打造特色品牌服务业企业，提高四川省服务业市场主体的国际竞争力。

负责人：姜玉梅（西南财经大学）
成　员：邓富华（西南财经大学）
　　　　　姚　星（西南财经大学）
　　　　　王宗芳（西南财经大学）
　　　　　倪铭杰（西南财经大学）
　　　　　丁　娟（四川省统计局）
　　　　　安江丽（四川省统计局）

四川筑牢长江黄河上游生态"双屏障"研究

一、四川长江、黄河上游生态双屏障建设内涵与意义

(一) 四川长江、黄河上游生态特征

1. 四川长江地区上游生态特征

长江上游生态屏障包括长江上游及其支流流域的各种屏障体系,其主要范围是青藏高原生态屏障以及四川、云南生态屏障。四川省生态屏障的重点是青藏高原东南缘、川西南地区以及四川盆地周边的山地。四川省96.5%的面积属于长江流域,贡献了长江27%的水量,是长江上游重要的生态屏障和水源涵养地。这些区域位于第一阶梯向第二阶梯过渡的地带,属于亚热带季风气候,降水丰富,自然景观以常绿阔叶林为主,随山脉起伏,有完整的自然垂直地带性谱带,动植物种类丰富,生态群落多样性突出,在高山峡谷间还保留了众多第四纪冰期植物孑遗。

由于复杂的地理地形因素,这一区域往往是各种自然灾害如地震、泥石流、洪涝等多发易发区。这里也是少数民族聚居区和集中贫困地区。由于这一区域丰富的能源、资源,这里也是重大工程建设开发区。

2. 四川黄河上游地区生态特征

统计显示,四川境内黄河流域面积为1.87万平方千米,只占全流域的2.4%。但是,黄河干流枯水期40%的水量、丰水期26%的水量来自四川。四川境内黄河干流河道长174千米,流域面积为1.87万平方千米,涉及阿坝州阿坝县、红原县、若尔盖县、松潘县和甘孜州的石渠县5个县。这一区域的黄河流域主要支流有白河、黑河,流经阿坝县和若尔盖县。四川境内的黄河上游流域多年水资源总量为44.1亿立方米,若尔盖湿地是国内最大的高原泥炭湿地,黄河上游水量的30%来源于此。黄河及其支流白河、黑河,总水域面积20.45平方千米,蓄水量约2045万立方米。湖泊周围较大范围内均为人畜难进的沼泽地湿地,蓄水总量近100亿立

方米，泥炭总储量达 70 亿立方米，分布于 5000 多平方千米的沼泽中，在调节气候、保持水土、减少温室效应等方面具有不可替代的作用。

（二）四川长江、黄河上游生态"双屏障"建设的内涵

建设长江、黄河上游生态屏障，从根本上说，就是构筑维护长江、黄河上游持续发展的生态安全体系。这一体系包括若干重要内容：(1) 长江、黄河上游有利于人类可持续发展的生态区域、生态系统、生态过程得到有效的保护，其功能得到有效的发挥；(2) 已退化的生态系统得到恢复与重建，并达到其所在自然地带客观上可以达到的水平；(3) 一些自然生态系统或自然过程虽然并未受人类过多的干扰，但对人类生态安全不利，对可持续发展构成威胁，需要按生态屏障建设目标要求，按生态安全要求进行人工改造；(4) 未来的资源开发、社会经济发展应充分考虑生态安全的要求，避开生态不安全的因素、地段或区域，减少、减轻生态危险的困扰。

长江、黄河上游生态屏障建设要满足两方面的要求：首先，通过上游地区及其内部不同的生态类型区建设，提高上游地区生态安全系数，为上游可持续发展创造良好生态空间。其次，为长江、黄河中下游地区建立起较好的生态保护系统，重点减少泥沙对中下游的影响，较好调控上游的水文变化、水情变化，减少供水对中下游的危害。因此，长江、黄河上游生态屏障建设的重点目标应是：

1. 植被的恢复

应尽可能恢复各区域、自然地带在人类未干预前的原始自然地带性植被。凡是适应森林生长的地方植被都得到恢复（耕地和人居用地、道路、工矿用地等除外），构建起山区完整垂直地带植被谱带，即从常绿阔叶林、常绿阔叶与落叶阔叶混交林、阔叶落叶林、针阔叶混交林、针叶林到灌丛、草甸等自然垂直地带性植被谱带。森林应包括林种、林型、林层、草丛等多层次系统，而不只是单林种的单层林分。退化、沙化草地得到恢复，基本上解决牧区超载放牧问题，草地、草甸、湿地恢复到地带性要求的水平。

2. 生物多样性保护

不再出现物种绝灭，濒危珍稀物种得到有效保护，自然保护区面积不低于总面积的 15%。

3. 水资源得到合理利用和调控

长江、黄河上游山区，干旱河谷缺水问题得到较好解决，洪枯季的径流变差、年变差缩小；通过水利工程和生态系统的调控，对中下游威胁大的洪水发生频率降低；长江、黄河上游城市的防洪安全达到百年一遇标准。

4. 水土流失得有效治理

完成陡坡耕地的退耕还林还草任务；可以恢复的地段、地带、地区天然植被得到恢复；人工引发的水土流失得到控制，泥沙入江逐年减少，直至达到自然地带天然流失的泥沙水平。

5. 对人类威胁大的山地灾害得到控制

人口稠密区、城镇的泥石流、滑坡、山洪等自然灾害得到有效控制，不再发生严重人为的山地灾害。

6. 自然资源得到有效开发利用，可再生资源得到持续、良性循环

产业与生态环境和谐发展，加快绿色矿业、环保产业、清洁能源产业的发展，这是推动黄河、长江上游生态屏障建设的关键。

7. 生态质量提高，安全系数提高

随着人居环境和社会经济发展的要求，黄河、长江上游生态质量应逐步提高，不具备生存和发展生态空间的居民完成生态移民建设，95%以上居民的生态安全保障率超过90%。

（三）四川长江、黄河上游生态"双屏障"建设的意义

长江、黄河流域生态保护和高质量发展事关我国经济社会发展和生态安全。长江、黄河流域是我国重要的生态屏障和重要的经济地带，在我国经济社会发展和生态安全方面具有十分重要的地位；统筹协调长江、黄河上游生态保护和高质量发展，是坚持问题导向和目标导向的科学抉择。

1. 事关打造我国重要生态屏障

长江、黄河流域是我国重要的生态屏障。筑牢长江、黄河流域生态屏障，既有利于减少水土流失，改善水源涵养，确保长江、黄河生态安全，推进长江、黄河流域高质量发展，更有利于为全流域人民提供清新的空气、清洁的水源、洁净的土壤、宜人的气候等诸多生态产品。

2. 事关我国经济高质量发展

长江、黄河流域是我国重要的粮食生产核心区、能源富集区，是化工、原材料和基础工业基地，在全国经济社会发展和生态文明建设格局中具有举足轻重的战略地位。然而，随着全球气候变化和人类活动的过度拓展，长江、黄河流域都不同程度地出现了水资源短缺、水环境污染、水资源开发利用率过高等问题。长江、黄河

上游生态屏障建设有利于促进经济发展从量的积累转向质的提升。

3. 事关打赢脱贫攻坚战

由于历史、自然条件等多方面原因，长江、黄河上游地区经济社会发展相对滞后，是我国贫困人口相对集中的区域。长江、黄河流域有诸多承载生态功能的区域，这些区域与贫困人口分布高度重叠，打赢脱贫攻坚战的任务非常艰巨。长江、黄河流域生态保护和高质量发展，既有利于解决好流域内人民群众关心的防洪安全、饮水安全和生态安全等问题，也有利于贫困人口通过参与生态保护、生态修复工程建设和发展生态产业，提高经济收入水平，改善生产生活条件，提升自我发展的能力，建立长效脱贫机制，巩固脱贫攻坚成果。

二、四川长江、黄河上游生态"双屏障"建设现状

自 1979 年改革开放至今，四川为早日建成长江、黄河上游地区生态屏障采取了多种措施。经过几十年的保护和建设，四川长江、黄河上游生态"双屏障"建设取得了巨大成就，四川生态环境建设有了较大改善。

（一）初步形成生态安全格局

四川将全省划分为成都平原区、盆周山地区、盆地丘陵区、川西北高原区、川西高山峡谷区和川西南山地区六大二级分区的生态片区，并明确了各区生态保护的侧重点。以若尔盖草原湿地、川滇森林及生物多样性、秦巴生物多样性、大小凉山水土保持和生物多样性四大生态功能区为重点区域，以长江、金沙江、雅砻江、岷江—大渡河、嘉陵江、沱江、涪江、渠江八大流域生态廊道及水土保持带为骨架，以世界遗产地、国家公园、自然保护区、森林公园、湿地公园、地质公园、风景名胜区和水产种质资源保护区等点（块）状分布的典型生态系统为重要单元，全面构建起"四区八带多点（块）"生态安全战略格局。

（二）森林覆盖率持续提高

改革开放至今，四川曾实施一系列植树造林重点建设工程，如长江防护林体系建设工程、天然林保护工程、退耕还林还草工程、四大森林城市群建设工程等。2016 年四川省政府颁布了《大规模绿化全川行动方案》，开启以"开展植树造林、推进扩绿增绿、恢复生态系统功能"为重点的九大绿化行动。四川造林面积逐年提高，1990 年为 26.50 万公顷，2000 年为 48.91 万公顷，2010 年为 37.84 万公顷，2017 年为 54.6 万公顷，2018 年植树造林 62.5 万公顷。全省森林覆盖率 1990 年为 19.17%，2000 年提高到 24.23%，增长 5 个百分点；2010 年提升到 34.8%，增长 10 个百分点；2017 年又扩大到 38.03%，增长近 4 个百分点。2019 年四川森林覆

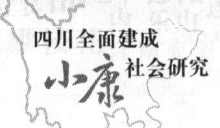

盖率达到39.6%。28年间，全省森林覆盖率翻了一番。

（三）生态环境质量持续改善

四川坚决打赢打好环境污染攻坚战，水、大气、土壤环境质量全面改善，主要污染物总量大幅减少，全省生态环境质量总体改善。2019年，四川省生态环境状况指数为71.9，同比上升0.3。全省87个国考断面中84个断面水质优良，优良率达到96.6%，成都等15个市州"优山好水"比例达100%，全省优良天数达88.4%。截至2019年，四川省共有12个县区建成国家生态文明建设示范县区和国家"绿水青山就是金山银山"实践创新基地，其中国家生态文明建设示范县区9个，国家"绿水青山就是金山银山"实践创新基地3个，创建数量位居全国第六、西部地区第一。

（四）生物多样性得到有效保护

目前，四川境内有高等植物近10000种，约占全国总数的1/3，居全国第二位。其中国家重点保护的野生植物67种，包括国家一级保护野生植物苏铁、银杏、红豆杉、珙桐等18种，二级保护野生植物49种；全省有脊椎动物近1300种，约占全国总数的45%，其中属于国家重点保护的野生动物有145种，包括国家一级保护动物大熊猫、川金丝猴、山鹧鸪、黑颈鹤等32种，二级保护动物113种。全川已建各类自然保护区123个、森林公园127个、湿地公园56个，近90%在川分布的国家重点保护野生动植物物种得到了有效保护。

（五）林业产业化得到快速提升

四川林业总产值1999年为45亿元，2010年达到1157亿元，2015年又上升为2664亿元。2019年，四川林业总产值增长9.6%，达到4100亿元，林业生态服务价值1.9万亿元，首次突破4000亿元大关。十多年间增长了90多倍，足以证明这一时期四川林业产业化进程不仅得到了快速提升，而且林业系统自我积累、自我保护和自我发展的能力增强了。

（六）生产方式正在绿色转型

基本建成国家清洁能源示范省。2019年，四川外送水电累计突破1万亿千瓦·时，建成全球最大太阳能晶硅电池生产基地，全省节能环保、清洁能源产业主营业务收入分别突破2000亿元、4500亿元。

四川坚持走工业经济发展和生态环境保护的"双赢"道路，不断优化调整产业布局和结构，强化资源节约利用，加强工业污染防治，工业绿色发展水平取得长足进步。全省单位工业增加值能耗持续下降。2019年，全省单位地区生产总值二氧化碳排放（碳强度）较2005年下降了70%。

三、四川长江、黄河上游生态"双屏障"建设存在的问题

四川长江、黄河上游逐年实现森林蓄积和森林面积双增长,自然生态持续向好,但是问题和差距依然明显,尚未完全建立与长江、黄河上游生态屏障地位相匹配的保护与发展体系。经过多年发展,四川长江、黄河生态屏障已经取得了很大成就,但仍存在一些问题。长江上游生态屏障的主要问题是流域整体性保护不足,生态系统破碎化,生态系统服务功能呈退化趋势。而黄河上游生态屏障的问题主要是受气候的变化及人类活动的影响,若尔盖湿地出现了持续干旱、湿地面积萎缩、河流水位下降、物种多样性减少等诸多生态问题。

(一)生态环境整体改善与局部恶化并存

通过多年来的林业生态建设,全省自然生态整体好转。但是,生态局部脆弱的状况仍然存在,国土绿化已经进入啃"硬骨头"、迈新台阶的攻坚阶段。截至2018年,全省还有900多万亩宜林地需开展造林绿化,1290万亩沙化土地、1095万亩石漠化土地、150多万亩干旱半干旱生态脆弱区需治理,200万亩以上的坡耕地需要逐步退耕还林,生态治理形势依然严峻。

长江上游流域森林覆盖率高,但林地质量低下,林地内"天窗"、无立木林地、灌木林地,采伐迹地和其他地类面积大,柏、杉、松等纯林多,森林生态系统功能脆弱。全省中幼林面积达10684.5万亩,占全省森林面积的40.68%,森林每公顷蓄积量140立方米,与德国等发达国家森林每公顷超过300立方米的蓄积量相比还有很大差距。

若尔盖高原沼泽湿地呈现明显的萎缩退化趋势。湖泊面积在缩小,沼泽干枯萎缩;江河水量减少,水位下降,沼泽湿地退化。若尔盖草原植被退化十分严重,草地生产力急剧下降,人、草、畜之间的矛盾日益突出,超载过牧严重。目前,草地超载率超过50%,掠夺式草原资源利用使草原植被遭到毁灭性破坏,生态环境进一步恶化。由于自然和人为多种因素相互作用的结果,若尔盖高原湿地沙漠荒化现象严重,已影响到草原生态平衡及区域经济的发展。

(二)环境保护与经济发展矛盾难以解决

生态屏障区基本上是限制开发区、贫困集中区,又是建成全面小康难点区。如何使这些区域得到发展的红利,走出适合区域特点的产业发展新路,确保生态与经济共赢,以使生态屏障长效久安,是个难题。

为防止水土流失,减少泥沙淤积,首要的是实施天然林禁伐,切实保护好现有森林资源,以保障生态环境建设的顺利进行。但是,天然林禁伐引发了一些难以解决的矛盾。天然林禁伐地区大多为老、少、边、穷地区,一直以来都是靠山吃山,

靠水吃水，经济发展主要依赖于资源的开发，多年来都是"木头财政"。天然林禁伐使这些地区的经济发展受到抑制，地方财政收入锐减。因此，一些地区出现了天然林禁伐后上山"挖金子"、挖树根等新一轮的山体破坏。退耕还林标准偏低，不能补偿农业收入，难以保证农民增收，因而出现边种边耕边毁现象。

近几十年来，若尔盖高原湿地内乡村和社区对湿地资源特别是草地资源具有高度的依赖性。牧民放牧和湿地保护的矛盾比较突出。随着人口的不断增长，牧民发展牲畜的数量还将继续增长，而湿地区的牧草质量普遍较低，保护与利用的矛盾将越来越严重。

长江、黄河上游所属的贫困地区大多地处生态脆弱区和生态敏感地带。生态环境恶化是长江、黄河上游地区经济发展长期滞后、贫困问题得不到根本解决的症结所在。正因为贫困问题是生态环境退化的根源，真正持久的环境保护应建立在消除贫困的基础之上。贫困地区又多是建设生态屏障的重点区域，如果解决不好贫困问题，生态屏障建设也就无所适从。如果不能帮助这些地区迅速调整产业结构，使天然林禁伐区和湿地保护区的农牧民的收入和当地政府的财政收入不断增加，生态屏障的建设和维持将是十分困难的。

（三）传统产业的绿色转型发展阻力较大

长江、黄河上游地区的传统产业以能源、原材料工业为主体，沿江工业城市冶金、化工、机械、造纸等产业布局在相当长的时期内还会存在，甚至还要扩大和发展。城市化发展、人口增加带来的超载过牧、乱采滥挖等活动导致黄河上游土地沙化。

虽然长江、黄河上游地区资源种类较多，某些类别的资源探明储量很大，但存在着分布较广、含量低、伴生矿多、不易开采的特点。长期以来，我们走的是一条高耗资和高污染的粗放型发展道路。在今后的发展中，为保证资源的可持续利用，最大限度地缓解资源供需矛盾，就必须转变经济增长方式，提高资源的利用率，减少污染，同时要严格限制污染产业的发展，因此，传统产业技术改造和环境治理投资大、任务重。既要保护生态环境又要发展经济，必然要大力推进绿色经济的发展。绿色经济包括绿色产业，强调经济、生态和社会效益的统一，但是绿色经济并非对环境就没有负面影响。在绿色产业发展的初期，其对生态环境还是有负面影响的，只是这种影响没有超过生态阈值，因此如何使新旧产业平稳过渡，也是长江、黄河上游生态屏障建设中值得注意的问题。

（四）能源开发与生态屏障建设存在矛盾

四川长江、黄河上游地区的发展必然涉及多项重大工程，如铁路和高等级公路、重大水利设施等基础设施以及其他能源产业的布局。这些工程的实施都会在一定时期内带来环境问题，使长江上游地区生态环境产生局部恶化，其中水电的梯级开发将带来严重的生态问题。

四川省按地理特性可以岷江为界分为东西两大部分。岷江以西（包括岷江上游）为西部地区，岷江以东（包括岷江中下游）为东部地区。全省水力资源分布特点是西部多，东部少。东部盆地区中小型电站居多，大型电站较少，可开发资源占全省的11.3%；西部山地地区大中小型电站众多，可开发资源占全省的88.7%。其中，三州地区水能占比59.56%，而这一地区正是长江、黄河生态屏障建设的重点地区。全省各州水力资源地区分布见表1。

表1 四川各市（州）水力资源量及占全省比重

各市（州）	技术可开发量装机容量（MW）	经济可开发量装机容量（MW）	已、正建电站装机容量（MW）	理论蕴藏量占全省比重（%）	技术可开发量占全省比重（%）	经济可开发量占全省比重（%）	已正建电站规模占全省比重（%）
成都市	1714	1634	1413	2.41	1.2	1.20	1.54
自贡市	55	55	37	0.10	0.04	0.04	0.04
攀枝花市	6761	6702	5662	4.35	4.6	4.93	6.17
泸州市	3667	3353	222	3.02	2.5	2.47	0.24
德阳市	183	183	133	0.44	0.12	0.13	0.14
绵阳市	2420	2420	1667	2.59	1.6	1.78	1.82
广元市	2326	2202	2202	1.29	1.6	1.62	2.40
遂宁市	423	423	294	0.33	0.29	0.31	0.32
内江市	122	122	67	0.14	0.08	0.09	0.07
乐山市	8439	7211	6418	6.18	5.7	5.31	7.00
南充市	978	974	966	0.58	0.66	0.72	1.05
眉山市	1139	905	905	0.93	0.77	0.67	0.99
宜宾市	4993	3856	3319	2.74	3.4	2.84	3.62
广安市	480	429	429	0.62	0.32	0.32	0.47
达州市	533	533	352	0.88	0.36	0.39	0.38
雅安市	13814	13807	12759	7.31	9.4	10.16	13.91
巴中市	434	434	164	0.73	0.29	0.32	0.18
资阳市	110	110	73	0.19	0.07	0.08	0.08
阿坝州	15817	13272	8226	12.39	10.7	9.77	8.97
甘孜州	40349	34590	16371	27.92	27.3	25.46	17.85
凉山州	42948	42630	30022	24.86	29.1	31.38	32.74
合计	147705	135845	91704	100	100	100	100

四川省委、省政府历来高度重视四川省水电发展，将水电列为重要支柱产业，明确提出大力开发水电，培育水电支柱产业，将四川建成全国重要的水电基地。截至2015年年底，全省水电装机67590兆瓦，根据电源建设安排，2020年四川全省水电装机将达到83000兆瓦。

已投产运行的大型水电站主要包括金沙江溪洛渡电站、向家坝电站、雅砻江二滩电站、锦屏一级电站、锦屏二级电站等。目前有十几项在建及核准项目。

水电站有调蓄洪水、防止下游河道泥沙淤积、提供清洁能源等功效，但同时会造成新的环境问题，如库区移民、建设弃渣造成的河床泥沙淤积、水电建设配套工程带来的水土流失等环境问题。四川长江上游地区水电开发过于密集，金沙江的金安桥、溪洛渡、向家坝等已开工建设，岷江上游水力资源开发殆尽，大渡河成了水电开发的超级大工地，嘉陵江已完成全线渠化；乌江也已全部完成水电开发，是我国水电开发程度最高的河流之一。多级电站截流使得下泄生态流量得不到保障，河流的连通性受到阻隔，水生态功能受到严重影响。域梯级电站将带来长期、间接、累积以及不可逆的生态效应，片面追求水力利益的大坝建设将会带来不可预见的灾难。

（五）生态管理体制机制不够健全、完善

一是生态系统服务功能的价值未得到应有的体现，生态补偿不到位、不及时、不足额、不等值，挫伤了生态保护与建设的积极性，目前还看不到科学解决的时间表。

二是生态屏障建设是个跨区域、跨部门的系统工程，牵涉不同群体、不同部门、不同区域的利益分配、责任担当，林业行政主管部门负责组织、协调、指导和监督湿地、林地保护工作；环境保护行政主管部门负责协调和监督河流、湿地环境保护工作；农业行政主管部门负责指导渔业水域、宜农宜牧湿地的开发利用；其他部门按照各自的职责加强湿地保护管理。目前尚缺乏统一协调的机制，导致建设与破坏并存，进展不平衡。流域涉及县区较多、经济发展差异大，城市群缺乏协同，区域间资源、生态利益协调机制尚未建立，缺乏具有整体性、专业性和协调性的大区域合作平台，缺乏全面、系统、统筹的谋划。

四、四川筑牢长江、黄河上游生态"双屏障"的对策建议

高质量筑牢长江黄河上游生态屏障，要以习近平生态文明思想为指引，从过去封闭、粗放、单一的保护与发展割裂的理念，向开放、集约、多元的保护与发展共赢的理念转变。要深入学习贯彻习近平总书记在深入推动长江经济带发展座谈会、黄河流域生态保护和高质量发展座谈会上的重要讲话精神，全面落实党中央关于生态文明建设的各项决策部署，坚持绿水青山就是金山银山的理念，坚持生态优先、

绿色发展的导向，坚持共同团结奋斗、共同繁荣发展的主题，共同抓好大保护、协同推进大治理，切实筑牢长江、黄河上游生态屏障，要协同抓好大保护大治理，进一步增强上游意识，强化规划的引领作用，突出生态系统保护和修复，完善生态环境保护制度机制，扎实抓好中央环保督察和长江经济带生态环境警示片反馈问题整改，确保长江、黄河清水出川向东流。

通过大力实施长江廊道绿化造林、天然林保护、退耕还林、荒漠生态治理、森林质量精准提升、国家储备林建设、退化草地治理、湿地修复八大重点生态工程，进一步增加绿量，提升质量，夯实绿色生态本底。

（一）加强空间管控，推进生态系统治理

《四川省生态环境分区管控方案》将全省行政区域从生态环境保护角度划分为优先保护、重点管控和一般管控三类环境管控单元。要按照方案要求，严守生态保护红线、环境质量底线和资源利用上线，分区推进国土空间管控。各有关部门应将生态环境分区管控作为推进污染防治、生态保护、环境风险防控等工作的重要依据和生态环境监管的重点内容。各级生态环境部门应强化生态环境分区管控在环评、排污许可、生态、水、大气、土壤、固体废物等环境管理中的应用，严格落实生态环境分区管控要求。制定差异化环境准入负面清单，严格土地用途管制，保护和扩大绿地湿地。充分发挥卫星遥感监测能力，强化重点生态功能区生态环境监管，提高区内生态环境监测、预报、预警水平，及时、准确地掌握区内主要生态功能的动态变化情况。编制实施重点生态功能区产业准入负面清单，因地制宜发展负面清单外的特色优势产业，科学实施生态移民。

（二）继续加大投入，推进重大生态工程建设

实施重大生态工程是加速生态保护与恢复、推进四川长江、黄河上游生态双屏障建设的重要举措。重大生态保护和修复工程对于遏制生态退化趋势、提高生态系统质量和稳定性、保护生物多样性具有不可替代的作用。应继续实施天然林资源保护、退耕还林、退牧还草、退田还湖、湿地保护、沙化土地修复和自然保护区建设等工程，提升水源涵养和水土保持功能。重点建设长江干支流沿岸防护林带，实施长江防护林工程，在干流和重要支流建设一批基干防护林带、沿江绿色生态廊道和林水相依的（如竹林）景观带。推进川西高原沙化土地治理工程，积极推进若尔盖草原湿地生态功能区。加强金沙江、岷江、雅砻江和大渡河"三江一河"重点流域治理和水源涵养地保护。推进金沙江、岷江一大渡河、赤水河等干热干旱河谷地区植被恢复。支持创建国家森林公园、湿地公园和国际重要湿地，加强对自然保护区、世界文化自然遗产等区域保护。

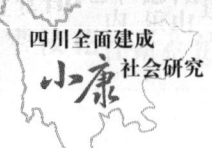

(三) 推进科学开发,建设国家级清洁能源基地

1. 有序开发清洁能源

有序开发水电资源,重点推进雅砻江、金沙江、大渡河"三江"水电基地建设,全面停止小水电项目开发,加快建设大型水电站。因地制宜科学开发太阳能、风能、地热能等。在金沙江、雅砻江流域试点探索风光水电多能互补。

2. 降低水电开发对生态的消极影响

在水电开发设计、建设、运行的全过程中,应充分考虑和评估各种可能产生的生态影响,尽可能把对生态环境的负面影响降到最低。第一,在规划设计阶段进行全面的环境评估,选用合适的工程方案,尽量减少淹没、控制滑坡,应尽量避开环境敏感区。注意提前进行生态修复的规划设计。第二,在建设阶段把施工"三废"和噪音排放对环境的负面影响降到最低,注重环境的保护和及时恢复改善。第三,在运行阶段充分发挥水电设施的综合功能,通过水库调控以防洪抗旱,通过合适的技术方案控制下泄流量和上游来流降低对库区和下游水文情况的影响。

3. 增强开发地的"造血"能力

第一,水电开发部门应本着服务当地、利惠当地的原则,促进资源地经济建设。在水电开发建设中,工程所需材料尽量从当地采购,拉动当地相关产业的发展;部分建设项目可以让当地有关部门和企业共同参与,使开发地也能共享水电开发带来的直接经济利益。对当地优惠供水、供电,使当地在接受清洁能源的同时降低生产成本,提高产品的市场竞争力。第二,资源地本身应抓住机遇,找到区域经济增长点,增强自身发展能力。资源地本身具有资源优势,但长期以来受内外条件约束,经济增长乏力。借着水电开发带来的契机,如资金、技术、项目、移民工程等,发展区域基础设施建设;结合当地的经济背景和物质条件,适当发展工业,大力发展特色农业、生态旅游、民俗旅游以及服务业等特色产业,建立起自身的经济增长点,逐步缩小与其他区域间的发展差距,实现经济的可持续发展。

4. 切实解决移民安置问题

目前,库区移民的直接赔偿机制逐渐健全,需要解决的是库区移民今后长期的安居乐业问题,这一问题应当与乡村振兴、脱贫攻坚战略结合,促进库区移民致富奔小康。一方面,要加大对库区移民的再教育和培训力度,促进就业。这个方面可以由水电开发方和地方政府配合完成。就开发方来讲,提供劳动技能培训,优先吸收移民就业,这相当于对移民的非现金补偿,可以尝试纳入移民补偿内容。地方政府则不仅需要积极提供教育培训服务,更要因势利导,发展特色产业,以产业发展解决移民长期的就业问题，带动当地人走上致富之路。另一方面，在移民的搬迁复建问题上，需要在实地调研的基础上切实解决移民的需求，尤其是四川高原地区少数民族居多，不仅要考虑安置居住问题，也要充分考虑移民的民俗、宗教等需求。

（四）改革体制机制，推进环境治理能力现代化

1. 加强生态保护和应急救援能力建设

完善森林、湿地、物种、河湖、大气、土壤、气象基础监测平台。加强生态管护队伍建设，推进国有林区（场）基础设施升级达标。完善环境预警应急机制，健全突发性生态环境事件应对与防控体系，实施地质灾害隐患调查评价，加强地质灾害综合治理，建设监测预警与应急保障等防灾减灾基础设施。

2. 加强绿色金融体系建设

大力发展绿色信贷、绿色债券等金融产品。按规定在环境高风险领域建立环境污染强制责任保险制度，完善资源环境价格机制，开展碳排放权、用能权、排污权等生态环境权益的市场化、资本化试点，健全环境资源权益交易制度，出台用能权交易管理暂行办法，加快建设西部环境资源交易中心。

3. 加快建立绿色生产消费的法规制度和政策导向

制定出台四川省沱江流域水环境保护条例，修改《四川省〈中华人民共和国大气污染防治法〉实施办法》《四川省自然保护区管理条例》等地方性法规。鼓励支持有地方性法规制定权的市（州）加强生态环境保护立法。

4. 完善区域合作机制

长江、黄河上游生态屏障建设需要上游各区域地方政府的通力合作，要尽快建立具有约束力的合作机制，协同共建生态屏障。区域合作机制的内容包括：发展规划上建立规划对接机制，在发展规划和生态环境等专项规划中统一环境标准和治理目标，合理分担改善全流域生态环境质量的责任；推进流域内产业有序转移和优化升级，建立合理产业分工格局，共同开发矿产资源、水电资源，条件成熟的可以合作共建产业园区，建立资源开发利用的合作共赢机制；建立多边合作联席制度，每年定期召开高层领导联席会议，建立地区与部门间生态屏障建设和地区间对口合作制度，组建专家顾问团，吸纳各领域专家建言献策，为政府决策提供科学依据；各区域之间要协同推进生态屏障的规划、实施、监督和协调等领导机制和能力建设，统一监管标准等。

5. 建立健全生态补偿机制

加大重点生态功能区转移支付力度，持续推进实施森林、草原、湿地、耕地等

生态保护补偿制度，健全资源有偿使用制度。对建立流域横向生态补偿机制的地区给予引导性奖励。鼓励生态受益地区与生态保护地区、流域上下游之间通过项目合作、园区共建、飞地经济等方式开展跨区域合作。建立健全用能权、碳排放权、水权、排污权有偿使用和交易制度。完善赤水河流域跨省生态环境保护补偿机制，深化沱江等流域生态环境保护补偿。

（五）坚持生态优先，建立绿色经济体系

坚持生态优先、绿色发展的战略定位，构建以生态产业化、产业生态化为主体的生态经济体系，是四川长江、黄河上游地区产业发展的优选道路。正确处理保护与发展、数量与质量、重点与全面、政府与市场、当前与长远的关系，吸引社会发展要素向林草聚集，激活林业草原发展动能，提升"绿水青山"到"金山银山"的价值转化能力，加快推进绿色发展。

一方面，在产业发展布局中应更加强化区域协作、分工，避免重复布局、资源浪费，进一步推动优势互补，壮大上游地区优势生态产业，在产业发展道路上牢牢坚持绿色发展方向不动摇；另一方面，在产业发展方向上，构建上游地区产业布局的"正面清单＋负面清单"，沿江区域坚决禁止新建水泥、采石、造纸、印染、重油等污染型产业，大力培育以环保产业为龙头的智能制造、新材料、新能源等战略性新兴产业；此外，合理规划产业园区的空间布局，进一步发挥长江黄金水道的航运优势，积极整合、优化调整现有产业园区的空间布局，促进优势相关产业空间集聚，围绕生态化产业、产业生态化的产业发展模式打造长江上游地区特色生态经济区。

稳步推进国家清洁能源示范省建设。大力推动产业转型升级，坚决淘汰化解落后过剩产能，加快发展电子信息、装备制造、食品饮料、先进材料、能源化工和数字经济等现代产业。加快实施"电能替代、清洁替代"工程，推动生产生活方式向绿色转变。

要把特色旅游产业作为长江、黄河上游生态屏障构建的关键。构建全域旅游发展格局。完善风景名胜区体系规划，加强跨区域旅游文化资源和旅游线路整合，规划打造一批世界级精品景区和旅游线路。加快推进川西环线、九寨—黄龙环线、稻城亚丁环线、四姑娘山—卧龙大熊猫环线、四姑娘山—小金—金川—丹巴环线、红色经典文化旅游线、环红原机场旅游经济圈等建设。高品质修复九寨沟景区，建设漳扎国际生态旅游魅力小镇。加快旅游景区提档升级，推进稻城亚丁、海螺沟、贡嘎西坡、四姑娘山、汶川特别旅游区等重点景区建设。推进"文化旅游＋"融合发展。传承发展藏羌优秀文化，弘扬长征精神，实施藏羌彝文化走廊、长征丰碑红色文化旅游线建设等重大文化产业项目。深化"文化旅游＋"工程，促进农旅、林旅、康旅、体旅融合。搭建文化展示体验载体，建设文化产业集聚区，提升景观、文化等附着物化与展示演绎能力。扶持唐卡、藏族祥巴、藏羌绣、石刻等民族手工艺发展，提升康定情歌节、甘孜山地旅游节、壤塘壤巴拉节、红原夏季雅克音乐节等节会活动影响力。

统筹布局农牧业基地建设。持续推进农牧业产业结构调整升级，成片成带成规模建设特色生态农牧业基地，积极引导牧区群众改变传统放牧习惯，通过集中养殖、增加圈养比例、改变畜牧品种、建设人工牧草基地等措施，提高畜牧产业化、集约化经营水平，提高牧畜的商品化率。合理利用草场资源，以草定畜，控制超载过牧。在川西北地区重点发展牦牛、藏羊、藏猪等优势畜牧业，金沙江流域重点发展特色水果、无公害错季蔬菜、酿酒葡萄、汉藏药材，雅砻江流域重点发展青稞、花椒和春油菜，岷江和大渡河流域重点发展甜樱桃、酿酒葡萄、食用菌、花椒、核桃和无公害错季蔬菜。建设一批农业产业融合示范园区。

大力发展农畜产品精深加工。深化农业供给侧结构性改革，重点开发市场前景好、附加值高的特色农产品深加工。积极发展高原葡萄酒、优质饮用水、牦牛乳制品等特色产品。强化产业协同和合理分工，发展适度规模化经营。

培育特色农产品品牌。引进推广特色农产品新品种，实施畜禽改良和动植物保护工程。加强农牧业技术攻关和技术引进转化，加强农产品质量安全监管体系和质量追溯体系建设。大力培育特色农产品品牌，打造一批地理标志产品。推进"互联网＋绿色生态"行动计划，以"圣洁甘孜""净土阿坝""大凉山"加企业商标"双品牌"模式，提高产品知名度和市场竞争力。

提升农业生产服务流通能力。推进农田水利、土地整治和中低产农田改造提升。建设日光节能温室、节水灌溉设施，支持发展设施农业。夯实现代畜牧业发展基础，建设标准化草地、人工饲草地、牲畜暖棚和标准化养殖小区。加强基层农技推广服务能力建设，完善动植物防疫体系，健全农资和农产品流通体系，支持冷链物流体系建设，搭建农产品电商平台，设立"扶贫专柜"，提高农超对接水平。

（六）强化科技支撑，构建科技保障体系

科技创新体系在促进生态系统有效管理的同时，能够积极改变资源利用方式和提高资源利用效率，培育发展新动能，从而保障生态功能区开启绿色发展模式。

一是生态功能区绿色发展和产业集聚需要科技创新体系的建立完善。结合生态大省和生态强省建设，以重点城市为引擎，打造园区创新生态系统，发挥科技引领的多链融合创新，以绿色产业链部署创新链，推动产学研深度融合，由城市和园区的创新要素集聚、成果转化推动、产业基础培育、产业能级提升、结构调整带动生态功能区全面发展。二是深化农牧业供给侧结构性改革需要科技支撑。通过组织实施生态农牧业重大科技支撑工程，为重点特色农牧业产业发展提供有效技术供给，促进特色农牧业发展。三是秦巴山区、川西北草原、西南干热河谷等不同类型组成的生态功能区生态建设需要科技支撑。需要开展不同生态系统的演化机理、生态环境监测、产业优化升级等关键技术研究与集成示范，有效促进退化生态系统的改

善、生态保护建设工程以及经济社会可持续发展。四是与主体功能区定位相一致的民生发展需要科技支撑。推进创新创业、设置公益岗位、精准脱贫等，落实草原生态奖补和生态补偿政策，在激发农牧民自主创业中增强生态保护与建设的积极性，在科技助力绿色产业发展中提高农牧民的收入水平和生活水平，促进生态功能区生产生活方式发生重大转变。五是建立独立、权威、高效的生态环境监测体系，统筹建设全省天地一体化的生态环境监测网络，健全生态环境质量预警评估体系。加强生态环境信息化建设，搭建大数据中心，完善监测数据集成共享机制，统一信息发布。充分运用高校、科研院所、环保企业的科研技术力量，强化产学研协同创新，加强环境保护重点实验室、工程技术中心和科学观测研究站等创新平台建设。

负责人：周　江（四川省社科院）
成　员：李　明（四川省社科院）
　　　　　周作昂（四川省统计局）
　　　　　王　波（西南交通大学）
　　　　　邹　洋（西南交通大学）
　　　　　吴振明（四川省社科院）
　　　　　邵旭阳（四川大学）
　　　　　兰　想（四川省统计局）

四川人工智能应对人口老龄化问题研究

一、引言

2000年以来，中国65岁及以上老年人口占总人口比重超过7%，标志着中国进入老龄化社会。其后，人口老龄化程度不断加深。21世纪以来全球信息技术革命蓬勃发展，特别是以人工智能技术为核心的第四次工业革命浪潮开始涌现。与美国和日本等国家不同，中国是在第四次工业革命的背景下步入老龄化社会的，这为积极应对人口老龄化提供了巨大的技术支撑。

为积极应对人口老龄化，2019年11月，中共中央、国务院印发《国家积极应对人口老龄化中长期规划》，明确规定"深入实施创新驱动发展战略，把技术创新作为积极应对人口老龄化的第一动力和战略支撑，全面提升国民经济产业体系智能化水平。提高老年服务科技化、信息化水平，加大老年健康科技支撑力度，加强老年辅助技术研发和应用"。因此，积极应对人口老龄化的关键在于建立一个以人工智能技术创新与应用为重点的应对人口老龄化的技术创新体系。

近年来，随着全球老龄化的逐步加深，人工智能对劳动力供给以及老年服务等方面的影响是国内外学者研究的热点。Frey等（2017）预测美国700多个职业中有47%可以在短期内被替代；陈永伟和许多（2018）基于同样的方法发现，中国总就业人口中的76.8%在今后20年将受到人工智能技术的冲击。陈秋霖等（2018）基于省级面板数据研究，认为智能化生产有助于抵偿人口老龄化所造成的经济增长放缓，而且人工智能在智慧健康养老领域的应用为老年智慧照护提供了崭新的机遇。Bahadori等（2005）报告了RoboCare项目的进展情况，该项目旨在使用软件、机器人、智能传感器等组合为老年人提供帮助。此后，诸多文献都研究了不同人工智能项目下的智慧健康养老效果评价（如Mou and Shin, 2017）。国内学界也有相关研究，如王晓慧和向运华（2019）研究了老年智慧照护服务体系，认为未来老年智慧照护服务体系的发展需要加快建立智慧管理体制。

目前，国内关于人工智能时代下应对人口老龄化问题的研究尚处于起步阶段，细化到省级层面以及全面深入研究人工智能应对人口老龄化问题的作用机制的研究少之又少。本文立足四川特殊省情，详细探讨人口老龄化对社会带来的负面效应，通过构建人工智能应对人口老龄化问题的三位一体框架,从而为实现四川健康老龄化提供政策建议。

二、四川人工智能应对人口老龄化的现状

(一)四川人口老龄化现状

四川 65 岁及以上老年人口占总人口比重在 2018 年达到 14.17%,意味着四川已步入深度老龄化。① 同时,老年抚养比也在与日俱增,2018 年高达 21.83%,比全国高出 5.06 个百分点;农村老年人口相对比重增加,2018 年高达 17.40%,比城镇高 4.66 个百分点;80 岁及以上高龄老年人口四川常年保持在 200 万人以上。总体来看,四川老年人口基数大,老龄化程度深,未来应对老龄社会的挑战正持续加深。此外,发达国家进入老龄化社会时人均 GDP 大约为 10000 美元,而四川 2018 年人均 GDP 才达到 7500 美元左右,比全国平均水平低近 25%,与发达国家仍相差甚远。"未富先老"的省情是四川未来一个阶段较为凸显的矛盾,对四川经济社会的发展带来严峻挑战。

人口老龄化将会产生三个主要后果:第一,人口老龄化程度不断加剧,将会导致劳动力近乎无限供给的人口红利逐渐消失,有限的劳动力供给将提高劳动密集型企业的劳动力成本,进而影响四川经济的可持续发展;第二,随着四川人口老龄化程度的不断加深,会产生一系列养老服务问题,如养老服务供给数量不足、质量水平较低、养老服务缺口较大、"421"家庭结构模式加重子女养老负担;第三,人口老龄化的加深将会对社会保障带来巨大压力,如医疗卫生健康体系供需不平衡,养老金不可持续,养老产业发展规模无法有效匹配老龄消费需求的迅速扩张。

(二)四川人工智能应对人口老龄化的现状

四川是全国重要信息产业基地之一,发展人工智能具有良好的基础条件。以成都市为核心的成德绵地区产业门类齐全,科研院所集中,应用领域广泛,有着很好的科技和应用支撑。目前,成都市有人工智能企业近 200 家,位居全国第六,在智能安防、智能教育、智慧社区养老、智慧医疗等场景应用示范,成功入选国家新一代人工智能创新发展试验区。

1. "人工智能+安防"

四川人工智能在安防行业的应用主要依靠视频智能分析技术,通过对监控画面

---

① 根据联合国人口展望相关定义,如果一个国家或地区老龄化系数超过 7%,称为"老龄化社会",老龄化系数超过 14%,称为"老龄社会",老龄化系数达 20%,则称为"超老龄社会"。

的智能分析采取安防行动。四川成都市 IFS 上岗的智能安保机器人能够通过高清摄像头探测周边情况，发现异常可自动报警，成为商场内的"安全小卫士"。此外，安保巡逻机器人"大白"亮相西昌邛泸景区，弥补了人工巡逻缺陷，提升了景区安全服务，为四川首例在景区投放安保巡逻机器人的案例。在四川人工智能未来的发展中，"人工智能＋安防"为智慧养老提供了安全保障。

2. "人工智能＋教育"

四川人工智能在教育领域的应用是通过算法为学生计算学习曲线，为使用者匹配高效的教育模式。成都准星云学科技公司在人工智能大数据背景下自主研发出自动求解数学问题的高考机器人，是国内外首创的高考机器人。此外，基于高考机器人的核心技术，又成功研发出支持老师分层教学和学生个性化练习的智能测评应用产品——豆豆数学。成都七中育才学校部分班级使用了该产品，数据显示，使用豆豆数学的孩子，只要做到错题日日清，作业的理解度能够达到 80%；未使用豆豆数学的孩子，对知识点的理解度只能达到 20%，成绩相差 20 分以上。四川人工智能技术在教育领域的发展可为老有所乐、老有所学、老有所为等方面的智能化开发奠定基础。

3. "人工智能＋助理"

四川已经将语音识别和互联网通信技术分别应用于智能家电和智能照明系统。成都高新区利用"互联网＋"优势，创建了"成都高新区养老助残服务信息管理平台"，通过二维码、微信公众平台、绑定亲属手机等方式，让完全不会使用智能手机的老年人得到便捷快速的服务。目前，已在芳草街道办事处试点运行成功，在中西部地区率先构建具有高新特色的"互联网＋养老助残服务"新模式。此外，老年护理领域中新开发的人机交互系统能够帮助失能老年人便捷进食，结合老年人各项身体营养需求、饮食禁忌、药物控制等，实现对老年人更贴心的照顾。

4. "人工智能＋医疗"

"人工智能＋医疗"在健康领域已有部分应用，成都深泉科技有限公司利用深度学习技术，推出服务医院、门诊的智能辅助诊疗系统，以及导诊机器人的产品体系，为老年人迫切的医疗需求提供了重要保障。电子科技大学机器人研究中心研发的外骨骼机器人，其包括电驱关节、智能鞋、腰部支撑及绑缚附件等，通过传感器感知人体运动意图，为无法独立行走的病人提供康复辅助和行走助力。四川大学华西医院与希氏异构公司共同研发的人工智能 CT 技术，促进影像检查质量的"同质化"和"影像检查结果互认"，实现以"病人为中心"的精准成像与精确诊断，节约医疗资源。目前，基于 5G 平台的应用，助力甘孜、阿坝、凉山偏远地区百姓"足不出州"即可享受专家级的快速精准诊断，解决少数民族同胞看病难的问题。

此外，新型冠状病毒防控期间，人工智能在传染病预防和控制方面发挥了重要作用，成都普诺思博科技有限公司研发的消毒类机器人在雷神山医院、中南医院等抗疫一线投入使用；成都高新区越凡科技无偿提供用于防疫宣教和信息查询、物资配送、零售服务的三种类别的机器人，减少了医院内的交叉感染，减轻了一线医务者的工作压力，助力疫情。

（三）四川人工智能应对人口老龄化的不足

1. 人工智能技术不够成熟

四川人工智能技术起步晚，仍处于兴起阶段，发展应用不成熟，智能程度还比较低。从产业结构层面来看，四川人工智能企业自主发展能力弱，缺少一批有国际竞争力的大企业，企业普遍倾向于引进国外的设备和服务，存在重硬件轻软件、重建设轻维护、应用与生产脱节的现象，产品供给效率与质量不高，呈现出"应用强、技术弱、市场厚、利润薄"的倒三角式产业结构。

从核心技术研发层面来看，四川在虚拟现实、深度学习、仿真技术、智能机器人等中高层次产业开发和应用方面比较欠缺。科研力量分散，科技基础仍然薄弱，关键领域原始创新和协同创新能力亟待提升。

从高端人才供给层面来看，四川在重大科研和工程等领域的领军型人才、一流工程师、优秀技术工人等各类型高层次人才严重短缺，支撑人工智能发展和创新的领军人才供给不足。四川吸引和留住高端人才的难度较大，本土高素质技能人才水平与人工智能企业发展需求仍有较大差距。

从体制机制层面来看，风险投资没有完全建立，新型金融业态支持力度非常有限，存在融资难、融资贵问题。产学研用依然脱节，创新成果产业化机制不够健全。行业垄断、条块分割、自成体系等体制障碍制约着网络、产业和应用的良性互动。

2. 人工智能养老的智能化程度较低

与传统的居家养老、社区养老、机构养老等养老模式相比，人工智能养老是近几年才出现的新兴业态，尚处于起步阶段，自身发展还有待完善。

从产品研发层面来看，人工智能养老的成果主要集中于视觉识别、语音识别、语言处理等基础功能，适用于较为单一的应用场景，在多元复合场景中的应用还未取得突破，并且这些技术还未达到普遍商用的阶段，导致市场上同质化智能产品居多，缺乏适用于养老等领域的应用型产品。

从企业产业链层面来看，智能硬件制造、管理信息系统集成以及平台运营服务三方不同行业领域之间存在相互割裂的碎片化运营机制。一些智慧养老示范化项目由于资金、人力等因素制约，极易陷入为博眼球而进行概念炒作的恶性循环，从而导致项目推广效果不明显。

从智慧养老服务信息平台的建设层面来看，平台系统建设缺乏一定标准、平台可以共享的医疗、养老服务资源数据，服务平台与政府、社区、社会企业之间的关系定位模糊，技术资源、人才资源等要素之间的整合机制还有待形成。

3. 人工智能养老服务普及力度较低

从智能家居用品的市场供给来看，四川目前家居用品智能化设计主要面向中青年人群，针对辅助的老年人群的智能化家居产品供给较少。从老年群体接受新事物的能力来看，伴随着老年人年龄增长带来的认知能力和身体健康水平的下降，以及受网络诈骗案件频发等因素的影响，老年人对信息技术产品的接触意愿、认知和操作能力普遍较低，老年人使用智能手机、互联网的比例远低于其他群体。纷繁复杂的智能设备会让老年人对智能化的生活服务难以适应甚至产生抵触，从而导致一些已经出现在市场上的智能养老服务产品难以走进老年人的生活。

4. 人工智能养老存在技术风险

人工智能养老作为一种高新科技可能存在技术本身的风险性。从人工智能居家养老方面来看，高度智能化的养老服务可能会使得子女过度依赖智能产品陪伴老年人，子女的赡养义务观念逐渐淡化，利用智能产品代替自己"尽孝"，导致老年人与家庭、社会的联系弱化。

从隐私泄露的风险来看，人工智能养老要充分建立在大量优质数据集的基础之上，越来越多的隐私数据在智能化生产生活中被收集和使用，隐私数据是否被过度采集、是否滥用逐渐成为社会敏感问题，一旦隐私数据在研发过程中被盗取或泄漏，会对老年人及家庭造成巨大的安全隐患。

此外，未来机器人可能不仅具备人类思想，还可能具备人类的形态。如果没有制度的约束，这种可能超越人类的智慧和力量一旦被滥用，不仅会阻碍养老行业的发展，甚至可能危害人类的生存发展。因此，只有保证人工智能技术发展的可靠性、可控性，才能避免霍金"人工智能或将终结人类文明"的担忧。

三、四川人工智能应对人口老龄化问题的三大作用机制

依靠人工智能技术可以有效应对人口老龄化带来的问题。第一，人工智能的发展可以大量替代简单劳动力，弥补日益缺乏的劳动力供给，改善人口老龄化背景下的劳动力有效供给短缺问题。第二，人工智能养老的发展可以替代传统养老，提升老年人生活质量，满足老年人精准化的养老需求。第三，人工智能的发展可以减少养老金财务可持续性风险，缓解医疗资源不足的压力，而且人工智能养老产业可弥补传统养老产业的不足，进而培育新的经济增长点。

(一)以技术红利替代人口红利

1. 弥补劳动力供给数量

一方面,人工智能可以对劳动型人才进行有效替代,工作环境差、劳动强度大、简单机械重复等职业可以实现智能化和自动化,劳动力需求将会降低,传统岗位劳动力供给短缺的问题将会得到有效缓解。另一方面,与传统工作模式相比,人工智能带来的一系列新型工作具有灵活的工作模式,劳动者以众包、独立承包、自我雇佣等一系列灵活的方式就业。人工智能的发展使得传统劳动力市场半径得到极大的扩展,对劳动者的人口特征也有更大的包容性,流动人口可获得灵活和公平的就业机会,劳动力市场数量的不足将得到一定程度的缓解。此外,劳动力成本上升将会推动企业使用机器自动化技术替代劳动,促进人工智能发展。

2. 提升劳动力供给质量

人工智能的发展将会对体力劳动者产生颠覆性影响,脑力劳动将成为重要的就业门槛。对劳动者而言,知识密集型产业、高技术产业将是较好的职业选择。为了适应新技术革命的发展与要求,劳动者不仅要实现技能体系和知识体系的不断更新,更要有意识地培养创新意识和创新能力。由此,人工智能会倒逼劳动力的供给质量显著提升。

3. 提高劳动生产效率

人工智能用于机械化生产具有精准度更高、工作时间更长、工作强度更大等优势,产出亦能够快速增加。一方面,人工智能在记忆、信息处理效率上不断提高,劳动力在单位时间的有效产出得以增加,劳动力生产效率由此提升。另一方面,人工智能的发展使得以劳动对象和劳动资料为代表的不变资本将受到极大影响,大幅降低企业的用工成本和可变资本比重,进而提升劳动生产率。

4. 一个理论模型描述

本模型基于新古典增长模型、世代交叠(OverlApping Generations,OLG)模型和 Abeliansky and Prettner(2017)对物质资本和人工智能资本的划分,将人口老龄化纳入新古典增长模型,进而探究人口老龄化对人工智能发展水平的影响和作用机制。假设在一个 OLG 封闭经济体中:①包含家庭部门和最终品部门的经济体处于一个无限离散的时间序列;②经济体存在一个不变的储蓄率 $\bar{s}(0<\bar{s}<1)$;③最终品部门使用三种生产要素生产最终品,物质资本(K_t^P)、人工智能资本(K_t^A)和劳动力 L_t,其中,劳动力是同质的,物质资本和劳动力不完全替代,人工智能资本和物质资本不完全替代,但是人工智能资本和劳动力可以完全替代;④最终品

既可以用来消费也可以用来投资，经济体处于完全竞争和充分就业状态。

1）家庭部门与人口老龄化

代表性个体一生分为两个时期，即年轻期和老年期。年轻人进入劳动力市场供给劳动获得工资收入，老年人退出劳动力市场。因此，在 t 期，社会总人口由年轻人 L_t 和老年人 L_{t-1} 构成。在 t 期，经济体的人口总量 N 存在：$N=L_t+L_{t-1}$。劳动力增长率记为 $g_L>-1$，为了简化，g_L 也可以理解为出生率，则 $L_{t+1}=(1+g_L)L_t$。基于以上条件，在 t 期，老年抚养比为 θ，可表示成如下式子：

$$\theta = L_{t-1}/L_t = \frac{1}{1+g_L} \Leftrightarrow g_L = \frac{1-\theta}{\theta} \tag{1}$$

由（1）式可知，当劳动力增长率 g_L 下降时，老年抚养比 θ 将上升。

2）生产部门

代表性企业使用物质资本、自动化资本和劳动力进行生产。假设社会生产函数为规模报酬不变的科布-道格拉斯生产函数：

$$Y_t = A_t F(K_t^P, K_t^A, L_t) = A_t (K_t^P)^\alpha (K_t^A + L_t)^{1-\alpha} \tag{2}$$

其中，Y_t 为经济体在 t 期的总产出；A_t 为经济体在 t 期的技术前沿，也即全要素生产率（TFP），假设技术进步为外生，增长率记为 g，则 $A_t=A_0 e^{gt}$，A_0 为经济体的初始技术水平，$A_0>0$。K_t^P 为经济体在 t 期的物质资本存量，例如厂房、传统的生产线和机器设备等，物质资本需要和劳动力协作生产最终品，因此，物质资本和劳动力相互补充。K_t^A 为经济体在 t 期的自动化资本存量，例如 3D 打印、计算机、无人驾驶汽车、工业机器人、办公自动化系统、数控装备、机器学习和人工智能等，几乎不需要劳动力投入，因此，自动化资本和劳动力完全替代。L_t 是经济体在 t 期雇佣的劳动力数量；α 为物质资本的产出弹性，$0<\alpha<1$。

由于资本市场完全竞争，所以资本市场均衡时，劳动力、物质资本和自动化资本均遵循要素边际报酬递减律，由此可得：

$$\alpha A_t \left(\frac{L_t+K_t^A}{K_t^P}\right)^{1-\alpha} = (1-\alpha) A_t \left(\frac{K_t^P}{L_t+K_t^A}\right)^\alpha \tag{3}$$

对（3）式进行简化可得：

$$K_t^P = \frac{\alpha}{1-\alpha}(L_t+K_t^A) \tag{4}$$

将（4）式代入（2）式可得：

$$Y_t = A_t \left(\frac{\alpha}{1-\alpha}\right)^\alpha (L_t+K_t^A) \tag{5}$$

由（5）式可知，国民经济总产出与技术进步、自动化资本存量正相关。

3）人口老龄化与人工智能

国民储蓄率为 $\bar{s}$，则社会总储蓄为 $\bar{s}Y_t$，经济体处于均衡时，国民总产出等于总消费和总储蓄之和，即 $Y_t=C_t+\bar{s}Y_t$。由于物质资本和人工智能资本按相同的速率 δ 折旧，则可得物质资本和人工智能资本的演化律：

$$K_{t+1}^{P} + K_{t+1}^{A} = \bar{s} Y_t + (1-\delta)(K_t^P + K_t^A) \qquad (6)$$

其中，K_{t+1}^{P} 和 K_{t+1}^{A} 分别为经济体在 $t+1$ 期的物质资本和人工智能资本存量。将（1）、（4）和（5）式代入（6）式化简可得：

$$k_{t+1}^A = -\alpha + (1-\alpha)\bar{s} A_0 \, e^{gt} \left(\frac{\alpha}{1-\alpha}\right)^\alpha (1+k_t^A)\theta + (1-\delta)\theta(\frac{\alpha+k_t^A}{1-\alpha}) \qquad (7)$$

将（7）式对老年抚养比 θ 全微分可得：

$$\frac{\partial k_{t+1}^A}{\partial \theta} = (1-\alpha)\bar{s} A_0 \, e^{gt} \left(\frac{\alpha}{1-\alpha}\right)^\alpha (1+k_t^A) + (1-\delta)(\frac{\alpha+k_t^A}{1-\alpha}) > 0 \qquad (8)$$

由（8）式可知，当老年抚养比 θ 上升，则人均人工智能资本存量 k_{t+1}^A 将趋于上升。因此，在其他条件不变的情况下，人口老龄化程度的加深促进了经济体的人工智能发展。这是因为，人口老龄化程度加深使得劳动力供给总量减少，物质、人工智能资本和劳动力的相对稀缺性发生变化，进而改变了生产要素的相对价格，劳动力价格日益昂贵，企业的劳动力成本趋于上升。由于人工智能资本和劳动力可以完全替代，企业面临生产要素价格的改变，具有较强的激励使用人工智能资本替代劳动力进行生产和服务，促进了人工智能资本存量的上升，进而推进了经济体的人工智能发展。

4）数值模拟

为了从图形上更直观地刻画人口老龄化对人工智能的影响效应，对其进行简单的数值模拟，研究不同老年抚养比 θ 取值下（0.15 和 0.2）人均人工智能资本存量及其增长速度的动态调整路径。

表 1 参数赋值

参数	α	$\bar{s}$	g	A_0	δ	k_0^A
赋值	0.5	0.5	0.02	5	0.04	0.5

各种参数赋值见表 1。假设每期跨度为 30 年，参考吴国培等（2015），资本产出弹性 α 设定为 0.5；鉴于中国较高的储蓄率和投资率，参考王弟海和龚六堂（2007），$\bar{s}$ 设定为 0.5；对于资本折旧率和技术进步率，李稻葵等（2012）通过参数校准将其分别设定为 0.041 和 0.03，另外参考 Grossman 等（2013），将其分别设定为 0.04 和 0.02。A_0 和 k_0^A 为规模参数，不妨分别设置为 5 和 0.5。值得说明的是，在一定范围内改变以上参数取值，只会影响人均人工智能资本的大小，并不会改变其调整路径。

图 1 和图 2 分别报告了人口老龄化对人均人工智能资本存量及其增长率的影响。由图 1 和图 2 可知，随着老年抚养比 θ 的上升，人均人工智能资本存量及其增长速度也随之上升。

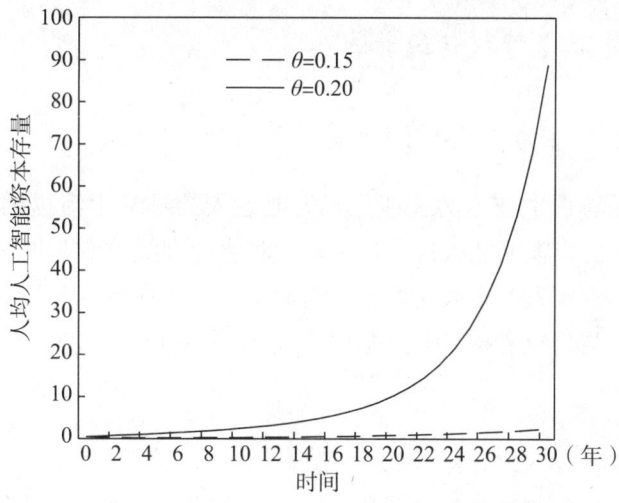

图 1　不同老年抚养比对人均人工智能资本存量的动态效应

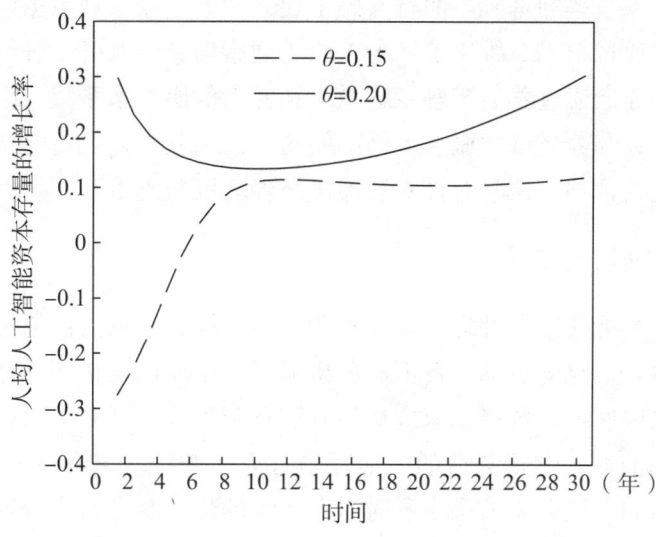

图 2　不同老年抚养比对人均人工智能资本存量增长率的动态效应

总体来看，随着老年人口的不断增加，适龄劳动力的比重也会逐渐下降，社会生产和经济发展都会受到青壮年劳动力不足的影响。通过人工智能与产业的深度融合，体力劳动力工作逐步被机器取代，大幅度提高劳动者的生产能力，进而促进生产效率的提高。另外，人工智能技术与生产过程的深度融合，高技术产业、服务行业得以吸纳更多的劳动力，迎来广阔的发展空间，劳动力产业结构会朝着更合理、更适宜当前科技水平和技术环境的方向发展，解决人口老龄化带来的适龄劳动力不足的问题。

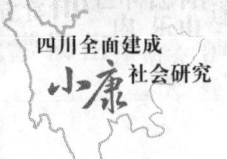

（二）以智能养老替代传统养老

1. 提高无自理能力老人生活质量

人工智能的语音识别技术为失能、半失能老人的日常生活提供了便利。智能机器人能够帮助失能、半失能老人进行日常护理和康复训练等专业护理。人工智能的情感陪护类产品根据老年人的个人需求进行沟通交流，实现情感上的陪伴，缓解老年人的心灵慰藉问题。与传统养老相比，智能养老显著提升了失能、半失能老人的生活质量。

2. 提升养老服务的精准化水平

通过智能传感器记录、收集老人相关居住环境及身体健康等各种数据，不仅提升了人工智能养老效率的基础，而且有助于建立养老对象微观数据库，生成老年人的专属二维码，通过扫描二维码了解老人相关健康信息，有助于进行个性化的精准治疗。人工智能养老通过养老金融专家系统和养老健康专家系统，因人施策，解决老人养老金融服务和养老健康服务方面的问题，人工智能还能参与智能评估，对老人过去的行为进行评估，这将有针对性地满足养老服务需求。

3. 营造幸福安定的家庭环境

家庭助手、智能化家务处理、体能检测设备等综合数据可以通过人工智能系统集合于子女终端，信息的自动上传汇总分析减轻了子女的监护压力，解放更多的工作时间。开设家庭医疗，智能化家庭病房等服务项目在加强服务时效性的同时减少了老年人精力的消耗，创建舒适的生活环境。人工智能为老年人子女提供提醒服务，提示沟通时间，让老年人子女及时对老年人的生活状态有充分的了解，构建和谐的家庭环境。

利用面部识别、指纹识别等生物识别技术对智能家居产品进行解锁，通过智能摄像头实时监控非法入侵者，为老年人营造安全稳定的生活环境。

（三）保障社会和谐发展

1. 缓解医疗供给不足的压力

通过各项人工智能技术，将医疗专家的智慧标准化、智能化，从而提高诊断效率和质量，降低诊断成本，拥有广阔的市场需求。尤其是在慢性病筛查、疾病预防、患病风险评估等领域，人工智能技术大有可为。采用人工智能技术，可以生产出大量具有人性化的医疗设备，不仅能够优化医疗健康资源的配置，还能弥补医护人员数量的不足，提升老年医疗健康服务的水平。

2. 提高养老金的可持续性

人工智能应用于生产领域可以大幅度提高劳动生产率，创造更多的社会财富，尽管由于生育率低迷年轻人总数在减少，老年抚养比进一步上升，但人工智能的巨大创造力使整个社会依然会有更多的资源提供给老年人。在不增加年轻人负担的前提下，实现养老金总额不断增加，从而提高养老金的可持续性，使老年人也可以享受到人工智能创造财富的成果。

3. 助力培育新的经济增长点

以先进人工智能技术为支撑的智能养老产业能够弥补传统养老产业发展过程中存在的弊端，人工智能技术与大数据、互联网等相结合，将养老服务产业需求的最新特征、动态变化、需求趋势走向等信号及时反馈给养老服务供应商，进而通过技术创新、技术融合和技术突破，将消费需求结构变动转化为智能化、专业化、个性化的养老服务产品。同时，借助于人工智能云平台的信息化优势，将相关服务商、供应商以及制造商纳入养老产业规模提升体系，进而推动实现养老产业的高质量发展，培育新的经济增长点。

四、政策启示

（一）加强理论研究、产学研和智力支持，助推人工智能发展

一是加强大数据智能、跨媒体感知计算、人机混合智能、群体智能、自主协同与决策等基础理论研究。二是整合企业、高等院校、科研机构等创新载体优质资源，鼓励高等院校、科研院所与企业合作建设一批人工智能技术创新平台。如日本那样制定"科学基本规划"，旨在大力发展科学技术，加强基础理论研究，推进产学研合作。三是创新高层次人工智能人才引进机制，建立与国际接轨的人才招聘、科研资助、人才评价、人才服务等制度，完善医疗、教育及居留等保障措施。引进人工智能优秀师资力量，培育本土高层次人才。四是支持中小学、职业教育设置人工智能课程，鼓励社会人工智能培训机构开展技术培训业务，为人工智能研发提供智力支持。

（二）加快人工智能与养老产业融合，提供多样化智能养老服务

一是加快人工智能与养老产业深度融合，推动应用于养老的智能识别、智能感知、智能规划控制、智能机器人研发，鼓励养老机构、家庭试用研发产品，支持设立养老机构人工智能产品试点。二是加快人工智能技术在建筑、家居、安防与医疗等养老相关领域的发展，促进人工智能技术与居家养老服务进一步融合，提供安全

便利的数据采集使用环境,为人工智能养老场景训练提供数据基础。三是以社区为依托、智慧养老服务平台为支撑、智能中端和热线为纽带,打造以"居家照料、健康服务、呼叫救助、档案管理"为中心的智能居家养老服务网络。持续开展基于人工智能技术的养老社区服务中心和养老机构试点,收集养老数据进行深度学习和算法训练,提升人工智能居家养老服务水平。

(三)借助智能课程和新媒体优势,提升智能养老认知度

一是以社区、居委会、养老服务中心为单位对老年人进行智能知识普及、网络安全防范知识宣传和智能设备操作培训。积极帮助老年人在日常生活中使用方便快捷的智能产品,激发其学习使用智能产品的兴趣。二是在老年大学中开设人工智能相关课程,帮助老年人学会运用养老服务产品,拓展人工智能在教育领域的发展。三是借力媒体融合趋势及新媒体传播优势,利用微信、微博、短视频、网络直播等新媒体阵地宣传普及相关智能养老产品的正确"打开方式",构建舆论引导新风尚,提升智能养老产品的公众认知度。

(四)加强数据风险防控,完善人工智能规范体系

一是密切关注人工智能发展状况及风险,从法律、制度、技术和监管等方面建立风险防控机制,及时制定更具体、有效的人工智能技术研发标准规范,借鉴日本经验设立人工智能应用安全标准。二是研究制定人工智能研发过程收集和使用隐私数据的规则,要求隐私信息收集方承担保障数据安全的义务,禁止研发者滥用个人隐私数据,确保人工智能技术发展安全、可靠、可控。三是组织专项研究课题、专题论坛活动,针对人工智能对个人隐私、社会伦理、法律等方面的影响开展讨论,提高社会及业界对人工智能安全风险的防控意识。

五、日本经验启示

日本的人口老龄化程度为全球最高,日本在人口老龄化问题上的政策教训对正在经历人口快速转变的发展中国家,特别是亚洲国家具有重要的参考价值。而且日本是全球第三大经济体,与中国同属东亚文化圈,对中国应对人口老龄化问题极具参考价值。

(一)日本人口老龄化的发展态势

日本自1971年以来,65岁及以上老年人口占总人口比重已跃过7%,其后老龄化系数逐年上升,2017年高达27.048%,老年抚养比也与日俱增,2017年高达45.03%,人口老龄化程度远远高于中国。在此背景下,日本的15~64岁劳动力人口呈现下降趋势,1995年达到顶峰8700万人,2017年下降至7600万人,下降幅

度接近 1000 万人。而且 15~64 岁劳动力人口占总人口比重也由 1992 年的峰值 69.78% 下降至 2017 年的 60.6%,低于 1960 年的比重,劳动力下降幅度较大,人口老龄化直接导致了日本劳动力供给总量的减少。

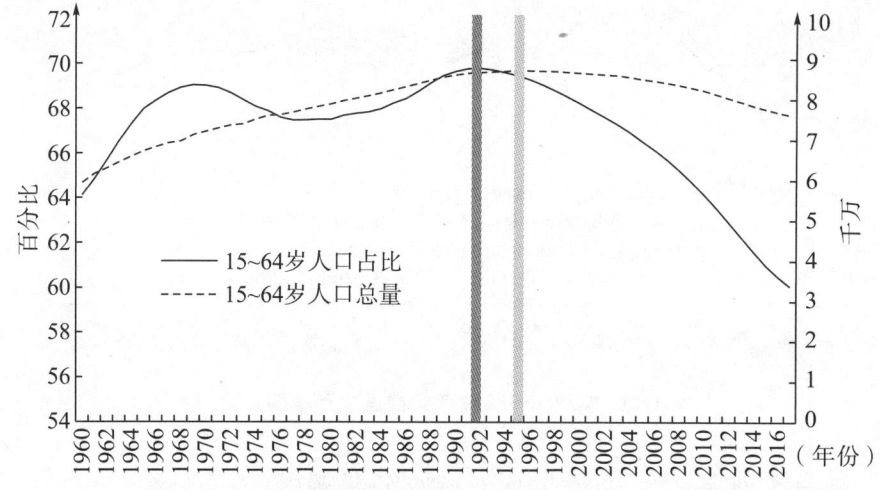

图 3　日本 1960—2017 年劳动力人口演化趋势

注：深色阴影表示 15~64 岁劳动力人口占总人口比重（老龄化系数）在 1992 年达到顶峰；浅色阴影部分表示 15~64 岁劳动力人口总量在 1995 年达到顶峰。

（二）日本技术进步发展态势

日本是创新强国,自主创新能力处于全球前列。从全要素生产率、专利申请量和授权量、诺贝尔奖获奖人数和全球创新指数等多种指标衡量,其创新能力和技术进步并未因为人口老龄化的加深而出现持续衰退趋势。根据新古典增长理论,全要素生产率最直接地反映了一个国家的技术进步状况。根据佩恩表 9.0,1950 年日本的全要素生产率水平为 0.3418,1995 年达到顶峰,为 0.855,之后出现轻微下降,2014 年为 0.7105,仍然处于较高水平（图 4）。与日本相比,2014 年中国的全要素生产率仅为 0.432,大幅低于同时期的日本。

根据 2018 年全球创新质量（根据本地高校质量、本地发明的国际化水平和本地研究文件被国外的引用次数计算而得）排名,2016 年至 2018 年,日本均位居世界第一,而中国 2018 年全球排名第 17 名。另外,根据世界经济论坛发布的《2018 全球竞争力报告》,日本全球竞争力排名第五,竞争力较 2017 上升 3 个位次,全球竞争力呈上升趋势。因此,日本总体创新能力仍然处于世界前列,并未因为人口老龄化的加深而阻碍创新能力的提升。

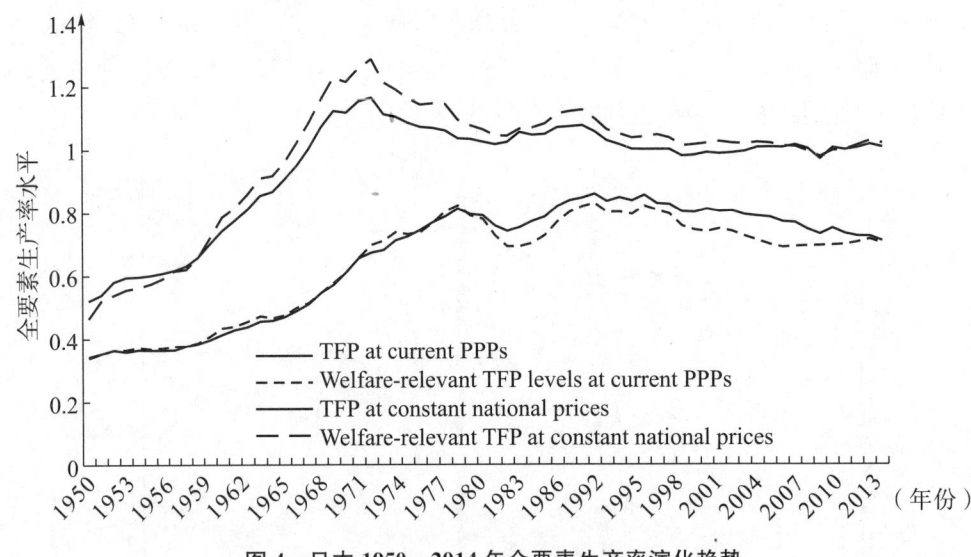

图4 日本1950—2014年全要素生产率演化趋势

(三) 日本缓解人口老龄化负面效应的措施

为了应对人口老龄化的负面效应,日本政府实施了一系列的政策和措施,较好地缓冲了人口老龄化的负面冲击。

1. 加大创新和研发支出

为了促进科技进步,日本制定了《科学技术基本法》(The Science and Technology Basic Law)并于1995年11月15日开始执行,对应于《科学技术基本法》,日本还制定了《科学基本规划》(The Science and Technology Basic Plan),以每五年为一期,旨在促进日本科学技术发展。其中强调培养科技人员,要大力发展科学技术,努力加强基础研究,推进产学研合作,R&D支出占GDP比重要与西方主要发达国家持平。

面对人口老龄化的不断加深,为了实现成为全球先进技术领导者的战略目标,日本逐渐加强培养科技人才,进一步提升人力资本水平,培养范围包括儿童、青少年、研究人员和工程师。与此同时,日本也逐步加快科研基础设施建设,例如先进的研究设备和设施、研究材料、数据库和信息基础设施等。更进一步,2007年日本科技部成立了"全球总理国际研究中心(WPI)倡议"(World Premier International Research Center Initiative)项目,为研究人员提供良好的研究环境和待遇,激励全球优秀研究人员加入WPI项目,推动日本前沿技术研究。日本的科技战略也逐步完善,经历了战后至20世纪70年代末的"技术引进消化再吸收"战略时期、20世纪八九十年代的"科学技术立国战略"时期、20世纪90年代中期到目前的"科学技术创造立国"战略时期(智瑞芝等,2016),极大地推动了日本的技术进步。

2. 加强教育和人力资本投资

20世纪70年代，进入老龄化社会后，日本相应地改变了其教育制度，对《教育基本法》进行了修订，并于2006年12月15日开始执行。其中规定了重视培养日本人民所具有的公共精神和其他形式的"规范意识"，以及尊重培养这种意识的传统和文化并制定促进教育的基本政策和措施。2008年日本制定了《促进教育基本计划》(*Basic Plan for the Promotion of Education*)，旨在重构日本的教育体系，提升软实力，向知识社会转型，建立教育型国家，进而促进经济和社会的可持续发展。

从受教育年限来看，中国和日本在1990年预期受教育年限分别为8.8年和13.3年，平均受教育年限分别为4.8年和9.6年。虽然两国预期和平均受教育年限均不断上涨，但是差距仍然巨大，2017年中国和日本预期受教育年限分别为13.8年和15.2年，相差近2年；平均受教育年限分别为7.8年和12.8年，相差近5年（图5）。由上可知，虽然日本人口老龄化不断加深，但是其国民平均受教育年限不断提高，人力资本积累不断提升。而反观中国，中国居民的平均受教育年限仍存在巨大的提高空间，未来政府需要进一步加大教育投入，加强教育投资，进一步提升平均人力资本水平，进而抵消人口老龄化的负面效应。

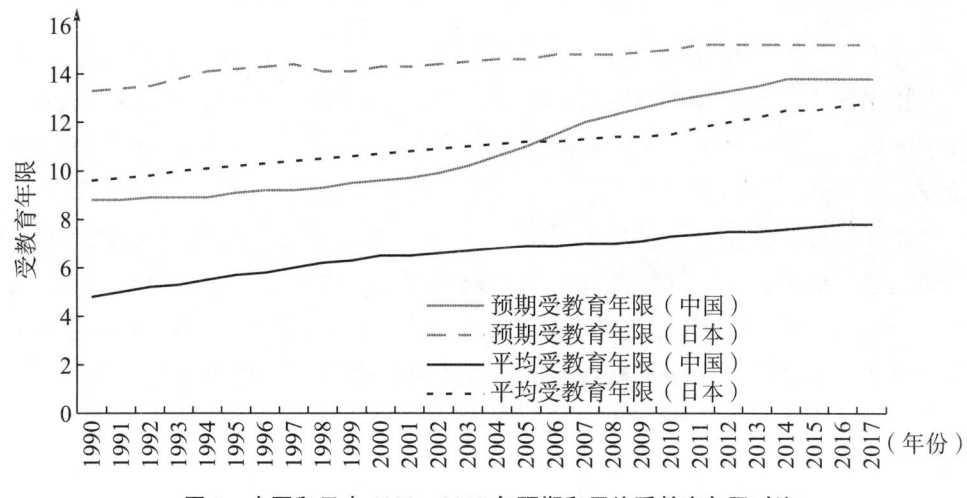

图5 中国和日本1990—2017年预期和平均受教育年限对比

数据来源：United Nations Development Programme，Human Development Reports。

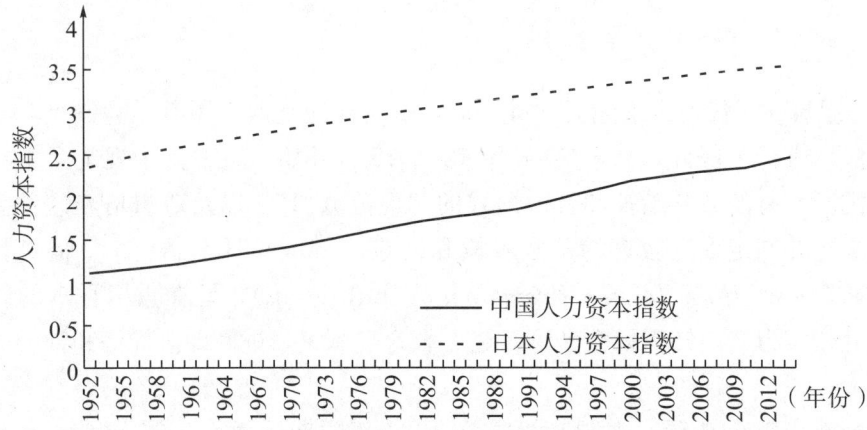

图6 中国和日本1990—2017年教育指数

从人力资本指数来看，1950年日本人力资本指数仅为2.29，随后基本保持匀速增长状态，1970年升至2.80，2014年增至3.54，在全球处于较高水平。美国在2014年人力资本指数为3.72，而中国仅为2.45。因此，虽然日本生育率不断下降，但是人力资本积累却在不断提升。这不仅是人口数量和质量替代的过程，也是日本政府加强教育和人力资本投资的结果。

3. 加速发展人工智能和自动化

随着人口老龄化程度的加深，日本日益加强对人工智能和自动化的创新和投资，以替代日益衰退的劳动力供给。2013年，日本发布《日本振兴战略》（*Japan Revitalization Strategy*），将日本定位为机器人超级大国，在2020年东京奥运会之前拥有最先进的人工智能技术。2015年，日本出台"新机器人战略"（*New Robot Strategy*），旨在大力发展机器人产业，普及机器人在民众日常生活中的应用，例如健康护理、无人驾驶汽车、制造业和家庭服务等，从而实施"机器人革命"。随后，日本机器人革命促进会成立，标志着日本新机器人战略成功迈出了第一步。据此，日本政府提出了发展新机器人战略的愿景、策略和行动计划（图7）。

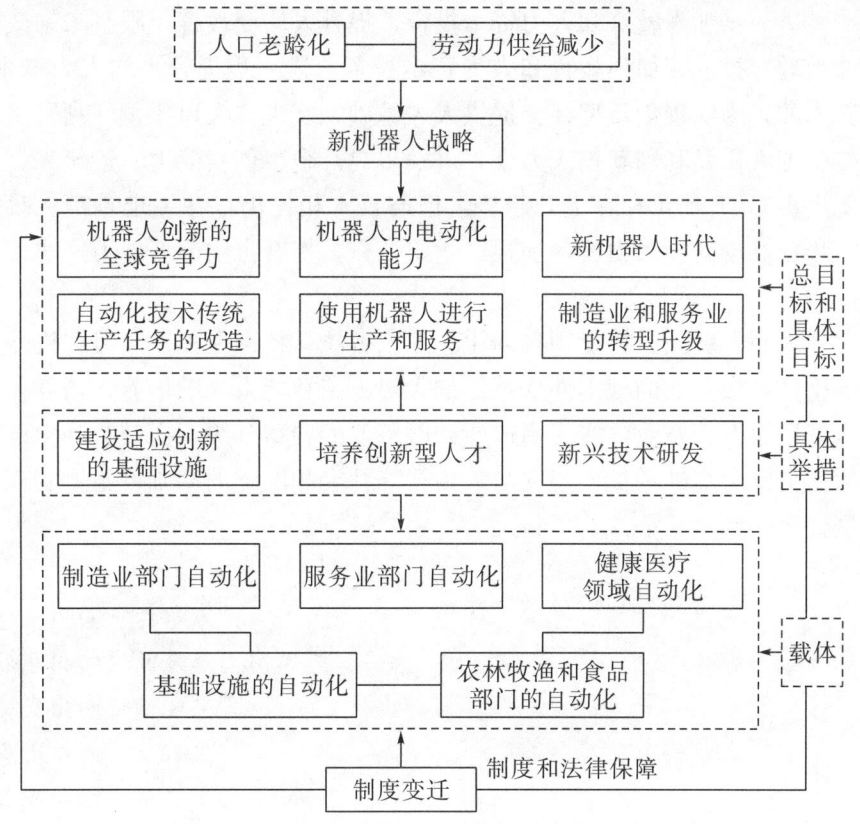

图7 日本的《新机器人战略》

资料来源：作者根据日本发布的《新机器人战略》（New Robot Strategy）等相关资料整理制作。

虽然日本的机器人和人工智能快速发展，但相关领域的规制和政策体系却相对滞后。为此，日本政府倡议进行制度变革以保障机器人行业和人工智能的有序、良性发展，使之保持在可控的轨道之上。例如，设立机器人应用的安全标准推进机器人行业的安全发展，建立支持机器人开发利用的新无线电波体系和法案，在健康医药领域建立程序使得机器人应用合法化，支持无人驾驶汽车的道路和基础设施政策体系，等等，旨在推进机器人和人工智能的可持续发展，建立完整的人工智能生态系统。

长期以来，日本一直受到人口老龄化的困扰。然而，随着人工智能和自动化的快速发展，日本可以依靠人工智能提升自身的创新能力，抵消人口老龄化对技术进步的负面影响。

（四）日本经验对四川的启示

目前，四川人口老龄化远没有日本严重，这为我国积极应对人口老龄化提供了重要的机会窗口。为了有效应对人口老龄化的挑战，日本经验给四川带来的主要启示有：

第一,进一步加强教育和人力资本投资,提升人均受教育年限。未来政府需要进一步加大教育投入,加强教育和人力资本投资,进一步提升平均人力资本水平,培训创新人才,为实现创新型社会提供人才基础,实现"人口质量红利"。

第二,加大研发和创新投入力度,进一步提升自主创新能力。近年来,虽然我国研发支出占 GDP 比重存在上升趋势,但与日本相比仍存在一定差距。政府和企业应进一步提高创新投入力度,加强产学研合作,提升自主创新能力,实现"技术红利"。

第三,大力发展人工智能和自动化。人工智能,特别是机器学习和机器人技术正在引起生产和服务业的根本性变革。加大对人工智能人才的培养,培养创新型人才;重点发展机器人产业,实现制造业和服务业的转型升级,提升劳动生产率,有效应对未来劳动力短缺危机;建立与人工智能社会相匹配的基础设施,实现创新驱动式发展。

负责人:万春林(四川大学)
成　员:车茂娟(四川省统计局)
　　　　张　旻(四川大学)
　　　　张　卫(四川大学)
　　　　朱海华(四川大学)
　　　　兰　想(四川省统计局)

四川农民工养老问题调查研究
——基于巴中的调查数据[①]

20世纪80年代开始外出打工的"第一代"农民工大部分已经步入退休养老的年龄。2019年全国农民工总量达到29077万人,占农村人口总数的一半以上(52.71%)。四川一直是农民工输出大省,到2019年10月底,全省农村劳动力转移就业2400万人,占全省农村劳动力总量的72%。随着高龄农民工陆续返乡,农民工养老问题也不断显现。为深入了解四川农民工养老问题的真实情况,课题组选取相对有代表性的巴中南江县和平昌县的7个村进行深度调查,并与区域内的外出务工农民工进行了座谈,了解农民工养老现状和普遍存在的问题,并据此提出了改善返乡农民工养老问题的几点建议。

一、四川农民工养老现状

(一)目前农民工返乡养老规模相对不大

调查村的农民工占户籍人口比从李家岩村的38.6%到中仁村的76.9%,高低不等,但总体达到了58.7%的较高比例,这也是形成农民工返乡养老的客观基础条件。但数据显示,当前样本村返乡养老的农民工数量占村籍人口比重最低的中仁村仅为0.75%,最高的李家岩村为6.21%,总体水平为1.7%,绝对数量和规模都不大。当前在养老方面表现出来的困难尚未形成普遍性、群体性。

[①] 本报告所指农民工是指户籍仍在农村,进入城市务工和在当地或异地从事非农产业劳动6个月及以上的劳动者。一旦外出务工农民将户籍迁出原所在地,成为城镇居民,即不再是农民工的范畴。同样,若仅仅在城镇买房,但户籍仍在原所在地,则仍然是我们这里所指的农民工。在囿于经费而无法在全省展开全面普遍抽样的情况下,课题组用巴中地区农民工作为典型抽样数据。原因有以下几个方面:一是巴中农民工长期在122万左右,绝对和相对数量都较大;二是巴中经济发展相对滞后,返乡养老农民工可能面临的各种问题也较为普遍;三是巴中山地丘陵占比高,农民居住较为分散,这也为养老带来一定的挑战,在四川也具有代表性。

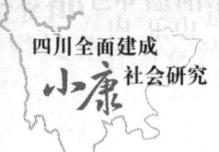

（二）农民工养老在不久的将来会成为一个普遍性问题

大部分外出务工人员都倾向于返乡养老。其中，预计会返乡养老人员占外出务工人员最低的是中仁村，为30%，最高的是三溪村，为90%，总体约有57.74%的农民工计划返乡养老。随着外出务工农民年龄的增大，乡村承载的返乡养老农民工的规模必然会越来越大。当前返乡农民工养老面临的个别问题届时可能会成为具有普遍性的社会问题。

（三）返乡农民工养老以夫妻自我照料为主

调查显示，返乡农民工大多是以夫妻自我照料养老为主，以家庭养老模式和思想为主的传统养老模式在农村也逐渐淡化，54.84%的农民工认为自己将来不会与子女同住养老。在家庭养老文化逐渐消亡的同时，农村的社会养老体系并没有顺利接棒，很多农民工对自己的养老问题感到"十分迷茫"。

（四）村组织能够提供的养老服务十分有限

调查显示，7个样本中，李家岩村、中仁村、五枝村和梁铜村村组织完全没有接纳返乡农民工养老的能力。演禅寺村、新立村和三溪村也仅能容纳不到5%的人员。总体上，当前农村村组织在容纳农民工返乡养老上明显力不从心。随着农民工陆续返乡养老，现有的设施和机制都无法提供更多的养老服务和保障。

（五）返乡养老农民工具有鲜明的群体特征

与传统农民相比，返乡农民工见识更广，养老要求更高：一是现代化生活的意识更加明确，对养老阶段的物质和精神要求也更高；二是对社会养老更容易接受；三是其后代离家外出务工的可能性更高。但与城镇居民相比较，返乡农民工的养老条件更差：一是他们的储蓄和养老保险收入都明显不足，二是农村的养老设施设备条件都更差一些。

表1 农民工养老基本情况调查表

样本村	南江县				平昌县			合计
	李家岩村	演禅寺村	新立村	三溪村	中仁村	五枝村	梁铜村	
村籍人口（人）	596	2024	1338	1017	2600	2900	2317	12792
现有农民工（人）	230	963	610	606	2000	1700	1400	7509
农民工占人口比（%）	38.6	47.6	45.6	59.6	76.9	58.6	60.4	—
当前已返乡养老人数（人）	37	78	10	23	15	28	31	222
预计返乡养老的比例（%）	70	85	60	90	30	55	65	—

续表1

样本村	南江县				平昌县			合计
	李家岩村	演禅寺村	新立村	三溪村	中仁村	五枝村	梁铜村	
新农保购买档次	最低	最低	最低	最低	最低	最低	最低	—
户均存款（元）	25000	20000	50000	30000	10000	13000	14000	—
土地流转	无	无	无	耕地400亩，宅基地100亩	无	无	无	—
集中居住户占比（％）	无	22.1	6.9	12.7	27.0	34.7	30.0	—
村养老机构容纳能力（％）	0	2	6	5	0	0	0	—

二、四川农民工养老面临的主要问题

（一）养老支出存在明显缺口

1. 返乡养老农民工养老支出高于传统农民

随着农村市场化程度的不断加深，农村养老的各种生活物资基本都需要从市场上购入。农民工在城市生活多年，对生活品质的要求也更高，养老支出明显超出传统农民。

2. 农民工家庭储蓄很少

调查的样本村家庭平均储蓄为10000～50000元，31个访谈对象中仅有1人表示有完整的存款养老计划，有26人没有任何养老储蓄计划，其中超过半数的人目前是负储蓄。

3. 农民工缴纳的养老保险很低

样本村和访谈对象的数据都显示，超过90％的农民工购买的都是最低档的城乡居民养老保险，虽然不同地区存在差异，但按现行政策，他们将来的社保养老收入基本都不会超过100元。

4. 务工期间的企业职工基本养老保险购买缺乏连续性

农民工务工通常具有临时性特征，单位甚至工作地域都处于较为频繁的变化之中，这导致他们所在单位为其购买的企业职工基本养老保险存在中断的现象。访谈中，很多农民工都表示不愿意单位为其购买社保。

调查显示，在被问及养老资金来源时，45.2%的人都很迷茫，表示"不知道到时候的情况会怎样"；"自身的经济能力"也成为他们养老选择的重要因素；"收入太低，没办法保证基本养老生活"是64.5%的人最担忧的养老问题。

（二）养老照料缺乏

当前传统的家庭养老文化在农村逐渐淡化，传统的熟人社会关系也日益断裂，这对返乡农民工的养老带来了巨大挑战。

1. 很多子女都无法提供陪伴照料

随着家庭小型化和社会养老文化的形成，很多子女都忙于照顾自己的小家庭，没有能力或者没有意愿为父母养老提供陪伴式照料。访谈中，当生活能够自理时，90.3%的人会选择自我（配偶）照料；即使生活不能自理，也仅有25.8%的人觉得子女能够提供照料，22.6%的人感到十分迷茫。

2. 第三方养老照料供给严重不足

在四川广大农村，政府养老机构覆盖率极低，商业养老同样遥不可及。调查村的政府养老机构覆盖率都没有超过5%，远远不能满足需要；农民工的储蓄和养老收入水平都远远达不到商业养老机构的要求。

也就是说，在现有支出能力下，在社会养老文化影响日益增强的情况下，返乡农民工养老的生活照料，尤其是他们失去生活自理能力时的生活照料已经成为一个突出问题。

（三）精神需求无法满足

返乡养老农民工是新时代的农民，相对于传统农民，他们具有更加丰富多元的精神文化生活要求。但当前农村的精神文化生活设施设备相对落后，农民工喜闻乐见的精神文化活动尤其缺乏。与此同时，农村传统的亲戚邻里关系日渐生疏，子女的问候关怀频率也总体下降。随着年龄的不断增长，返乡养老农民工的精神需要会日渐强烈，传统精神依赖渠道的断裂和新时期精神文化生活设施条件的匮乏极大地降低了他们精神生活的满足程度。

（四）权益保障存在困难

当前农村涉及老年人群的权益侵害情况较为严重，包括欺诈、偷盗、侵害等问题。主要原因：一是因为农村空心化，老小群体对偷盗和侵害行为缺乏抵御能力；二是因为农村居住分散，管理成本高；三是返乡农民工的年龄增长、精神空虚，为欺诈等违法犯罪行为提供了温床。

调研显示，老年人权益受到侵害的情况包括农村养老人员之间的矛盾纠纷、子女与老年人之间的利益冲突等。乡村现有的物质条件和村社运行机制难以为养老人员提供充分的权益保障。

三、改善四川农民工养老问题的对策建议

（一）鼓励农民工主动购买城镇职工养老保险

1. 培养保险意识，增强农民工社保购买意愿

通过公共媒体的公益宣传、向农民工发放宣传小册子、督促用工单位做好宣传工作等多种方式，增强农民工的保险意识。向农民工讲明白我国社会养老保险缴纳、运行和领取的政策依据，个人账户与统筹基金共同运行的基本特征，让他们充分认识到社会养老保险是新时代个人养老支出最重要的保障，是他们未来养老的基本依靠，尽快改变在农民工中普遍存在的养老保险不划算的错误认知。特别要向农民工讲清楚城乡居民养老保险、城镇职工养老保险的区别与联系。在鼓励农民工选择更高层次的城乡居民养老保险规格的同时，大力支持他们积极主动缴纳城镇职工养老保险。

2. 完善缴存服务，为持续缴纳养老保险提供便利

积极帮助农民工努力满足城镇职工基本养老保险领取条件，为他们未来的养老支出提供更好保障。根据国家《城镇企业职工基本养老保险关系转移接续暂行办法》《关于职工基本养老保险关系转移接续有关问题的补充通知》《关于贯彻城乡养老保险制度衔接暂行办法的实施意见》等文件要求，及时妥善解决农民工养老保险续保、基本关系流动和城乡双向转移等突出问题。在农民工暂时中断就业时，其基本养老保险关系所在地社保机构应通过电话通知、微信推送等方式，及时向农民工提醒其社保账户的年限、账户余额等基本信息，并鼓励他们以灵活就业人员身份持续缴纳城镇职工养老保险。

3. 探索政策创新，为农民工实现职工养老创造条件

出于对历史的尊重和现实的考量，对已到退休年龄、城镇职工基本养老保险尚未缴满15年但仅差较短时间（如1~3年）、又无力一次性补缴的农民工，只要其愿意继续务工，应在政策上积极创新，争取能够让他们继续参加城镇职工基本养老保险，以满足15年的最低缴费年限要求。

（二）优化城乡居民养老保险补贴制度

1. 提高城乡居民养老保险补贴力度

参与城乡居民养老保险的农民工总体上属于相对低收入群体，更需要政府的关心和支持。应根据物价增长水平尤其是参保地居民一般收入状况，实时提高城乡居民养老保险支持水平，最终形成与物价水平、居民收入整体水平挂钩的长效机制。

2. 优化城乡居民养老补贴结构

在现有政府总体补贴额度下，优化13个档次的补贴结构，激励农民工多缴多领。除保留缴费档次（100元）外，适当降低低级档次和高级档次的补贴力度，适当提高中间档次的补贴力度，从单调递增的补贴结构转变为先加速后减速的补贴结构，科学设置补贴力度增长的拐点，以激励农民工提高缴费档次，为未来领取更多养老金打好基础。

（三）盘活农民工农村财产权益

在农民工货币储蓄养老明显不足的情况下，积极盘活他们的农村财产是丰富养老支出来源的有效路径。

1. 充分利用"宅基地养老"

宅基地是农民工在农村的重要财产，要在广大农村尽快推行农村宅基地流动、完善统筹使用办法，以此为抓手，促进农民工财产性收入增加。成立政府平台或引入工商企业资本，与需要养老资金的返乡农民工签订以未来宅基地使用权"提前抵押"换取一定额度养老金的实施路径。支持各地政府积极探索和支持"养老宅基地"的集中使用政策，形成对各类资本有吸引力的运行模式，以提高返乡农民工置出宅基地使用权的评估价值。

2. 积极实施"土地承包经营权养老"

农村土地承包权是农民工在农村的另一项重要权益，要积极探索农村土地承包权回收和统筹使用办法。在有条件适度规模经营的地方，以集体回收承包经营土地权为条件，向返乡养老农民工提供一定的养老资金支持。为此，可成立政府性资本平台或者积极鼓励工商业资本进入农业产业化生产环节，提高村集中经营土地的产出水平，增强村集体的经济能力。

3. 倡导形成"谁养老谁受益"的制度环境

应积极倡导和形成返乡养老农民工独立处置自己的宅基地和集体土地承包经营

权权益的制度环境。对于农民工主动选择"宅基地养老"和"土地承包经营权养老"模式的,其子女将丧失对宅基地和集体土地承包权的继承权。

(四)打造返乡养老农民工的老年关怀体系

打造返乡养老农民工的老年关怀体系,让他们在物质和精神上都"老有所依"。

1. 建立返乡农民工养老物质关怀机制

成立村镇级的区域性农村老年关怀专业机构,为丧偶失能返乡养老农民工提供专业的日常生活照料、健康和陪伴服务。农村老年关怀机构的运行一方面来自政府资金,另一方面也可来自返乡农民工的养老资金归集。村集体要积极构建针对返乡养老农民工生活生存状态的"寻访机制",及时掌握他们的健康状况和精神状态,发现和归集失去自我照料能力、没有家庭照料条件的人员,并适时将他们转移到村镇老年关怀专业机构。

2. 丰富返乡农民工的老年精神文化生活

应不断完善乡村的精神文化活动设施设备条件,以喜闻乐见的形式丰富文化活动内容,充实返乡农民工的精神世界。一是借美丽乡村建设的契机,不断加强乡村信息化设施设备建设,以网络等现代方式将乡村与世界连接起来,让返乡农民工虽然身在乡村,也能够"心在世界",缩小农村生活与城镇生活的差距。二是认真打造乡村集体活动场景,通过群体活动丰富老年人的精神世界。在适当的地方开辟适合于返乡农民工养老的聚集场所,提供必要的棋牌、茶水、健身、阅读、影视等服务。三是构建乡村精神纾解中心。返乡农民工普遍缺少群体性沟通交流,特别是在丧偶之后,极易出现强烈的孤独感,要依托专业服务提高他们在精神上的"获得感"。

3. 强化返乡农民工老年权益保障

通过加强乡村基层组织和基础建设,有效打击针对农村老人的欺诈、偷盗等权益侵害行为。一是充分宣传和打击诈骗,提高返乡农民工对各种诈骗行为的防范能力。乡村基层组织通过入户宣传、广播、民间宣传等方式,帮助农村老人正确识别以电子、电话等形式实施诈骗的行为;在场镇等人流量大、诈骗行为易发多发的地方,对保健品销售、投资养老等形式的诈骗活动持续开展治理打击。二是加强乡村治理,通过加强乡村"天眼"等硬件设施建设和强化乡村联防机制等软件条件改善,优化乡村治安环境。完善农村"天眼"工程,实现县乡村三级联网,开展对农村社会治安全时段、全方位防控,编织起治安防控体系的"天网";建立村社联防机制,形成陌生人进入联防体系。三是建立乡村法律救助中心,向返乡农民工等农村老人提供必要的法律咨询和援助活动,向权益受损的返乡农民工提供必要的法律支持,对农村老人间的矛盾纠纷进行必要的调解,协助解决返乡养老农民工与子女间的赡养和财产继承等普遍性问题。

负责人:李晓波(四川大学)
成　员:王学林(中国民用航空飞行学院)
　　　　王亚敏(四川省统计局)
　　　　魏中许(中国民用航空飞行学院)
　　　　廖　彬(四川省统计局)
　　　　王　松(四川大学)

四川"互联网＋医疗健康"发展研究

"互联网＋医疗健康"产业是互联网与医疗健康产业深度融合的外在表现,依托互联网技术赋能医疗健康产业,实现医疗健康产业的互联网化。作为国家"互联网＋医疗健康"的示范省,四川省积极推进"互联网＋医疗健康"建设工作,并取得了突破性发展。继续加快推动四川"互联网＋医疗健康"发展,是深化医疗健康供给侧改革、满足人民日益增长的多样化医疗健康需求和全面建成小康社会的需要。

一、四川"互联网＋医疗健康"发展的背景和方向

(一) 四川"互联网＋医疗健康"的发展背景

1. 经济背景

中国经济已由高速增长阶段转向高质量发展阶段。实现互联网与医疗健康融合,推动"互联网＋医疗健康"发展是当前国内经济发展的客观要求,是遵循产业互联网发展的基本规律。四川"互联网＋医疗健康"发展是深化医疗健康供给侧改革,推动经济发展质量变革、效率变革、动力变革,加快建设现代化经济体系的重大举措,能够培育经济发展的新动能,推动四川经济强省建设。

2. 政策背景

四川"互联网＋医疗健康"发展具备了良好的政策支撑和国家的大力支持。2016年10月25日,中共中央、国务院印发并实施《"健康中国2030"规划纲要》,明确提出"普及健康生活、优化健康服务、完善健康保障、建设健康环境、发展健康产业"五方面的战略任务。2018年4月28日,国务院办公厅印发《关于促进"互联网＋医疗健康"发展的意见》(国办发〔2018〕26号),提出健全包括"互联网＋"医疗服务、公共卫生服务、家庭医生签约服务、药品供应保障服务、医疗保障结算服务、医学教育和科普服务、人工智能应用服务在内的"互联网＋医疗健

康"服务体系,完善"互联网+医疗健康"支撑体系,加强行业监管和安全保障。

3. 社会背景

四川"互联网+医疗健康"发展符合社会发展的客观规律。一方面,从供给侧来看,人工智能、物联网、大数据、5G、区块链等技术的进步助推了"互联网+医疗健康"的发展;另一方面,从需求侧来看,人口老龄化、慢性疾病多发、健康管理需求的增加,拉动了"互联网+医疗健康"的发展。实现互联网与医疗健康融合,推动"互联网+医疗健康"发展,能够满足人民日益增长的多样化医疗健康需求,有利于全面建成小康社会。

(二)四川"互联网+医疗健康"的发展方向

"互联网+医疗健康"产业是互联网与医疗健康产业深度融合的外在表现,依托互联网技术赋能医疗健康产业,实现医疗健康产业的互联网化。"互联网+医疗健康"未来将呈现以下发展趋势:依托大数据向精准化医疗健康发展、线上医疗健康与线下医疗健康并重、患者被动医疗转变为主动医疗、政府主导与市场创新相结合、新模式与新业态层出不穷。[①]

二、四川互联网与医疗健康方面的发展现状

(一)四川大健康产业发展现状

大健康产业是以优美的生态环境为基础,以健康产品制造业为支撑,以健康服务业为核心,通过产业融合发展满足社会健康需求的全产业链活动[②]。主要包括以医疗服务机构为主体的医疗产业,以药品、医疗器械以及其他医疗耗材产销为主体的医药产业,以保健食品、健康食品产销为主体的保健品产业,以个性化健康监测评估、咨询服务、调理康复、保障促进等为主体的健康管理服务产业。

具体到四川省大健康产业的发展,以医药产业为例进行描述。从宏观产业发展层面来看,四川大健康产业始终保持高速发展趋势,对经济高质量发展起到显著带动作用。2018年年末,四川省共有医药制造业企业法人单位1060个,从业人员126945人,全年实现营业收入1377.05亿元,医药制造业增加值比2017年增长13%,增速比全省平均水平快4.7个百分点,拉动全省工业增长0.5个百分点,占规模以上工业的比重为4.0%。[③] 2018年年末,四川省共有医药及医疗器械批发业

[①] 孟群. 医疗健康+互联网现状及发展趋势[M]. 人民卫生出版社,2016。
[②] 张车伟,赵文,程杰. 中国大健康产业:属性、范围与规模测算[J]. 中国人口科学,2018(5):17-29+126.
[③] 龙凤. 2018年四川医药制造业快速增长[J]. 四川省情,2019(3):32-33.

企业法人单位 5424 个、从业人员 84863 人，全年实现营业收入 1382.70 亿元；医药及医疗器械零售业企业法人单位 12701 个、从业人员 90290 人，全年实现营业收入 333.44 亿元[①]。

从微观企业发展层面来看，四川大健康企业数量相对较多，但竞争力略显不足。截至 2019 年 6 月，四川省大健康产业企业存活数量为 158825 家，位列全国第十位，远低于东部发达地区省份，如广东（423368 家）、山东（282980 家）、浙江（275916 家）、江苏（228432 家）。另外，医疗保健行业上市公司的数据显示，截至 2019 年年末，四川省在医疗保健行业拥有 3 家上市公司，位列全国第十一位，数量同样远低于东部发达地区省份，如广东（29 家）、江苏（17 家）、上海（17 家）、浙江（16 家）、山东（12 家）、北京（12 家），重庆也有 4 家之多；并且，2016—2019 年，无论是营业收入还是净利润，四川 3 家上市公司均低于行业平均值，除老肯医疗科技股份有限公司外，另两家上市公司均呈现下滑趋势，甚至出现了亏损。

（二）四川医疗产业发展现状

四川省医疗资源持续投入，医疗服务能力不断提升，保持了稳定向好的发展态势。从医疗资源投入来看，2016—2019 年，四川省医疗卫生机构数量由 79513 个增加到 83757 个，年均增长 1.78%；卫生人员数量由 67.13 万人增加到 79.43 万人，年均增长 6.11%；床位数由 51.91 万张增加到 63.17 万张，年均增长 7.23%；医疗经费投入也由 2675.77 亿元提高到 30 亿元以上。从医疗服务来看，2016—2019 年，四川省总诊疗人次由 46432.67 万人次增加到 56000 万人次，年均增长约 6.9%，入院人数由 1654.90 万人增加到 1981.31 万人，年均增长 6.57%，这三年间，四川省病床使用率均维持较高水平（85% 左右），而 2019 年四川省医师日均负担诊疗人次则达到了 9.10 人次。

同时，四川省医疗产业发展也承担着巨大的压力，面临诸多挑战。从全国医疗产业发展及与其他省份比较来看，2018 年四川省病床使用率达到了 88.7%，仅低于浙江（96.2%）、上海（95.9%）、湖北（92.7%），位列全国第四位；从医师负担工作量来看，2018 年四川省医师日均负担诊疗人次为 8.91，高于全国平均水平，且 2018 年四川省医师日均负担住院床日达到了 3.4，远高于全国 2.6 的平均水平，居全国首位。

[①] 数据来源：《四川省第四次全国经济普查公报》。

表 1 四川省医疗产业发展基本状况

	具体指标	2016 年	2017 年	2018 年	2019 年
医疗资源	医疗卫生机构数（个）	79513	80481	81537	83757
	医院（个）	2066	2219	2344	2417
	基层医疗卫生机构（个）	76619	77487	78427	80499
	专业公共卫生机构（个）	744	708	697	716
	其他医疗卫生机构（个）	84	67	69	125
	卫生人员数量（万人）	67.13	71.08	74.72	79.43
	医院（万）	38.4	41.28	43.82	46.30
	基层医疗卫生机构（万）	24.27	25.15	26.08	27.85
	专业公共卫生机构（万）	4.17	4.41	4.56	4.87
	其他医疗卫生机构（万）	0.29	0.24	0.26	0.41
	床位数（万张）	51.91	56.34	59.88	63.17
	医院（万）	37.57	41.19	44.22	46.98
	基层医疗卫生机构（万）	13.20	13.94	14.38	14.83
	医疗经费投入（亿元）	2675.77	3055.71	—	—
医疗服务	总诊疗人次数（万）	46432.67	48544.59	51600.00	56000.00
	医院（万）	17242.18	18647.42	19900.00	22200.00
	基层医疗卫生机构（万）	27488.12	28034.34	29800.00	31600.00
	其他医疗机构（万）	1702.37	1862.82	2000	2200
	入院人数（万人）	1654.90	1824.01	1834.39	1981.31
	医院（万）	1129.12	1247.44	1287.72	1398.27
	基层医疗卫生机构（万）	470.28	517.93	487.82	519.13
	其他医疗机构（万）	55.50	58.64	58.84	63.91
	医师日均负担诊疗（人次）	8.64	8.73	8.91	9.10
	病床使用率（%）	90.2	91.3	88.70	85.20

注：根据 2016—2019 年四川省卫生健康事业发展统计公报、2017—2019 年中国卫生健康统计年鉴等资料整理而成。

（三）四川互联网产业发展现状

四川多年来大力开展互联网基础设施建设，互联网产业发展始终走在行业前列，两化融合发展水平已进入全国第一梯队。从互联网产业发展的基础设施来看，截至 2018 年年末，四川省移动电话用户达到 9069 万户，互联网宽带接入用户数达到2625万户①，网民规模已达到6649.2万人，互联网普及率达79.7%；全省在微信政务领域累计用户超过3500万，在全国排第六位，开通了各类政务机构微博9400多个，在全国排第三位，还开通了5900多个政务头条号，总量在全国排第三位，累计发布文章55万篇以上，总阅读量更是超过了11亿次。②。

从两化融合发展水平来看，四川省数字经济总量已突破万亿元，两化融合发展水平已进入全国第一梯队，"数字中国"省级排名全国第六，居中西部第一。根据《中国互联网发展报告2019》的统计数据，四川省互联网发展指数为47.08，虽然低于北京（76.78）、上海（64.94）、广东（62.21）、浙江（58.71）等地区，但其综合排名位于全国第九位，发展势头强劲。表2列出了互联网发展分析评价指数排名，除信息基础设施建设指数、创新能力指数之外，其他四项发展指数排名中，四川省均跻身全国前十，一定程度上说明了四川省互联网发展水平，也揭示了四川在信息基础设施建设与创新能力方面的不足。

表2 2019年中国互联网发展指数排名状况

排名	信息基础设施建设指数	创新能力指数	数字经济发展指数	互联网应用指数	网络安全指数	网络治理指数
1	北京	北京	北京	北京	广东	山东
2	上海	上海	上海	浙江	北京	河北
3	江苏	天津	广东	上海	上海	西藏
4	浙江	江苏	浙江	江苏	福建	北京
5	福建	广东	江苏	广东	四川	江苏
6	广东	浙江	山东	山东	江苏	浙江
7	辽宁	安徽	四川	四川	浙江	广东
8	天津	湖北	天津	贵州	湖北	河南
9	山东	山东	福建	重庆	天津	四川
10	宁夏	陕西	重庆	福建	重庆	内蒙古

注：来源于《中国互联网发展报告2019》。

（四）四川"互联网＋医疗健康"发展现状

作为国家"互联网＋医疗健康"的示范省，四川省积极推进"互联网＋医疗健康"建设工作，"互联网＋医疗健康"取得了突破性进展。

---

① 数据来源：《2019年四川统计年鉴》。
② 数据来源：《2018年四川省互联网行业发展报告》。

1. 医疗健康信息化建设突飞猛进

2017—2019 年，网上预约挂号由 1892.9 万人次增长到 5189.39 万人次，增幅达 174.15%，线上支付由 1249.3 万人次增长到 6079.78 万人次，增幅达 386.65%，检查检验结果线上查询由 3005.5 万人次增长到 6048.81 万人次，增幅达 101.26%，网络预诊咨询由 145.5 万人次增长到 334.49 万人次，增幅达 129.89%（见表3）。

表3　四川省医疗健康信息化建设发展状况

	2017 年	2018 年	2019 年
网上预约挂号（万人次）	1892.9	3381.3	5189.39
线上支付（万人次）	1249.3	2437.9	6079.78
检查检验结果线上查询（万人次）	3005.5	3511.6	6048.81
网络预诊咨询（万人次）	145.5	224.4	334.49

注：根据《2017—2019 年四川省卫生健康事业发展统计公报》数据整理得出。

2. 医疗健康服务平台建设全国领先

四川省级互联网医疗服务监管平台于 2018 年 12 月 20 日宣布上线，是我国建成的首个省级互联网医疗行业监管平台。2019 年，信息监管平台已接入省级医疗机构 34 家，市级医院 381 家，县级医院 1904 家，基层医疗机构 4806 家，民营医院 1642 家。四川省基层医疗卫生机构管理信息系统已覆盖全省 156 个区县，推进家庭医生电子签约服务和健康管理服务应用，省级监管平台已同步 138 个区县电子健康档案数 8131 万份。此外，建立并推进"天府医健通"省级医疗健康在线服务平台，截至 2020 年 3 月份，已有 223 家医院入驻该在线医疗服务平台。

3. "互联网＋医疗健康"工作稳步推进

聚焦"互联网＋医疗""互联网＋医药""互联网＋医保"，稳步推进"互联网＋医疗健康"工作。互联网医院是"互联网＋医疗"的主要模式与业态，2019 年之前全国共有互联网医院 119 家，四川省拥有 6 家①，而 2019 年以来（截至 2020 年 5 月）全国新建互联网医院 497 家，其中四川省新建互联网医院 16 家，与山东省等存在巨大差距（山东新建 133 家）。"互联网＋医药"方面，四川省以中医药特色医药资源为着力点，重点发展"互联网＋中医药"产业，推进中药材追溯体系和

---

① 数据来源：《2018 互联网医院报告——行动正当时》。四川省 6 家互联网医院分别为四川微医互联网医院、华西妇女儿童互联网医院、天府新区康优宝贝互联网儿童医院、绵阳市中心医院互联网医院、平昌县互联网医院、西南医科大学附属医院互联网医院。

电商平台建设,推动国药四川物流配送体系、天地网"互联网+道地药材"电商平台新模式项目建设[①],正式上线四川"互联网+中医药"电子地图,已有150家中医医院和50个中医药产业基地入驻电子地图(截至2019年2月)。"互联网+医保"方面,四川省医疗保障局出台《关于完善我省"互联网+"医疗服务价格和医保支付政策的实施意见》(川医保规〔2019〕5号),并进一步将互联网复诊、远程会诊、远程病理会诊、远程胎心监测四个"互联网+医疗"服务项目纳入医保支付,且明确了四个项目具体的统一价格。

三、四川"互联网+医疗健康"发展遇到的主要问题

(一)"互联网+医疗健康"服务体系方面

就"互联网+医疗健康"服务体系而言,四川省在互联网对医疗健康产业的带动、医疗资源配置、专业人才培养、医疗服务平台整合等方面存在着一定的不足。

1. 融合互促作用明显不足

四川省的互联网产业走在了全国前列,而医疗健康产业相对落后,特别是近两年深入推进"互联网+医疗健康"之后,医疗健康产业仍未实现跨越式发展,尚未跻身全国前列,与东部沿海省份存在一定差距。这表明四川省互联网产业与医疗健康产业融合空间广阔,需要深入挖掘"互联网+医疗健康"新模式与新业态,以全面实现医疗健康产业互联网化。

2. 医疗资源配置仍可优化

通过借助互联网信息技术,四川省提高了医疗资源配置效率,优化了医疗资源结构,但仍存在两点缺陷。一方面,就四川省五大经济区而言,医疗资源配置存在显著差异,医疗资源集中于成都平原经济区、川南经济区等发达和较发达地区,而三州地区医疗资源明显紧缺,医疗资源在区域间的配置也需要优化。另一方面,虽然基层医疗机构、基层卫生人员、基层床位数量都显著提高,但互联网资源却未紧跟医疗资源下沉,如基层信息化建设滞后,"医疗资源下沉,但互联网资源未下沉"的问题亟待解决,只有互联网资源与医疗资源同时下沉,才能够发挥互联网资源对医疗资源的配置作用。

3. 人才智力服务尚需配套

"互联网+医疗健康"服务的全面实现,需要懂互联网技术、懂医疗健康知识

---

① 四川省经济和信息化厅医药产业处. 做强四川医药健康产业,打造新增长极[J]. 经营管理者,2020(04):32.

的高素质人才，缺少了人才的智力与智慧服务，"互联网＋医疗健康"服务体系难以完全建立。对四川省而言，基层医疗机构严重缺少复合型技术人才，造成即使借助远程医疗来提高基层医疗水平，也会因技术人才缺乏而难以实施；偏远基层的医疗健康需求群体缺少"互联网＋医疗健康"应用知识，多数乡村群众尚且不懂"在线预约"等简单操作，更不会在医疗健康服务平台上进行相关操作。

4. 医疗服务平台呈碎片化

"互联网＋医疗健康"服务体系的构建需要一个系统化、全面化医疗服务平台的支撑，但是就四川省而言，其医疗服务平台呈现碎片化现象。一方面，四川省各地市州、各区县几乎都在建设自身的健康服务平台，各地市州、各区县几乎都有自身医疗健康服务的App，这些医疗健康服务平台、移动终端造成了信息过载，导致就医者不知道该选择哪个平台，不知道该信任哪个平台。另一方面，四川省涉及医疗、健康等主体的服务平台过多，如监管平台、大数据平台、家庭医生签约平台、远程医疗平台，等等，缺少一个综合性医疗健康服务平台，以整合医疗健康服务的全面功能。

（二）"互联网＋医疗健康"支撑体系方面

就"互联网＋医疗健康"支撑体系而言，四川省在信息资源支撑、行业标准支撑、基础设施支撑、配套政策支持等方面存在一定的不足。

1. 信息资源仍未互联互通

四川省医疗健康信息资源仍未实现互联互通，首先是纵向上各级医疗机构之间未实现互联互通，由于各级医疗机构之间信息系统的差异，上下级医疗机构之间难以实现数据连接，造成"信息孤岛"，且数据传递以"自下而上"的收集居多，缺少"自上而下"的反馈。其次是横向上省内各区域之间未实现信息共享，五大经济区数据开放程度存在明显差异，五区之间医疗数据流通不畅，各区域与省外也未实现协同，如川南经济区与重庆、攀西经济区与贵州之间缺少联系等。四川省大数据中心公布的数据开放指数显示①，成都高达83.48，宜宾为76.06，攀枝花也有73.14，而绵阳为31.11，泸州仅17.03。

2. 行业标准体系亟待建立

互联网与医疗健康深度融合过程中，必将产生新业态、新模式，而互联网与医疗健康融合之前，并没有针对新业态、新模式的规范与标准，因此，"互联网＋医疗健康"发展亟待建立行业标准体系。一方面，"互联网＋医疗健康"得以发展的

---

① 数据来源：四川大数据中心发布的《四川数据开放指数报告（2019）》。

关键是数据资源，针对数据收集、数据分类、数据接入、数据共享的标准体系仍需要完善；另一方面，"互联网＋医疗健康"事关人民群众生命健康，但由于尚未建立该行业的市场准入标准与门槛，行业中发生部分恶性竞争事件。

3. 基础设施建设需要提升

基础设施建设是四川省实现"互联网＋医疗健康"的基础性工作，目前来看，四川省基础设施建设现状难以满足"互联网＋医疗健康"发展的需要。主要体现为三点：第一，四川全省宽带普及率虽然逐年提高，但是诸如远程医疗等模式对宽带网速与稳定性有着非常高的要求，宽带网络覆盖范围、宽带上网速度、宽带上网稳定性都需要加强；第二，四川全省的专网建设滞后，智慧居家医疗等新型"互联网＋医疗健康"模式需要专网建设予以支撑，否则难以满足个性化的智慧居家需求；第三，基层医疗机构仍以信息化建设为主，随着人工智能等新技术的发展与普及，基层医疗机构需要从信息化建设提升到智能化建设。

4. 相关配套政策需要跟进

传统医疗健康领域中存在的固有政策严重阻碍了四川省"互联网＋医疗健康"的发展，主要是两个方面的问题。一方面，虽然四川省率先出台了有关"互联网＋医保"的政策与意见，明确了纳入医保的四项"互联网＋医疗"服务项目，并规定了统一价格，但总体来看，医保异地结算等相关医保政策仍然限制了"互联网＋医疗健康"的快速发展。"互联网＋医疗健康"将突破医疗空间限制，使得跨区域医疗更加常见，而现有烦琐的跨区域医保异地结算政策会导致就医者倾向于选择本地实体医院或本地互联网医院就医。另一方面，按照现行相关医疗政策，医生提供医疗健康服务的范围局限于所属医疗机构患者，诸多医疗机构不倡导医生提供线上医疗健康服务，严重影响了优质医疗资源向基层下沉。

(三)"互联网＋医疗健康"监管体系方面

四川省"互联网＋医疗健康"监管体系存在的主要问题体现在医疗质量监管与数据信息安全两个方面。

1. 医疗质量监管需要加强

虽然四川省建成了全国首个省级互联网医疗行业监管平台，且持续推进"三医监管"工作，构建了"医疗三监管"指标体系，但仍存在以下问题。第一，"互联网＋医疗健康"监管主体相对单一，以县级以上卫生健康部门监管为主，缺少同行监管、群众监管等；第二，"互联网＋医疗健康"监管范围相对狭窄，而互联网背景下需要拓展监管范围，监管对象缺少医药企业，而医药企业在互联网背景下应该更需要有力的监督；第三，未建立真正的全过程动态监管体系，缺少可追溯、可查

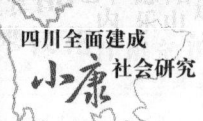

询、可视化的"事前—事中—事后"全过程监管机制。

2. 数据信息安全难以保证

数据是"互联网＋医疗健康"实现发展的基础性资源，依托数据实现"互联网＋医疗健康"发展存在一个悖论：数据的开放与共享在为医疗健康发展创造巨大经济价值的同时，也会因数据的泄露而危害社会。因此，四川省在发展"互联网＋医疗健康"的过程中存在数据信息安全问题。"互联网＋医疗健康"实行信息公开、共享，会给患者个人信息泄露带来潜在风险，威胁群众财产与人身安全。

四、四川"互联网＋医疗健康"发展的主要模式

（一）医疗健康大数据模式

医疗健康大数据模式是指依靠互联网技术构建医疗健康大数据平台，实现大数据高效管理，进而应用于公共卫生服务、医疗健康服务等领域的新型模式。该模式的服务群体为特定空间区域内所有的病患群体、亚健康群体以及健康群体等，主要包括四种具体模式：大数据病情监测模式、大数据病患检查模式、大数据社群共享模式、大数据分析应用模式。

1. 大数据病情监测模式

大数据病情监测模式是指发挥"互联网＋大数据"的监测作用，主要应用于公共卫生服务的新模式，特别是针对新冠肺炎疫情等传染病的动态监测。具体病情监测内容涵盖大数据病情扩散监测、患者行踪监测、传染源变异监测、健康人群迁徙监测。后疫情时代，四川省需要站在全省乃至全国高度来发展大数据病情监测模式，依靠大数据实现重大公共卫生事件的"事前—事中—事后"全过程监测。重点着手五大经济区的大数据中心与大数据平台建设，包括四川大数据中心建设、健康医疗大数据平台（成都）建设、四川省健康医疗大数据（温江）应用基地建设、北科生物国家生物医学大数据产业园、宜宾市长江上游区域性医疗中心、"智慧广元"人口健康信息化项目、以攀枝花市中心医院为中心的医联体大数据中心等。

2. 大数据病患检查模式

大数据病患检查是指发挥"互联网＋大数据"的检查反馈作用，实现病患检查的高效率与高精准度，主要应用于公共卫生服务与医疗健康服务的新模式。应用对象是确诊患者、疑似患者与潜在患者，包括大数据病患病情变化检查、病患病情预测、大数据基因检查、大数据病毒检查。将医疗健康平台数据接入各级医疗机构，以电子病历与档案等时序化数据确定病情患者的具体检查时间，以特定类型病情大

众患者的大数据预测病情发展以及确定具体检查项目,通过大数据对比确定需要基因检查与病毒检查的病情。四川省应抓住与腾讯等企业大数据合作的战略机遇,重点建设好健康四川服务平台。

3. 大数据社群共享模式

大数据社群共享模式是指发挥"互联网+大数据"的沟通交流作用,打通医疗健康社群主体(患者、医护工作者、医院)之间的沟通渠道,降低彼此之间的不对称性,实现信息共享,主要应用于医疗健康服务的新模式。主要包括微博社群、微信社群、医疗健康服务类账号、医疗健康直播平台等形式。四川省应大力支持发展该模式,打造集问诊咨询、医疗分析、健康社交等功能于一体的医疗健康生态圈,包括发展专业化社群,如针对特定病情的社群、针对特定群体的社群;综合性社群,如针对多重并发症的社群、针对病患与健康人群的医疗健康经验分享社群;医疗健康直播社群,如网红名医医疗健康直播、线上医疗培训社群。

4. 大数据分析应用模式

大数据分析应用模式是指发挥"互联网+医疗健康"的估算预测作用,实现大数据精准分析之上的医疗资源优化配置,可广泛应用于医疗资源分配的决策、医疗开发、饮食运动等健康管理方面。四川省应立足人口健康大数据字典管理库、人口健康信息大数据仓库、全人群健康大数据中心等医疗健康平台,在保证数据信息安全的基础之上,培育医疗健康大数据生态圈。借助现代互联网大数据分析技术,全面分析四川省医疗群体流向、各区域医疗健康服务能力状况,及时掌握医疗健康资源的供给状况,据此进行医疗资源调整,实现医疗资源优化配置。凭借医疗健康大数据的估算,预测医疗健康产业的发展动向,精准布局四川省医疗健康产业,并带动衍生产业和关联产业的高质量发展。

(二) 数字化医院发展模式

数字化医院发展模式是指将现代互联网与数字化技术应用于传统医院院内管理与服务,以实现传统医院"线上"与"线下"业务的有效整合,雏形是传统医院的信息化建设,最直接的形式是互联网医院。该模式服务群体主要为在医院接受医疗健康服务的患者、未来进入医院接受医疗健康服务的潜在人群。主要包括三种具体模式:基于新兴技术的智慧院区模式、面向患者的移动服务平台模式、以可视化技术为核心的精管模式。

1. 基于新兴技术的智慧院区模式

基于新兴技术的智慧院区模式是指综合借助于云计算、人工智能、大数据、5G、区块链等新兴技术,实现医院院区内部全流程服务与全方位管理的智慧化,

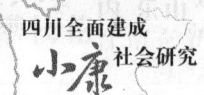

提升医院管理效率和患者就医体验。智慧医院模式涵盖智能导航、人员定位、智能安防、智能门禁、设备状态监控、资产管理、智慧病房、智慧药房、自动配送、医疗对讲等。借助智能语音识别、人脸识别等实现智能导航与分诊,借助人工智能与医疗云实现 AI 辅助诊疗与智能推荐,推进智慧病房、智慧药房建设,实现"互联网+医疗""互联网+医药""互联网+医保"在智慧院区的高效整合。

2. 面向患者的移动服务平台模式

面向患者的移动服务平台模式是指以第五代移动通信技术为依托,搭建患者与医院的医疗服务平台,进而提升医疗效率与诊断水平,以解决医疗过程中患者所面临的"看病难"痛点。所谓面向患者的移动服务平台模式,由接近患者的移动终端 App、接近医院的智慧医疗平台、连接患者与医院的中间传输平台构成,该模式发展的关键是如何针对患者个性化需求重点开发患者所需的移动终端 App。四川省除支持医疗健康移动终端 App 建设外,应着重推广 5G 救护车、"互联网+中医药"电子地图、移动医护等。

3. 以可视化技术为核心的精管模式

以可视化技术为核心的精管模式是指借助可视化技术,实现医院管理工作的精细化与可追溯化,进而提升医院监管水平,主要针对医疗健康服务过程中医院所面临的"医患"问题等。依靠可视化技术能够实现医疗过程的可追溯化、医药流通的可追溯化以及医保支付的可追溯化,该模式下针对患者本人及亲属提出的关于医疗健康服务的异议,医院可以提供可视化的视频资料,供患者参考。同时,可视化技术也能够提高医院运作效率,达到精益管理的目的。

(三)智慧远程医疗模式

智慧远程医疗模式是指将现代互联网技术与医疗健康融合,应用于医院以外的医疗健康服务,以解决医疗健康服务过程中的空间限制问题,有助于医疗资源薄弱与医疗能力欠缺的基层居民及时获取高质量的医疗健康服务,促进优质医疗资源的有效下沉。该模式的服务群体主要为基层医疗需求群体、偏远落后地区医疗需求群体。主要包括三种具体模式:远程咨询模式、远程会诊模式、远程手术模式。

1. 远程咨询模式

远程咨询模式是指通过互联网技术和多媒体技术,充分发挥大医院或专科医疗中心的医疗技术和医疗设备优势,对医疗条件较差的基层地区或偏远地区医疗健康需求群体进行咨询与互动交流的模式。远程咨询是智慧远程医疗模式中最常见、最常用的模式之一,该模式能够使患者初步了解自己的病情与治疗方案,主要服务群体是慢性病患者。四川省应重点打造省级健康服务云平台"健康四川""四川省远程医疗云"等。

2. 远程会诊模式

远程会诊模式是指利用电子邮件、网站、电话、传真、语音、视频等现代化通信工具，为患者完成病历分析、病情诊断，进一步确定治疗方案的医疗健康模式。现代远程会诊模式主要借助于远程会诊平台，包括音视频交互式会诊、离线式会诊、移动式会诊、远程病历讨论、远程视频查房等方式。第一，患者通过基层医院提出会诊申请，并在远程会诊平台提交病例资料、影像资料、检验检查报告等信息；第二，基层医院与上级医院共同对申请者资料进行审核，审核通过后确定分诊时间、分诊人员、分诊程序等信息；第三，进行实时远程会诊，常用的方式是通过视频进行会诊；第四，上级医院受邀医生根据会诊情况，填写并上传诊断意见。

3. 远程手术模式

远程手术模式是指利用医工机器人和高清音视频交互系统，远端上级医院医疗专家对基层医疗机构患者进行远程手术救治的新模式。广义的远程手术模式涵盖了术前准备、术中操控、术后监护等全过程，所以，远程手术模式包括远程超声、远程示教、远程监护等。首先，要进行远程超声，由远端专家操控机械臂对基层医院的患者开展手术之前的超声检查；其次，进行远程手术示教，通过高清的手术环境视频与手术视野视频，既可由远端专家随时随地掌控手术进程和病人情况，也可由远端专家指导基层医院医生手术；最后，进行远程监护，利用无线通信技术辅助医疗监护，实现对术后患者生命体征的实时、连续和长时间监测。

（四）智慧医疗社区模式

智慧医疗社区模式是指在基层社区场域，实现互联网与医疗健康深度融合，为社区群众提供医疗、健康、养老、护理等一站式服务的新模式。该模式以日常医疗与健康管理服务为主，主要包括三种具体模式：智慧社区医院模式、物业智慧医护服务模式、乡村卫生院智慧医疗模式。

1. 智慧社区医院模式

智慧社区医院模式以基层社区的日常医疗健康服务为主，包括健康体检、健康咨询、电子档案管理等，同时兼顾医疗应急与远程医疗任务。四川省可通过三方面来发展智慧社区医院模式：一是通过线下社区医院或社区卫生服务中心实体的信息化、数字化与网络化建设，延长远程医疗终端系统进社区；二是发展虚拟社区医院，线上综合统筹"医生、医护、医药、医保"工作，全面服务社区医疗，如家庭医生签约、智慧医护建设、线上医药配送、线上医疗纳入医保；三是推进网络医疗社群建设，做好大数据社群共享模式的"最后一公里"，实现医疗信息的开发共享。

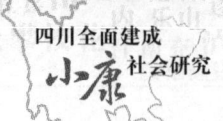

可重点推广绵阳市"健康小屋"发展经验，统筹"卫计E通"家庭医生签约服务平台、智能家庭医生工作室、63套智能家庭医生出诊箱等项目发展。

2. 物业智慧医护服务模式

物业智慧医护服务模式是依托居住区物业智慧系统，实现基层社区的医疗养护，包括医疗康复、活动轨迹监测、呼叫与预警等。该模式的实现需要建立线上平台运营与线下社区护理相融合的运营机制，其中线上建立平台营业中心、线下建立社区护理站。线上平台运营中心提供护士上门的护理服务，包括打针、输液、体检、换药等，主要针对居家养老、院后康复、母婴群体医护需求，而线下社区护理站则主要提供居家护理、家庭护理 ICU、私人护士等定制化服务。具体来看，线上医护运营中心可接入物业智慧管理系统，将医护服务纳入物业智慧服务 App，线下社区护理站则可接入物业服务中心，将智慧医护与物业管理有机融合。

3. 乡村卫生院智慧医疗模式

乡村卫生院智慧医疗模式是在相对落后的乡村基层实现智慧医疗服务的新模式，主要包括移动医疗、远程医疗申请端建设、特色医疗平台建设等。乡村卫生院智慧医疗模式的运行与发展需要做到以下两点：第一，保持灵活性以提高效率，重点建设常态化的"移动医疗"机制，如在线预约与体检下乡；第二，要强调宣传与培训，在做好医疗终端信息化建设的基础上，宣传并培训乡村居民的互联网医疗知识，会借助互联网实现医疗服务。根据四川省医疗健康实际，重点建设好偏远落后地区的乡村卫生院远程诊疗申请端，继续推动"村医在线"等服务乡村居民的微信公众平台。

（五）智慧居家医养模式

智慧居家医养模式是指在家庭居住场域，通过引入智慧医疗健康系统，实现居家医疗服务、健康管理、养生养老等功能。智慧居家医养模式主要针对恢复周期长、对医疗环境要求高的病情，以特殊群体为主要服务对象。主要包括两种具体模式：智慧家庭病房医疗模式、自助智慧居家养护模式。

1. 智慧家庭病房医疗模式

智慧家庭病房医疗模式指仿照医院智慧病房，打造居家医疗服务场景，实现医疗健康服务的居家化。智慧家庭病房医疗模式的运行需要满足以下条件：第一，建设网络专线，确保网络通畅，便于远程医疗的实现；第二，借助互联网、人工智能等高端技术，全覆盖建设居家智慧病房，如智能机器人辅助、语音识别；第三，基于差异化的医疗资源分布，建立不同等级的家庭病房，以满足不同消费群体的医疗健康需求。

2. 自助智慧居家养护模式

自助智慧居家养护模式指依托智能化与信息化技术，实现居家自助养生与护理，主要应用于健康服务与健康管理，多应用于老年群体。自助智慧居家养护模式的运行需要以下条件：第一，对居住场所中的家居进行智能化改造，如智能化养护床、智能音响、智能预警设备等；第二，配备功能齐全的智能穿戴设备，实时监测老年人身体体征，并将相关数据传输到基层医疗社区服务站，基层医疗社区服务站根据数据状况进行反馈；第三，签约家庭医生，通过视频语音等指导老年人自助居家养护。

（六）医药电商平台模式

医药电商平台模式是指医疗机构、医药公司、医药生产商、药店、医药信息服务提供商、第三方机构等医药产业市场主体，借助计算机和网络信息技术，构建或利用电商平台，提供医药产品交换以及提供相关服务的模式。该模式能够一定程度上解决患者"买药贵、买药不便、买不到药"、药房"线下客流流失、服务范围有限"、药企"药品流通信息不透明、药品销售存在地域限制"等问题，服务群体针对普通医药消费大众。主要包括两种具体模式：共享型医药电商平台模式、自营型医药电商平台模式。根据药品类型，四川省有应针对性地建设不同的医药电商平台模式，共享型医药电商平台模式下重点实现处方药的交易，而非处方药交易则需要两种模式共同发展。

1. 共享型医药电商平台模式

共享型医药电商平台模式是指医药生产商、药房等，借助政府机构、医药协会或大型电商企业等第三方主体建设的电商平台，实现医药产品的交易与服务。其具体运营方式包括：各医药厂商以及药房入驻线上医药购物平台，医药购物平台提供药品信息，线上提交需求，线下完成购买服务，如天猫医药、八百方等；线上购买并通过线下药房即时配送药品到家的服务模式，如美团、京东到家等电商平台；为医药厂商、分销商、药房及医疗机构等之间提供药品交易平台的B2B模式，如"我的医疗网"等。四川省应重点发展川南首家B2B药品电商平台——华芝医药网，要建立专业化的中医药材电商平台，发展中药材天地网等。

2. 自营型医药电商平台模式

自营型医药电商平台模式是指医药生产商、药房等医药产业主体借助自己建设的电商平台，实现医药产品的交易与服务。其具体运营方式包括：线下商店数量有限，绝大部分业务来自线上平台的"线上医药零售"自营方式，如京东自营大药房、阿里健康大药房；线上店铺业务比例较小，线下实体药店广泛分布的"零售药店自营电商"方式，如益丰大药房、老百姓大药房等。四川省应重点发展合纵药易购网，支持科欣医药电商平台的建设。

五、四川"互联网＋医疗健康"发展的实现路径

针对四川省"互联网＋医疗健康"发展存在的主要问题，围绕四川省"互联网＋医疗健康"发展的主要模式，课题组构建了四川省"互联网＋医疗健康"发展的六大实现路径。

（一）信息共享实现路径

四川省需要通过"建设一个平台、完善一个数据库、健全一个系统"，构筑数据收集、流动与利用基本架构，构建起实现信息共享的路径。

1. 建设全民健康信息平台

全民健康信息平台应该建设为一个集数据收集、数据监测、数据应用等功能于一体的综合性服务平台。第一，需要构建"全覆盖、有条理、强对接"的健康信息收集机制，信息收集不局限于医疗服务数据，而应该覆盖与医疗健康服务紧密相关的所有数据，并将收集到的大数据进行筛选、清洗以及条理化，进而实现与上级国家数据平台的有效对接。第二，需要构建"可追溯、高精准、快响应"的健康信息动态监控机制，保持健康信息数据在时序上的持续性以实现可追溯，保持健康信息数据的精确性以实现精准定位，保持健康信息数据的及时性以实现快速响应。第三，需要构建"跨部门、跨区域、跨行业"的健康信息共享机制，将健康信息数据在医疗部门、医药部门、医保部门以及其他部门之间共享，以实现协同；将健康信息数据在五大经济区、各地市州之间跨区域共享，以实现联动；将健康信息数据在互联网行业、医疗行业、大健康行业之间跨行业共享以实现创新。

2. 完善基础资源信息数据库

完善基础资源信息数据库需要构建两个体系，以实现"纵向贯穿，横向打通"。第一个体系是构建"省级监测平台—市级监测中心—县级监测站—乡镇监测所—社区监测点"的医疗健康大数据信息收集体系，该体系是实现"自下而上"与"自上而下"融会贯通的纵向体系，依托统一标准化的信息收集口径，逐层收集健康资源信息，并进一步实现数据信息的及时反馈，形成闭环系统。第二个体系是构建"区内开放—五区协同—全国互联"的医疗健康大数据共享体系，区内开放是指在四川省内五大经济区分别确定一个大数据中心，如成都平原经济区的成都市、川南经济区的宜宾市、攀西经济区的攀枝花市，在各自的经济区内形成大数据中心的辐射作用；五区协同是指五大经济区各自的大数据中心之间建立协同关系，包括互补性数

据信息的交流等；全国互联是指各大经济区分别与邻近省份建立外部关联，如川南经济区与重庆、攀西经济区与贵州、川东北经济区与陕西。

3. 健全分级诊疗信息系统

健全分级诊疗信息系统需要巩固一个体系、完善一个原则。一方面，巩固"基层首诊、双向转诊、急慢分治、上下联动"的分级诊疗体系，将医疗健康需求群体首次诊疗聚焦于基层，并根据诊疗状况以及变化过程实现双向转诊，对于慢性病诊疗主要在基层，而疑难复杂急病则在上级医院，并时刻保持上下级医疗机构的联系与互动。另一方面，完善"提基层、强引导、推经验"的分级诊疗原则，"提基层"是指继续加强基层医疗卫生机构信息化软硬件建设，特别是三州偏远贫穷地区；"强引导"是指从供给侧与需求侧进行双向引导，包括供给侧优质医疗资源向基层下沉的引导，以及需求侧群众医疗健康需求的引导；"推经验"是指针对分级诊疗中的典型案例与宝贵经验，向全省推广。

（二）标准体系建设路径

四川省标准体系建设路径主要包括健全医疗健康数据资源目录与标准体系、推进医院信息化建设标准和规范两方面工作。

1. 健全医疗健康数据资源目录与标准体系

首先，在四川省大数据中心医疗健康数据开放名录基础上，进一步完善开放形式与开放标准，并明晰健康医疗大数据资源的分类目录，包括类目、亚目和细目三个层次，新型数态、基础信息、公共卫生、计划生育、医疗服务、医疗保障、药品管理与综合管理八个大类。其次，加强"互联网＋医疗健康"标准的规范管理，制定医疗服务、数据安全、个人信息保护、信息共享等基础标准，全面推开病案首页书写规范、疾病分类与代码、手术操作分类与代码、医学名词术语"四统一"。最后，要严格准入门槛，明确诊疗规范和范围，引导"互联网＋医疗健康"的良好发展。

2. 推进医院信息化建设标准和规范的应用

首先，加快推进全国医院信息化建设标准和规划的应用，强化四川省统筹区域平台和医院信息平台功能指引、数据标准的推广应用，统一数据接口，为全省范围的信息互通互联、开发共享提供基础支撑。其次，重点推进数字化医院、智慧医院、虚拟社区医院等新业态标准与规划的建设，针对医疗机构特征的不同确定差异化的建设标准。

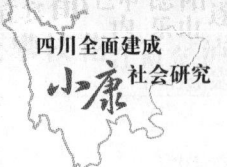

（三）资源配置优化路径

资源配置优化路径主要包括提升在线问诊能力、推进医生社群建设、加强区域协同联动三个方面。

1. 提升在线问诊能力

提升在线问诊能力主要是指通过上级医疗机构在线问诊功能的完善、精准问诊、延长问诊时间等途径来实现。首先，四川省应该完善在线问诊功能，围绕群众日益增长的医疗服务需求，拓展在线问诊服务类型，如问诊病种的增加，实现在线问诊效率的提升。其次，应该加强精准在线问诊，通过在线互动，及时了解医疗健康服务需求，精准解决医疗服务问题。最后，应该延长在线问诊时间，通过分析在线问诊人数的阶段性变化，合理安排在线问诊时间段，可适当增加在线问诊时间。

2. 推进医生社群建设

积极推进医生社群建设，整合全省乃至全国优质医师资源，实现医疗资源的优化配置。一方面，有序推广医疗健康生活服务公众号，积极推送有关医疗健康服务的文章与短评，建成医生与医生、医生与患者、患者与患者之间的联系纽带，避免公众号过多和繁杂，重点打造不超过3个优质公众号社群。另一方面，积极发展微博社群、微信社群等多种社群业态，依托四川省与腾讯战略合作机会，将基于微信平台的互动交流社群做好做强，建成四川省医疗服务的社交生态圈。此外，积极培育网红医生直播、线上会议交流等社群新业态。

3. 加强区域协同联动

加强区域协同联动主要是指通过区域内合作与区际合作来实现区域的协同与联动，四川省应主要通过以下机制来实现。一方面，构建省内主要经济区或市州之间的互助医疗体系，形成以强带弱的帮扶机制，如川南经济区帮扶攀西经济区等，这一机制将打破经济区内部的分级诊疗体系，又如在推进成德眉资同城化进程中率先开展医疗领域的合作，使得优质医疗资源在各经济区或各市州之间实现合理流动，提高资源利用效率。另一方面，构建四川省与其他省份之间的合作机制，重点针对成渝双城经济圈加强成渝两地之间的医疗合作，有效整合两地医疗健康服务平台，促进数据信息的有序流动，以及向群众提供更加透明可视化的健康医疗服务。

（四）服务保障提升路径

四川省需要通过完善移动宽带网络覆盖、推进基层医疗机构信息化建设、推进远程医疗专网建设等，构建服务保障的提升路径。

1. 完善移动宽带网络覆盖

重点推进 5G 移动宽带网络建设、5G 基站建设，并围绕基站布局各级医疗机构的互联网医疗平台。支持高速宽带网络普遍覆盖城乡各级医疗机构，重点向乡村卫生院等落后地区倾斜，深入开展电信普遍服务试点，推动光纤宽带网络向农村医疗机构延伸，推动电信企业加快宽带网络演进升级步伐，部署大容量光纤宽带网络，提供高速率网络接入。

2. 基层医疗机构信息化建设

针对基层医疗机构信息化建设滞后问题，一方面要稳步推进甘孜、阿坝、凉山等地信息化建设工作，特别是地形复杂的山区，使信息化建设工作实现全覆盖；另一方面要实现信息化建设向智慧化建设的转变与提升，推进智慧医疗社区、虚拟医院等工作。

3. 推进远程医疗专网建设

针对远程医疗、远程手术、远程超声、远程会诊、远程监测等，重点推进专网建设，鼓励电信企业向医疗机构提供优质互联网专线、虚拟专用网（VPN）等网络接入服务，保障医疗健康相关数据的高质量传输。

（五）新型人才培养路径

四川省需要通过"互联网＋医疗健康"人才队伍建设、人才培养体系建设、人才综合素质提升工程、人才智库建设等，构建新型人才的培养路径。

1. 加强"互联网＋医疗健康"人才队伍建设

加强"互联网＋医疗健康"人才队伍建设，需要着手开展以下两方面的工作：第一，构建专业化、多样化的"互联网＋医疗健康"人才队伍，专业化是指"互联网＋医疗健康"人才队伍要具备现代互联网技术或医疗健康方面的专业技术，如人工智能人才、远程医疗专业人才等，多样化是指"互联网＋医疗健康"人才队伍构成要具备全面性，以便支撑多业态、多模式下对多样化人才的需求；第二，构建科学化、合理化的"互联网＋医疗健康"人才队伍评价与激励机制，畅通人才晋升通道，从制度上保障人才队伍的良性建设与发展。

2. 完善"互联网＋医疗健康"人才培养体系

通过加强"互联网＋医疗健康"培训，完善"互联网＋医疗健康"人才培养体系。一方面，加强在职人员培训，对在医疗健康信息化岗位上工作的在职人员，要加强相关业务知识的培训，特别是"互联网＋"相关的云计算、大数据、物联网、移动互联网等新兴信息技术培训。另一方面，鼓励建立医疗健康教育培训云平台，提供多样化的医学在线课程和医学教育；构建网络化、数字化、个性化、终身化的医学教育培训体系，鼓励医疗工作者开展疑难杂症及重大疾病病例探讨交流。

3. 提升"互联网+医疗健康"人才综合素质

建立网络科普平台，利用互联网提供健康科普知识精准教育，普及健康生活方式，提高居民自我健康管理能力和健康素养。同时，加强医学信息学学科建设，培养既懂医学又了解信息技术的交叉型复合人才，在加强师资培养、知识更新和教材建设的同时，注重信息专才和实用型人才的培养。

4. 推进"互联网+医疗健康"人才智库建设

第一，把信息人才培养纳入四川省医疗健康信息化发展战略，并作为"互联网+"医疗健康行动计划的重要任务，加强人才培养和人才储备。第二，坚持"引进来"与"走出去"相结合，鼓励引进高端医疗人才与高端互联网人才，建立优秀"互联网+医疗健康"人才电子档案，实施硕博人才工程、金牌医生工程等，为全省"互联网+医疗健康"发展提供智力支撑。

(六) 体制机制改革路径

四川省体制机制改革路径的构建体现在"互联网+医疗健康"政策法律体系、"互联网+医疗健康"监管体系、应急管理的基础设施建设。

1. 完善"互联网+医疗健康"政策法律体系

第一，要完善"互联网+医疗健康"的相关法律与法规，明确医疗机构、患者、互联网企业、医院等相互之间的法律责任。进一步完善医保支付政策，在原有四项"互联网+医疗"项目基础上，逐步将更多的"互联网+医疗健康"项目纳入医保支付范围。第二，建立费用分担机制、互联网诊疗收费政策，形成科学合理的利益分配机制，促进优质医疗资源的有效利用。第三，完善医师多点执业政策，鼓励执业医师开展"互联网+医疗健康"服务。第四，推动新医改，并加强市场监管，加大执法力度，维护消费者的合法权益

2. 加强"互联网+医疗健康"监管体系建设

第一，建立"全过程、全链条、全覆盖"的监管体系，实现"互联网+医疗健康"的"事前—事中—事后"监管，实现质量监管的可追溯、可查询。第二，实施多主体监管体系建设，充分发挥同行监管、行业协会监管、群众监管等作用，做到不留一个监管的死角。第三，推进网络可信体系建设，加快建设全国统一标识的医疗卫生人员和医疗卫生机构可信医学数字身份、电子实名认证、数据访问控制信

系统，实行诚信黑名单制度，创新监管机制，提升监管能力。第四，建立医疗责任分担机制，推行在线知情同意告知，防范和化解医疗风险。

3. 完善医疗健康数据信息安全体系建设

引入先进的数据信息加密技术，提升医院信息系统安全性，提高医疗健康大数据平台的防范能力，完善数据信息安全技术保障体系。完善医疗健康数据信息安全的法规体系，明确医疗健康大数据确权、开放、流通、交易和产权保护的相关法律法规，对非法买卖、泄露数据信息的行为依法依规予以严惩。综合发挥法规、监管与技术三方合力，形成医疗健康数据信息安全体系，实现数据信息安全的精准化与一体化管理。

负责人：龙承春（四川轻化工大学）
成　员：赵志彬（山东大学）
　　　　　　王亚敏（四川省统计局）
　　　　　　丁　娟（四川省统计局）
　　　　　　丁　昊（自贡市第一人民医院）
　　　　　　王　敏（四川省经济和信息化厅）
　　　　　　林明华（四川轻化工大学）
　　　　　　潘　登（四川轻化工大学）
　　　　　　罗龙熙（四川大学）
　　　　　　王诗语（苏州科技大学）

新冠肺炎疫情对四川经济社会的影响分析及政策建议

突如其来的新冠肺炎疫情给四川经济社会造成较大冲击。本文基于新冠肺炎疫情影响机制的理论分析，从供需两端和民生领域分析疫情对四川经济社会的短期影响、恢复性增长情况和长期影响，并提出对策建议。

一、新冠肺炎疫情对经济社会的影响机制和传导路径

（一）疫情对国民经济运行的影响机制

疫情对国民经济运行的影响机制是指，为了防控疫情，限制并大量缩减经济社会活动，人流、物流、资金流受到阻碍，使得需求紧缩，并经由供应链传导影响整个经济体系。

假定国民经济运行系统内部有两个行业，行业1为非人员接触密集型行业，行业2为人员接触密集型行业；两类从业人员，即行业1从业人员与行业2从业人员；生产两种产品，即产品1与产品2，两种产品不能相互替代，每类从业人员在各自行业内参与产品生产并获得收入，再通过收入购买其他不同产品。在不存在任何冲击的情况下，国民经济运行系统正常运行，行业1与行业2对应供给端，行业1从业人员与行业2从业人员对应需求端，供需两端协调平衡运行。当疫情突发时，为防止疫情扩散，接触密集型行业2被迫关停，产品2供给减少，行业2从业人员将处于停工状态，收入水平将下降，对产品1的购买量会减少，可能使得产品1库存增加，从而影响行业1的生产。

概而言之，疫情对短期总需求的冲击主要表现为对需求的抑制，通过人流、物流、资金流流动限制，使短期总需求趋于下降。疫情对短期总供给的冲击主要表现为对生产活动的干扰，通过价格冲击和要素供给冲击，使短期总供给趋于下降，生产活动萎缩。在供给端与需求端共同作用下影响整个国民经济体系。

（二）疫情对经济社会影响的传导路径

疫情从供需两端传导影响整个国民经济体系，具体而言有以下四个传导路径：

一是产业之间相互传导。疫情的影响从受影响最直接的行业，通过行业之间的供应链，以及"收入—消费"这一链条传导到更多行业。

二是金融与实体经济之间的相互传导。疫情对经济的影响首先体现在制造业、服务业等实体经济领域，进而影响金融市场；金融市场的波动反过来又影响实体经济的现金流。

三是微观与宏观之间的相互传导。疫情对微观个体生产和消费的影响反映在宏观经济层面的各项指标上；供给冲击和宽松货币政策又可能带来通胀压力，这些宏观因素反过来又会影响微观层面，导致居民消费水平下降。

四是国与国之间的相互传导。疫情的全球蔓延导致部分全球供应链和国际贸易中断。

二、疫情对四川经济社会的短期影响及四川经济恢复性增长情况

从四川新冠肺炎疫情发展趋势看，2020年2月底四川疫情总体上得到了有效控制，疫情对四川经济的影响主要集中在2月份，一季度四川地区生产总值同比下降3%，为改革开放以来首次下降。为应对新冠肺炎疫情冲击，党中央、国务院多措并举，加大宏观政策调节和实施力度，统筹推进疫情防控和经济社会发展，全面做好"六稳""六保"工作，强化财税金融支持政策、有序推进企业复工复产、加大援企稳岗帮扶力度、加快重点项目施工进度等系列政策效应不断显现。自2020年3月起，四川经济开始稳步恢复，上半年四川经济增长0.6%，实现V型反转恢复增长，前三季度增长2.4%，恢复增长势头持续巩固。

（一）疫情对四川经济社会的短期影响

1. 在需求端，投资受疫情冲击较大但恢复最快，消费受疫情冲击最大且恢复缓慢

一是投资受疫情冲击较大但恢复最快。由于生产要素与原材料流动限制，投资下降幅度较大，1—2月四川全社会固定资产投资同比下降16.5%，其中，基础设施投资下降14.9%，产业投资下降18.2%，房地产投资下降18.4%。自3月起四川投资恢复增长，3月四川全社会固定资产投资同比增长9.8%，除6月外，有7个月增速高于去年同期。1—10月累计投资增长8.5%，已超过全年预期目标，恢复到正常水平的80%左右。

二是消费受疫情冲击最大且恢复缓慢。在消费需求方面，受居家隔离、交通管制等影响，批发零售、交通运输、文化旅游、住宿餐饮等接触类消费服务损失较大。2020年2月四川社会消费品零售总额同比下降36.8%，其中餐饮收入下降79.2%；16个商品大类中除日用品、文化办公用品、粮油食品饮料烟酒和中西药

品4类实现增长外，其余12大类均下降，其中书报杂志、汽车、家具、金银珠宝、建筑及装潢材料等商品降幅超过60%；但同时网络消费逆势增长，限额以上批发和零售业通过互联网实现商品零售额增长3.5%。由于国际疫情持续蔓延，居民消费信心不足，消费虽逐月恢复，但恢复缓慢，直至8月四川社会消费品零售总额同比增长1.1%，才实现年内首次增长，恢复增长滞后于工业和投资，滞后期达5个月。

三是进出口受影响程度较小。1—2月四川进出口总额同比增长8.3%，比去年同期回落12.3个百分点，其中，2月受居家隔离等措施影响，出口额下降13.5%，但同时对进口防疫物资的需求增加，进口额增速高达31.2%。自3月以来四川进出口总额持续保持两位数的较快增长，连续4个月超过去年同期水平，1—10月同比增长21.7%，增速连续两个月居全国第1位。

2. 在供给端，三大产业受疫情影响程度不同

一是第一产业受影响程度较小，已恢复常态增长水平。受新冠肺炎、非洲猪瘟、禽流感疫情等多重影响叠加，畜牧业生产形势较为严峻，同时疫情对大棚蔬菜、农产品流通等影响也较大，一季度第一产业增加值同比下降1.3%。但随着疫情得到有效控制，生猪产能加快恢复，生猪出栏量、存栏量均稳步回升，前三季度第一产业增加值同比增长3.3%，已恢复正常年度增长水平。

二是第二产业受影响较大，恢复快但有一定波动。在工业方面，疫情对1月份工业生产影响较小，但2月以来，延长休假、居家隔离、推迟复工等措施对2月份工业生产造成较大冲击，1—2月四川规模以上工业增加值同比下降5.2%。在41个行业大类中，受疫情期间电子办公设备需求增加、防疫产品需求增加等因素影响，计算机通信和其他电子设备制造业、医药制造业等11个行业实现增长。工业恢复增长有一定波动，自3月起四川工业恢复增长，但受国际疫情蔓延和内需不振传导影响，自5月起工业恢复逐月放缓，5月四川规模以上工业增长5.7%，6月增长5%，7月增长3.6%，8月增长3.4%。随着消费逐步回暖，9月以来四川工业止滑回升，9月增长6.9%，10月增长7.5%，已逐步恢复至常规年度增长水平。

三是第三产业受影响最大，恢复最慢。在第三产业方面，四川生活性服务业占比较大，生活性服务业多为密切接触型产业，受疫情影响最大。1—2月铁路、公路、水运、航空运输总周转量分别同比下降18.1%、20.8%、10.3%、36.5%。同时，住宿餐饮、批发零售等受影响也较为明显。服务业相关指标逐步实现增长或降幅收窄，前三季度服务业增加值同比增长2.2%，恢复增长滞后于第一、二产业1个季度。服务业各行业恢复差异较大，其中，信息传输、软件和信息技术服务业增长25.7%，金融业增长6.3%，而批发和零售业、住宿和餐饮业、租赁和商务服务业仍未能实现增长。

3. 在社会民生方面,疫情对就业和收入冲击较大

疫情从供给端影响劳动力需求,加大就业压力。一季度四川城镇调查失业率达6.1%,处于历史高位。同时,工资性收入普遍减少,一季度四川居民人均工资性收入同比下降0.9%。随着生产生活秩序的逐步恢复,居民收入明显回升,前三季度,四川居民人均可支配收入同比增长7.5%,较一季度回升4.6个百分点,其中,居民工资性收入增长6%,较一季度回升6.9个百分点。

表1 四川主要经济指标恢复程度判断　　　　　　　　　　　　　　单位:%

指标	2019年	2020年1—10月	恢复程度
地区生产总值增速	7.5	2.4	32.0
第一产业增加值增速	2.8	3.3	117.9
第二产业增加值增速	7.5	2.3	30.7
第三产业增加值增速	8.5	2.2	25.9
规模以上工业增加值增速	8.0	3.7	46.3
社会消费品零售总额增速	10.4	-3.9	—
全社会固定资产投资增速	10.2	8.5	83.3
进出口总额增速	13.8	21.7	157.2

注:以2019年各领域的年度增速作为期望增速,当前经济恢复程度可以用实际增速/期望增速这一指标衡量。地区生产总值增速、第一产业增加值增速、第二产业增加值增速、第三产业增加值增速为前三季度增速。

(二) 四川经济恢复性增长中存在的问题

一是经济回升力度有所减弱。2020年前三季度四川GDP增速比2020年上半年回升1.8个百分点,相比一季度回升3.6个百分点,回升力度明显减弱。

二是需求不足传导影响有所显现。在疫情反复、国际贸易摩擦等影响下,市场需求仍显不足,并逐步向生产端传导。受防疫产品需求减少等因素影响,自5月以来医药制造业增加值开始下降;受市场萎缩、原油输送管道中断等因素影响,石油、煤炭及其他燃料加工业增加值下降2.2%,石油及制品类零售额下降11.5%;受需求不足影响,食品、纺织、服装等其他终端消费品行业生产持续低迷。

三是消费恢复增长较为缓慢。由于国际疫情形势仍然严峻,国内疫情点状发生,仍然在较长时期内影响居民消费信心。即使前期关停的电影院等有序恢复开放,但消费市场仍不及预期,1—10月四川社会消费品零售总额下降3.9%,仍未扭转下降态势,特别是汽车、建筑及装潢材料类、石油及制品类、化妆品类、金银珠宝类零售额等非必需品消费仍然呈下降态势,全年实现增长难度较大。

四是投资恢复隐忧需重视。当前投资回升主要受基础设施和房地产开发投资拉

动,而制造业投资、民间投资活力还需提振。1—10月四川制造业投资增速7.4%,高技术产业投资仅增长0.1%;民间投资增长3%,增速比全社会固定资产投资低5.5个百分点,其中10月民间投资下降16.3%,比上月回落16.8个百分点。

五是就业压力仍然较大。2020年前三季度四川城镇调查失业率为5.7%,与2020年上半年和一季度相比,虽有所下降,但仍处于高位,显示就业压力仍然较大。

三、后疫情时代四川经济社会发展的趋势判断

（一）2020—2021年四川经济增长预判

疫情对经济的影响具有阶段性,在疫情得到控制后,经济活动将较快恢复。但疫情对供需两端的影响具有差异性,疫情不破坏生产能力,生产活动能较快恢复常规增长水平;而疫情对消费的影响具有不可补偿性,同时由于国际疫情仍在持续蔓延,消费增长仍具有较大不确定性,并将可能通过供应链反过来转导影响供给端,最终使得经济活动低于潜在经济增长率。

本文综合运用HP滤波法对四川潜在经济增长率进行测算。HP滤波法广泛应用于经济趋势研究,其理论基础是时间序列的谱分析方法,即将时间序列看作不同频率成分的叠加。HP滤波法既可以从时间序列数据中抽出一条平缓曲线,即提取长期趋势,也可以从时间序列数据中抽取某个和正交噪声叠加的信号,即提取中短期波动。其基本方法是:

时间序列y_t由趋势部分g_t和周期波动部分C_t构成,即

$$y_t = g_t + c_t t = 1, \cdots T$$

HP滤波器从时间序列y_t中得到一个平滑的序列g_t（即趋势部分）,g是下列问题的解:

$$\text{Min}\{\sum_{t=1}^{T}(y_t - g_t)^2 + \lambda \sum_{t=1}^{T}[(g_t - g_{t-1})(g_t - g_{t-2})]\}$$

其中,λ为平滑参数。

计算结果显示,在不考虑疫情冲击影响下,2020—2021年四川潜在经济增长率为7%。2020年前三季度四川经济增长2.4%,第四季度以来四川恢复增长态势较好,"十一"黄金周未发生疫情反弹,消费信心显著恢复,四季度有望达到常规年份增长水平。但受疫情短期冲击,全年四川经济增长将显著低于潜在经济增长率。2021年受基数影响增速有望大幅回升,并可能高于潜在经济增长率,总体呈现前高后低、逐季回落的趋势。综合两年发展情况,四川经济增长将可能略低于潜在经济增长率。

（二）后疫情时期四川经济社会发展面临的新形势

一是全球产业链供应链重构。国际疫情持续蔓延对全球经济产生显著冲击,国

际分工所形成的产业链、供应链、服务链和价值链面临严峻考验。美国、日本等国"再工业化"进程加快，全球产业链将呈现区域化和内链化特征，产业链的稳健性和安全性成为各国制造业布局首要考虑的因素。我国面临部分产业链外迁和断链的风险，但同时我国也有在全球产业链重构中保持竞争力和吸引力的优势，《区域全面经济伙伴关系协定》（RCEP）的签订，凸显了我国在亚太产业链中的地位，有望在全球产业链供应链重构中赢得先机。

二是双循环发展新格局。第十九届五中全会明确指出，要加快构建以国内大循环为主体、国内国际双循环相互促进的新发展格局。西部地区是我国发展的重要回旋余地，与东部沿海发达地区相比，西部地区地理环境、区位条件、产业基础等方面相对落后，但在资源储备、发展空间、市场潜力、战略地位等方面具有自身的特色和优势。三线建设时期，西部地区初步形成了能源、钢铁、机械、电子、化工、汽车、军工等门类齐全的工业体系，是国家安全的战略后方基地；改革开放后"国际大循环"构想下的"沿海发展战略"中，西部地区是国内产业链分工中原材料、劳动力等要素提供者，为我国深度融入全球经济体系做出了巨大贡献。加快构建新发展格局，对四川乃至西部地区来讲是参与到全国乃至国际产业链、价值链、供应链中的一个重要机遇，发展潜力有望加快释放。

三是成渝地区双城经济圈建设新机遇。成渝地区双城经济圈建设是国家重大区域发展战略。成渝双城经济圈覆盖四川省和重庆市的主要核心城镇，是我国西部地区产业、人口及各类生产要素流动和集聚程度最高的核心经济增长地域，在我国西部地区社会经济发展中具有举足轻重的战略地位。推动成渝地区双城经济圈建设，在西部形成支撑和带动全国高质量发展的重要增长极和新的动力源，对优化我国区域经济发展布局和对外开放格局，促进构建以国内大循环为主体、国内国际双循环相互促进的新发展格局意义重大，将深刻改变四川区域能级和发展格局，显著提升四川在全国发展大局中的战略地位。

（三）后疫情时代四川经济社会发展的趋势判断

一是产业转型升级。新型冠状肺炎疫情对产业发展而言是一次带着阵痛的产业升级和行业洗牌过程，客观上促进了生产生活方式的转变。受新冠疫情的影响，商场、实体店、影院、餐饮、旅游、线下培训等行业遭受重创，而以数字产业、智能产业、云端经济等为代表的新业态加速发展，电商、短视频、游戏、知识付费、线上教育等行业得到难得的发展机遇，大数据、人工智能、云计算等新技术将成为产业发展的新动力，加快推动产业数字化和智能化改造，加速产业转型升级步伐。同时，面对全球产业链、供应链重构，固链、补链、延链、强链将成为我国构建现代产业体系的重点，四川是我国为数不多的工业行业大类体系完备的省份之一，有条件在产业转型升级发展和现代产业体系建设中抢占先机。

二是消费转型升级。疫情对消费市场造成的损失不可弥补，预计后疫情时代消费转型升级发展将加速。首先,理性消费意识凸显,疫情影响居民就业和收入,消费者的消费理念将发生改变,消费行为将更加趋于理性和成熟。其次,健康意识得到强化,每次疫情都是一次全民健康生活习惯的教育,在后疫情时代,健康、养生需求将可能进一步释放。最后,线上线下深度融合,疫情期间居家消费推动了线上消费的快速增长,在线教育、在线医疗、远程办公、在线娱乐等新业态有望快速发展。

三是城市治理体系变革。疫情引发社会关于城市治理的思考。首先,城市建设滞后于经济发展、城市管理滞后于城市建设的短板凸显,同时此次新冠疫情显示出高效的、基于数据的疫情管控和城市管理的必要性和重要性,未来对智慧型城市管理的需求将大幅提升。其次,医疗公共卫生短板将得到重视,疫情显示城市快速发展过程中,公共服务供给还不能满足人口空间大集聚带来的巨大需求,医疗基础设施领域投入和卫生系统现代化可能提速。

四、政策建议

(一)着力稳就业稳收入

一是稳生产稳就业,深化落实社保和就业补贴政策,精准帮扶和解决企业用工难和就业困难群体就业难等突出矛盾,高度重视高校毕业生就业工作,特别是要促进降低大学生就业门槛、研究生扩招等政策措施落地落实,多渠道拓岗位促就业。二是加快实施收入倍增计划,完善收入分配制度,多措并举提高劳动者报酬,提高中等收入群体比重,增强居民购买力。

(二)加快产业转型升级发展

一是推动制造业高质量发展,面对新一轮技术革命和产业变革,面对产业链重构和产业分工格局变化,基于四川资源优势和产业基础,发展优势产业集群,提升产品质量。二是加强产业基础能力建设,加强战略资源、关键核心技术攻关,推进创新成果转化应用,优化布局新型基础设施。三是推动产业数字化、智能化改造,加大对机器人、大数据、人工智能等产业支持力度,支持线上与智能无人服务业发展,推动网络诊疗、在线办公、在线教育、数字娱乐、数字生活等新业态发展。四是加快构建以金融服务、信息服务、科技服务、商务服务、流通服务为主的生产性服务体系,提升产业附加值,完善产业链、供应链。

(三)强力促进消费恢复

一是加快发展新商业模式,充分发挥阿里巴巴、网易等公司的平台作用,支持企业加大网上销售,更好地拓展市场,支持商贸企业利用App、小程序等方式维护和拓展客户,发展"线上下单、无接触配送"模式,发展农产品"生鲜电商+冷链宅配"。二是大力发展社区生活服务业,加快发展养老服务业,加快建设婴幼儿社会化照护体系,推动健康消费、绿色消费等发展,有效释放居民消费需求。三是加快打造富有特色的旅游线路和旅游产品,加快景区交通、停车场、旅游服务平台等基础设施建设,以旅游产业发展带动消费恢复。四是有效激发农村消费需求,加大对适应农村地区需求的商品的研发力度,组织开展汽车展销下乡等活动,鼓励和支持消费新业态新模式向农村市场拓展。

(四)全力扩大有效投资

一是紧抓成渝地区双城经济圈、新时代西部大开发等建设机遇,加快推进重点项目建设,加快进出川通道建设,为融入双循环发展提供基础设施保障。二是针对疫情防控中的短板和需求,继续加大公共卫生、防灾减灾、老旧小区改造、交通运输等补短板投资,支持公共卫生领域和承担突发公共卫生任务的医疗卫生机构前沿性、公益性、共性关键技术的投入。三是加快5G、物联网、人工智能及数字经济等相关领域的基础设施投资,为产业转型升级发展提供基础保障。四是加强工业投资项目储备,提振民间资本信心,夯实投资稳增长基础。

(五)加强城市治理体系建设

一是建设智慧城市、健康城市,运用物联网、人工智能等新技术提升城市水电气网、交通路网等城市基础设施,建立网格化、智能化社区治理体系。二是完善医疗卫生体系,保障城乡之间、城市中心区和边缘地区间基本医疗服务的均等化,明确城市与社区医疗的职能分工,避免城市级医疗设施"轻症挤兑"现象导致的资源浪费,建立分工明确、协同合作的城市医疗卫生设施体系。

负责人:朱 莉(西南财经大学)
成 员:丁 娟(四川省统计局)
　　　　　周 怡(四川省统计局)
　　　　　惠欣欣(西南财经大学)
　　　　　邓杨歆(西南财经大学)
　　　　　熊梦婵(西南财经大学)
　　　　　胡心语(西南财经大学)
　　　　　张婷裕(西南财经大学)
　　　　　张洋洋(西南财经大学)
　　　　　薛 莹(西南财经大学)

疫情影响下四川消费转型升级研究

2020年以来，新冠肺炎疫情在国内外持续蔓延对四川消费市场造成较大冲击，从需求端看，居民消费支出下降，消费者的消费理念、消费方式、消费能力等发生了潜移默化的改变；从供给端看，餐饮、住宿等传统服务业受到严重冲击，而同时线上服务等新业态、新模式逆势增长。本文基于对消费理论的几点认识，从疫情对四川消费市场供需两端的影响入手，分析后疫情时代四川消费市场的趋势性变化，并提出推动四川消费转型升级发展的几点建议。

一、对消费发展升级的基本认识

消费理论认为，当期收入、过去收入、未来收入都会影响消费者的跨期消费最优选择。考虑理性预期因素后，消费受到不确定性、储蓄和信贷能力的影响。在放松对理性行为人的假设后，消费又受到心理因素的影响。从社会学视角看，消费还受到人口结构、阶层地位、模仿和习惯等影响。

从各国消费发展升级的实践来看，消费不仅受到经济社会发展阶段等宏观因素影响，还与居民收入和预期、市场供给水平等多重因素紧密相关，自然灾害、经济危机、公共卫生事件等外生冲击也会从供需两端影响消费市场。一是经济发展所处阶段决定消费地位，随着国民经济发展水平的不断提高，消费将逐步成为拉动经济增长的最主要驱动力。二是居民收入水平和预期决定消费需求，收入水平不仅影响消费总量，也影响消费需求结构和消费倾向。三是市场供给水平影响消费潜力释放，生产和流通流域的供给能力是消费发展升级的重要条件。四是社会文化和环境影响消费行为，不同的社会文化环境导致消费者表现出不同的消费观念，同时消费政策和法律环境也会对消费信心和行为产生影响。五是外生冲击影响消费市场供需，在供给端，外生冲击对实体经济产生重大损害，影响正常生产和消费市场供给；在需求端，外生冲击直接影响需求，并影响消费者预期、消费行为和消费倾向。

从当前各国消费发展情况看，消费转型升级呈现以下趋势：一是生存型消费向发展型消费转变，食品、衣着和居住类消费支出比例不断下降，交通通信、医疗保健等消费支出比例不断提升；二是物质型消费向服务型消费转变，随着生活水平的提高，居民消费形态从单一物质需求向多样化服务需求转变，信息、文化、旅游、娱乐、健康等服务消费成为新的消费增长点；三是线下消费向线下线上融合转变，"互联网+"带动了电子商务的高速发展，网络消费等新兴业态快速增长；四是模仿型排浪式消费向个性化多样化消费转变，居民消费对商品和服务品质提出了更高要求，个性化、智能化、健康化的消费需求成为消费新热点。

二、疫情对四川消费转型升级的影响分析

从四川新冠肺炎疫情发展趋势看，2020年2月底四川疫情总体上得到了有效控制，3月底四川将疫情防控应急响应级别下调为三级，生产生活秩序逐步恢复正常。本文以3月底为界，将时间划分为疫情期和后疫情时代，分析疫情对四川消费的影响。

（一）疫情对四川消费的影响分析

1. 从需求端看，居民消费支出明显下降

一季度，四川居民人均生活消费支出为4487元，扣除价格因素，实际下降8.8%。

从消费结构看，疫情对服务性消费支出影响较大。一季度，四川居民人均服务性消费支出同比下降13.9%，占全省人均生活消费支出的比重为35.5%，比去年同期下降4.3个百分点；商品性消费支出增长3.1%，占全省人均生活消费支出的比重为64.5%，比去年同期提高4.3个百分点。

从消费类别看，疫情对刚需类消费支出影响较小，对发展需求类消费支出影响较大。在刚需类消费支出方面，一季度，四川居民食品烟酒支出同比增长5.7%，恩格尔系数为37.1%，比去年同期高3.3个百分点。在发展类需求方面，一季度各地景区、娱乐场所、展会关闭，学校及培训机构停学停课，城乡居民人均教育文化娱乐支出、衣着消费支出和交通消费支出均大幅减少。

从消费方式看，网购消费逆势增长。受疫情影响，居民居家隔离，线下消费萎缩明显，但线上购物量增长明显，一季度四川居民人均网购笔数为0.6笔，同比增长43.5%。

2. 从供给端看，疫情对消费品市场冲击巨大

一季度四川社会消费品零售总额同比下降13.0%。其中，2月份受疫情影响最大，四川社会消费品零售总额下降36.8%。

从消费形态看，住宿餐饮消费受影响较大。疫情暴发期正值春节餐饮消费旺

季,全省餐饮行业实体店2月几乎全月停业,一季度住宿业、餐饮业实现营业额下降幅度均超过40%。

从商品类别看,刚需和防疫类消费逆势增长,汽车和石油制品类消费大幅下降。疫情高发期间,粮油、生鲜食品等生活必需品需求扩大,一季度全省限额以上粮油、食品类商品零售额同比增长26.3%,比上年同期多13.4个百分点。因防疫需要,消毒液、洗手液、口罩、消毒酒精等防疫产品需求激增,一季度全省限额以上日用品类、中西药品类商品零售额分别增长22.5%、10.4%。由于2月汽车经销商全面停业,一季度全省限额以上汽车零售同比下降23.7%。同时受疫情影响,交通通行大幅下降,石油及制品类消费锐减,成品油大幅降价,一季度石油及制品类消费下降11.3%。

从零售业态看,实体店铺受疫情影响严重,网络零售逆势增长。一季度限额以上实物商品网上零售增长11.9%,成都盒马生鲜、广汉京东、成都京东等均保持两位数增长。

(二)后疫情时代四川消费恢复发展现状

3月中旬以来,新冠肺炎疫情在国内已得到基本控制,海外疫情却加速蔓延,四川面临较大的疫情境外输入性风险,消费恢复性增长相对迟缓。

1. 从需求端看,居民消费支出有所回升

一是居民消费呈现回暖势头。经测算,二季度全省居民人均生活消费支出为4086元,同比增长2.6%,增速比一季度回升6.3个百分点,已实现由降转增。

二是服务消费回升幅度高于商品消费。经测算,二季度全省服务消费同比下降4.1%,降幅比一季度收窄9.8个百分点,占全部消费的比重为40.8%,虽比去年同期低2.9个百分点,但比一季度提高4.7个百分点。全省商品消费增长8%,增速比一季度回升4.9个百分点。

三是八大类消费呈现不同程度的回升。经测算,二季度教育文化娱乐消费同比增长0.7%,增速比一季度回升37.5个百分点,生活用品及服务消费同比增长7.1%,增速比一季度回升12.1个百分点,医疗保健消费增长7.1%,增速比一季度回升10.2个百分点,食品烟酒增长11.1%,增速比一季度回升5.4个百分点。

2. 从供给端看,消费市场恢复性增长迟滞

一是消费市场缓慢恢复。3月以来全省消费市场开始有所回暖,但回升态势有所放缓,3—7月全省社会消费品零售总额分别同比下降8.2%、3.8%、2%、1.1%和1.0%,降幅逐月收窄27.4、4.4、1.8、0.9和0.1个百0分点。8月全省社会消费品零售总额增长1.1%,实现由降转增,但1—8月累计仍下降5.6%。

二是住宿餐饮回升乏力。1—8月全省限额以上住宿业营业额同比下降29.8%,

餐饮业营业额下降8.5%,降幅虽比一季度明显收窄,但仍未实现由降转增。

三是商品零售增长低于预期。全省商品零售降幅持续收窄,直至8月全省商品零售同比增长1.6%,实现增长的时间比全国滞后1个月。

三、当前四川消费转型升级存在的主要困难和问题

（一）居民消费信心不足影响消费预期

当前全球疫情和世界经济形势依然复杂严峻,对我国经济发展的冲击和影响还在不断显现,同时国内散发病例依然存在,成都疫情输入性风险较大,一定程度上会影响居民消费的信心和消费市场的恢复,全社会边际消费倾向下降,居民预防性储蓄倾向较为明显,2020年一季度四川金融机构各项存款余额同比增长5.8%,其中住户存款增长11.8%；上半年金融机构各项存款余额增长6.6%。

（二）城乡居民收入较低影响消费需求

一是与全国和发达地区相比,四川城乡居民收入较低。2019年四川城镇居民人均可支配收入为36154元,仅相当于全国的85.4%,居全国第18位；农村居民人均可支配收入仅14670元,相当于全国的91.6%,居全国第21位。

二是四川居民收入区域差距较大。从城乡看,四川城乡居民收入相对差距有所缩小,但绝对差距还比较大,2019年四川城乡居民收入绝对差距达21484元,是2000年绝对收入差距的7.6倍。从市州看,成都城镇居民人均可支配收入45878元,最末位的凉山州仅相当于成都的72%；成都农村居民人均可支配收入24357元,最末位的甘孜州仅相当于成都的52.6%。

三是疫情影响四川城乡居民收入。人力资源和社会保障部印发《关于妥善处理新型冠状病毒感染的肺炎疫情防控期间劳动关系问题的通知》,明确企业因受疫情影响导致生产经营困难的,可以通过与职工协商一致采取调整薪酬、轮岗轮休、缩短工时等方式稳定工作岗位。自2020年2月底复工以来,不少企业为应对疫情冲击,采取降薪节流的方式自救,一定程度上影响了居民收入的增长。2020年一季度四川城镇居民人均可支配收入扣除价格因素实际下降4.2%；农村居民人均可支配收入实际下降1.8%。二季度以来在疫情得到控制的情况下,居民收入有所回升,但和去年同期相比仍有一定差距,上半年四川城镇居民人均可支配收入实际下降0.5%；农村居民人均可支配收入实际增长1.5%。

（三）供需结构失衡问题犹存影响消费潜力释放

一是"四川造"消费品生产行业发展不足。四川是农业大省,但除酒业外,四川农副食品加工业、食品制造业等产业市场占有率不高,2019年四川农副食品加

工业、食品制造业营业收入占全国的比重分别为5%、6%左右，与山东、河南差距较大；四川纺织服装、服饰业营业收入占全国的比重分别仅为2%、1%左右。川茶产业面积、产量、毛茶产值分列全国第3、第4、第2位，但未能上榜我国十大茶叶品牌。2019年中国轻工业食品行业五十强企业中四川仅五粮液上榜，中国服装行业百强企业四川仅有琪达实业、际华三五三六、祥和鸟服饰3家上榜。

二是多样化服务需求的有效供给不足。四川是全国人口老龄化程度最严重的省份之一，但医疗卫生资源投入不足、养老服务和产品供给不足，2019年四川每千人口卫生技术人员数为7.2人，每千人口医疗卫生机构床位数为7.5张。在教育领域，四川存在教育文化资源分布不均，重点高等教育均集中在成都，优质基础教育资源主要集中在成都和绵阳，幼儿照护、学前教育和职业教育发展不足等问题。在旅游产业方面，四川旅游线路和产品以初级旅游观光产品为主，旅游资源开发不足，同时，还存在景区与交通枢纽车站间的连接道路不够便利，旅游服务机构、服务平台等配套设施建设不足等问题，制约了居民消费。

三是住房、医疗、教育等消费的挤出效应明显。虽然近年来房地产调控政策趋紧，坚决遏制投机炒房，为消费升级扫除了部分障碍，但消费升级面临的房地产挤出效应问题依然存在。房价持续上涨的同时，居民房贷压力持续加大，四川个人住房贷款余额占住户总贷款余额的比重超过60%，占住户消费贷款的比重超过80%，居民家庭存贷比超过45%，在一定程度上对预期消费造成挤压。此外，居民医疗、教育等支出持续增加，也在一定程度上挤占了一般消费，2019年医疗保健支出占居民消费支出的比重已达10%。

（四）消费环境亟待改善影响消费信心

目前，我国产品质量监管体系特别是质量法律法规和监管制度还不够完善，质量技术基础还比较低，社会诚信体系还不健全，食品安全问题还比较突出，假冒伪劣产品、虚假广告较多，消费者合法权益难以得到维护，消费环境欠佳。在互联网快速发展的同时，相关监管制度建设相对滞后，网络欺诈、虚假宣传、大数据杀熟等现象突出，网络消费环境也较差。此外，农村地区消费市场发展滞后，农村水网、电网、路网、互联网、物流体系建设还存在薄弱环节，农村居民在消费结构和消费层次上长期滞后于城镇居民，其消费的基本需求难以得到保障。

（五）机制体制建设不健全影响消费市场供给

一是部分领域市场化程度不足。铁路、民航、金融、电信、电力等行业以及地方公共事业不同程度地存在部门或行业垄断；银行、保险、教育、医疗、保健等行业进入门槛较高、市场准入范围狭窄，在一定范围内使得多元化消费市场供给能力扩张受到制约。

二是差异化政策对消费供给能力形成一定制约。土地、水、电、气等生产要素配置和税收等政策优惠在产业间存在一定差异。商业用电、用水等价格普遍高于工业，物业、写字楼等转供电、转供气主体还存在不合理加价行为，商业企业在要素保障、房屋租金等方面的经营成本远高于工业、农业企业。在税收政策方面，营改增在一定程度上解决了重复征税的问题，降低了服务业纳税人税率，但由于服务业进项税抵扣项目较少，因此在一定程度上反而增加了服务业企业的实际税负，加大了企业经营成本。为应对疫情冲击，各地鼓励业主减免或缓收房租，但主要针对国有资产类经营用房，相当比例的中小企业租赁的是私人物业，政策兑现存在较大不确定性。此外，四川地摊经济发展较好，但也加剧了对原本受到网络购物冲击的实体经济的影响。

四、后疫情时代四川消费转型升级发展的预判分析

（一）后疫情时代消费恢复性增长趋势预判

1. 从短期看消费恢复增长可能呈现三个阶段

按照灾害经济学原理，疫情对消费的影响机制主要有以下三个路径：一是疫情导致人流、物流和资金流萎缩使得需求减少；二是疫情影响企业生产，加大了各类企业的经营压力，使得失业人口增加、居民收入减少，进而影响需求；三是疫情引发的恐慌可能将在较长时间内影响居民消费信心，从而影响需求。

根据疫情对消费的影响机制，消费恢复增长可能呈现为三个阶段：一是消费恢复期。随着疫情得到有效控制，生产生活秩序逐步恢复正常，社会消费品零售总额增速逐月恢复，多数消费类别都将稳步回升。二是消费承压期。由于国际疫情形势严峻，全球产业链、供应链加快调整，内需逐步恢复过程中伴随着外需萎缩，盈利压力、就业压力将逐步显现，在消费恢复期结束后，收入预期成为影响消费的主要变量，中低收入人群不愿消费、不敢消费的心理将使得全社会消费情况再度承压。三是消费好转期。随着"六稳""六保"政策逐步起效，就业压力得到一定缓解，收入预期边际向好，消费动力进一步增强，消费将恢复至正常年度水平。但由于当前国际疫情形势仍然严峻，进入秋冬季疫情存在反弹可能，消费市场恢复发展具有不确定性，需引起重视。

从四川经济恢复增长情况看，2020年3月以来四川经济稳步回升，3月四川规模以上工业增加值和全社会固定资产投资增速实现由降转增，但4月以来四川主要经济指标月度波动有所加大，经济回升力度有所减弱。1—8月四川社会消费品零售总额下降5.6%，降幅收窄幅度逐月缩小，全省消费市场开始进入消费承压期。本文对2020年以来四川社会消费品零售总额时间序列进行拟合分析，建立预测模型如下：

$$Y = 5.221\ln(t) - 16.03$$

其中，Y 为社会消费品零售总额增速，t 为时间。

经测算，预计 2020 年四川社会消费品零售总额下降 3.5% 左右。考虑到四川疫情防控形势较好，促进消费相关政策效应不断显现，四季度为消费旺季，全年四川消费仍然存在实现增长的可能。

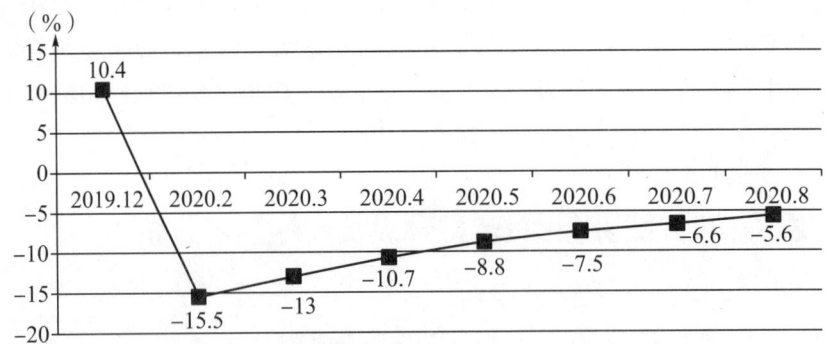

图 1　四川社会消费品零售总额增速

2. 从长期看消费增长将保持平稳

从长期看，四川消费市场具备保持平稳增长的基础：

一是消费潜力巨大。四川是人口大省，常住人口居全国第 4 位，户籍人口居全国第 3 位，与世界排在第 17 位国家的人口规模基本相当，本身就是一个巨大的消费市场。

二是城镇化发展空间大。四川是农业大省，2019 年常住人口城镇化率为 53.8%，比全国低 6.8 个百分点，户籍人口城镇化率比常住人口城镇化率低约 17 个百分点，在新型城镇化发展的质和量上均有较大的空间，城镇化发展不仅使城镇消费群体扩大，还将改善资源配置效率，促进消费结构不断升级，消费发展空间潜力大。

三是居民收入稳步提升。近年来四川城乡居民收入稳定增长，增速持续高于全国。当前全省正处在从中高收入阶段向高收入阶段迈进的关键时期，未来各层次的消费需求都会快速扩张。

四是供给能力不断提升。当前我国正加快形成以国内大循环为主体、国内国际双循环相互促进的新发展格局，四川工业 41 个行业大类全部齐备，土地、劳动力、科技、矿产、能源、旅游等资源要素保障较好，现代产业体系加快构建，供给侧结构性改革深入推进，将更好地满足消费升级的需求。

当前四川发展还面临加快成渝地区双城经济圈建设、新时代西部大开发、全面完成脱贫攻坚任务等政策机遇，交通、通信等基础设施加速补短板，消费市场发展和民生改善等有较大空间，未来较长时期内，消费在四川经济社会发展中的基础性作用和消费升级趋势不会改变。

（二）后疫情时代四川消费转型升级发展方向预判

从当前四川消费市场恢复发展情况看，预计后疫情时代四川消费转型升级发展将呈现以下几种方向：一是品质消费得到强化。疫情对消费者消费心理和行为带来较大影响，消费者对消费市场以及产品和服务的要求更高，价格导向向质量导向转变。二是理性消费意识凸显。受疫情影响，消费者消费理念发生改变，消费行为将更加趋于理性和成熟。三是健康意识提高。疫情使得健康消费需求将进一步释放，在后疫情时代，消费者可能更加关注养生、健康，口感导向向健康导向转变。四是线上线下深度融合。疫情期间居家消费推动了线上消费的快速增长，在线教育、在线医疗、在线金融、远程办公、VR看车、VR看房、在线展会等新业态快速发展。线上消费领域从原有的实物消费、居民消费加速向服务消费、生产领域延伸。

五、促进四川消费转型升级发展的几点建议

（一）建立收入增长长效机制，提高居民消费能力

收入是消费转型升级发展的基础，要加快建立收入增长长效机制。一是高度重视成渝地区双城经济圈建设上升为国家战略的重要意义，加快实施收入倍增计划，提升国民收入与战略地位的匹配度，实现收入、消费与经济发展的良性互动。二是要稳生产稳就业，落实落地"六稳""六保"政策措施，实施援企稳岗补贴政策，多渠道拓岗位促就业。三是完善收入分配制度，多措并举提高劳动者报酬，提高中等收入群体比重，增强居民购买力。四是完善社会保障机制，努力消除居民消费的后顾之忧。在提高社会保障统筹层次的同时，建立各项社会保障制度之间的协调机制，尽快解决好进城务工人员的社会保障问题。五是努力提升人力资本，保障充分就业，加强职业教育培训，全面提升劳动者综合素质和就业质量，努力实现社会就业更加充分。

（二）提高消费市场供给能力，实现高水平供需平衡

一是大力发展与消费需求结构相适应的产业体系。加大对四川农副产品加工业、食品加工业、纺织服装业等轻工业的扶持力度，发展附加值高的农产品加工市场，满足居民基本生活需求。做大做强四川本土知名品牌，发展川酒、川茶、川烟、川木等四川优势名品，以市场为导向，完善产品产业链，着力满足多层次市场消费需求。建立绿色建材、新能源汽车、环保产品等绿色消费品生产体系。加快构建以金融服务、信息服务、科技服务、商务服务、流通服务为主的生产性服务体系，推动"互联网＋传统产业"的发展。二是加快发展满足居民多样化个性化需求

的消费供给体系。积极应对人口结构变化，弥补"一老一小"服务体系短板，大力发展社区养老服务业，加快建设婴幼儿社会化照护体系。加快健康美容、家庭管家等高端生活服务业发展。加快完善房地产供应体系，针对居民住房需求合理调整住房供应结构，提升住房品质，规范和发展住房租赁市场。三是加快旅游资源开发和产业体系建设。旅游业产业链条长，对住宿餐饮、交通运输、文化娱乐等行业带动性强，是四川消费市场恢复发展的关键。四川旅游资源丰富，应进一步加快打造富有特色的旅游线路和旅游产品，加快景区交通、停车场、旅游服务平台等基础设施建设，结合各地旅游资源特色，大力发展生态旅游、文化旅游、乡村旅游、都市旅游等。四是推动农村居民消费升级。四川更多的消费需求在三四线城市和农村，要加大对适应农村地区需求的商品的研发力度，组织开展汽车展销下乡等活动，鼓励和支持消费新业态新模式向农村市场拓展，有效激发农村地区消费需求。

（三）推动消费模式创新，加快释放消费潜力

一是进一步培育壮大各类消费新业态新模式。大力发展在线教育、在线医疗、在线文娱、智慧旅游、智能体育等新业态。支持依托互联网的外卖配送、网约车、即时递送等新业态发展。探索发展智慧超市、智慧商店、智慧餐厅等新业态。二是推动线上线下融合消费双向提速。支持互联网平台企业向线下延伸拓展，加快传统线下业态数字化改造和转型升级，引导实体企业更多开发数字化产品和服务，鼓励实体商业通过直播电子商务、社交营销开启"云逛街"等新模式。加快推广农产品冷链服务新模式，组织开展形式多样的网络促销活动。

（四）加大基础设施建设，促进居民消费升级

一是加快完善便民消费网络。优化便利店网点、菜市场布局，推动品牌连锁便利店发展，充分发挥经营灵活、贴近社区居民的优势，打造便民生活服务圈。二是做好城镇老旧小区改造工作，支持快递收发站、便利连锁店、城市停车场、新能源汽车充电设施等便民设施建设。三是增加公共产品供给，加快园林绿化、文化艺术场馆、体育健身设施、居民休闲娱乐、养老健康等公共服务设施建设，更好地满足居民多元化发展需求。四是继续加大农村基础设施补短板力度，健全农村流通网络体系建设，有效激发农村地区消费需求。

（五）营造安全消费环境，提振居民消费信心

一是应加快建立健全质量管理体系，实施更严格的质量标准和监管措施，取消免检制度，严格执行产品准入制度，严格执行原料进货检查验收、生产过程控制、出厂检验等制度，切实保证产品质量安全。二是加快构建消费品标准体系和服务标准以及售后评价体系，提升消费市场服务水平。三是加快消费领域信用体系建设，加大对假冒伪劣、虚假宣传、网络欺诈等行为的惩罚力度，维护消费者合法权益。

（六）建立健全政策体系，做大做强供给主体

一是构建公平开放市场环境，积极培育壮大各类消费供给主体，鼓励民间资本进入城市配套设施建设、养老、医疗、教育、文化等基础设施和公用事业领域，鼓励民营企业进入云计算、物联网、大规模定制化生产等新经济的产业链增值环节或细分行业。二是推动降低生产要素成本，切实降低一般工商业特别是商业的用电、用水、用气等价格，加强写字楼、商铺等租金价格和物业管理价格监管。

负责人：徐　莉（四川师范大学）
成　员：车茂娟（四川省统计局）
　　　　　　周　怡（四川省统计局）
　　　　　　吴晓伟（四川师范大学）
　　　　　　袁秀洋（四川师范大学）
　　　　　　张　明（四川师范大学）
　　　　　　王世仪（四川师范大学）
　　　　　　雷文杰（四川师范大学）

疫后四川重要农产品稳产保供的长效机制研究

农产品稳产保供是重要的民生工程。有效保障城乡居民"米袋子""菜篮子""肉盘子"安全,是维护社会稳定、稳住"三农"基本盘,更好发挥"三农"压舱石作用的基础和关键。重要农产品供给不足,小则会影响居民的正常生产生活秩序,大则可能造成社会动荡。2020年以来的新冠肺炎疫情曾造成部分地区居民的心理恐慌,出现抢购和囤积粮油现象。疫情持续时间长,影响范围大,部分粮食主产国还曾出台限制粮食出口的政策,进一步加剧了粮食市场的不稳定局面。2020年中央1号文件明确提出,要"持续抓好农业稳产保供和农民增收,推进农业高质量发展,保持农村社会和谐稳定,提升农民群众获得感、幸福感、安全感"。4月17日中央政治局会议提出要做好包括"保粮食能源安全"在内的"六保"任务。四川是农业和人口大省,确保重要农产品的稳产保供,对保障全省8300多万人口的粮食安全和生活稳定,维护经济社会发展大局,如期实现脱贫攻坚和全面建成小康社会目标任务具有不可替代的作用。

一、四川重要农产品的供需状况

本文所指重要农产品主要包括粮食、猪肉和鲜菜(含食用菌)。

(一)粮食产量增长缓慢,产需缺口巨大

四川是全国13个粮食主产区之一,也是西部地区唯一一个粮食主产区。但是,近年来粮食产量增速缓慢,产需矛盾较为突出。2014—2019年,四川粮食产量从3324.6万吨增长到3498.5万吨,增长了5.23%,年均增长1.02%;粮食播种面积从6250.0千公顷增长到6279.0千公顷,增长了0.46%,年均增长0.09%(如图1所示)。粮食消费量增长了10.72%[①],年均增长2.06%,高于产量增长率;其中,口粮消费减少了5.78%,饲料用粮和工业转化用粮增长了23.54%。产需缺口扩大

---

① 粮食消费数据由四川省粮食和物资储备局提供。出于数据保密的需要,此处隐去绝对量,仅用相对量反映。

了 23.57%。从未来发展趋势看，随着人口的自然增长和城镇化、工业化进程加速，产需缺口会进一步扩大，"引粮入川"的数量也会持续增加。

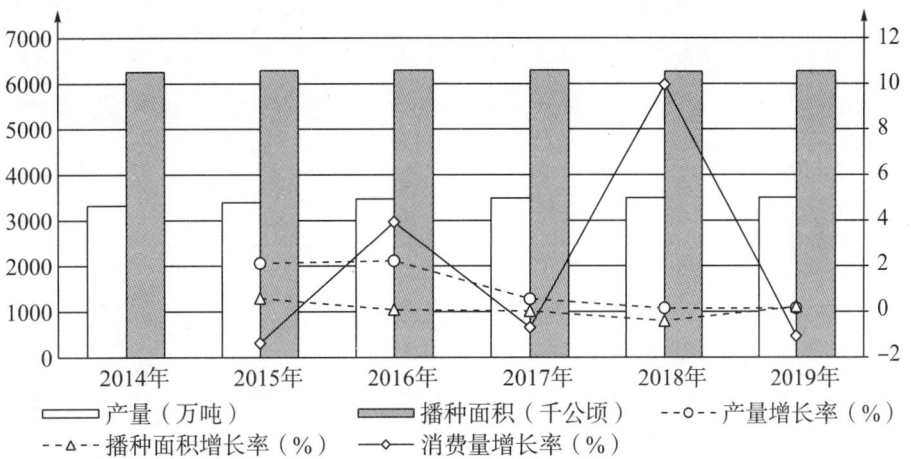

图1　2014—2019年四川粮食产量、播种面积和消费量变化情况

资料来源：粮食产量和粮食播种面积数据来源于历年《四川统计年鉴》，粮食消费量数据由四川省粮食和物资储备局提供。

分品种来看，2014—2019年，稻谷、小麦、玉米三大主粮品种产量从2695.2万吨增长到2778.1万吨，增长了3.08%；其中，稻谷产量从1450.5万吨增长到1469.8万吨，增长了1.33%；小麦产量从298.0万吨减少到246.2万吨，减少了17.38%；玉米产量从946.7万吨增长到1062.1万吨，增长了12.19%。稻谷播种面积从1892.0千公顷减少到1870.0千公顷，减少了1.16%；小麦播种面积从814.0千公顷减少到611.1千公顷，减少了24.92%；玉米播种面积从1739.0千公顷增加到1844.0千公顷，增长了6.04%（见表1）。

表1　2014—2019年四川稻谷、小麦、玉米产量和播种面积变化情况

年份	稻谷产量（万吨）	稻谷播种面积（千公顷）	小麦产量（万吨）	小麦播种面积（千公顷）	玉米产量（万吨）	玉米播种面积（千公顷）
2014	1450.5	1892.0	298.0	814.0	946.7	1739.0
2015	1465.2	1879.0	284.5	747.0	992.3	1817.0
2016	1467.3	1874.0	259.6	684.0	1068.0	1866.0
2017	1473.7	1875.0	251.6	653.0	1068.0	1864.0
2018	1478.6	1874.0	247.3	635.0	1066.3	1856.0
2019	1469.8	1870.0	246.2	611.1	1062.1	1844.0

资料来源：历年《四川统计年鉴》。

从人均口粮消费量来看，2014—2019年，人均口粮消费量从147.62千克下降到142.70千克，下降了3.33%。由于膳食结构的改变，肉、禽、蛋、奶等食物消

费增加,导致口粮消费下降。从价格变化情况来看,2014—2020年上半年粮食价格基本稳定,价格指数略有下降(如图2所示)。

从粮食供需平衡情况来看,四川粮食产不足需,缺口逐年扩大,未来主要依靠加大"引粮入川"的力度和仓储流通基础设施的改善,以满足日益增长的粮食需求。

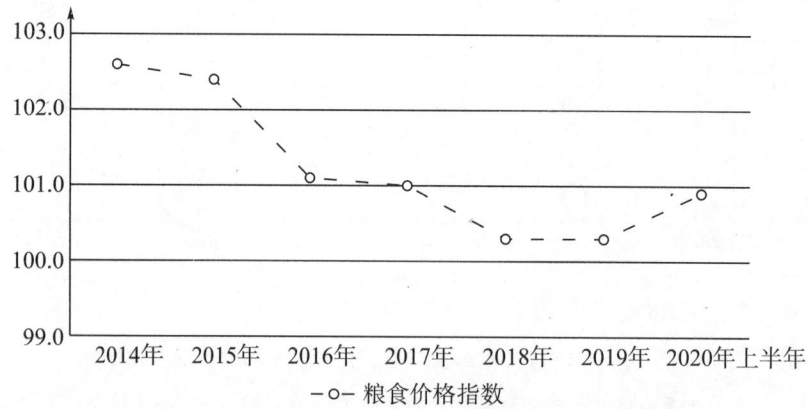

图2　2014—2020年上半年四川粮食价格指数变化情况

资料来源:四川省统计局。

(二)猪肉产量锐减,价格大幅上涨,消费量下降

四川是全国生猪养殖第一大省,也是猪肉消费大省,除自身消费外,每年还要大量外调以支援外省。2014—2019年,生猪出栏头数从7445.00万头减少到4852.60万头,减少了34.82%;猪肉产量从527.20万吨减少到353.68万吨,减少了32.91%;消费量从277.34万吨增加到279.39万吨,增长了0.74%。但受非洲猪瘟的影响,2019年生猪出栏头数同比减少16.9%,猪肉产量同比锐减26.5%,猪肉消费量同比下降了13.8%(如图3所示)。

从人均猪肉消费量来看,近年来基本保持增长态势,2018年达到38.86千克的峰值,而2019年受产量大幅减少和价格大幅上涨的影响,人均猪肉消费量为33.36千克,同比下降14.15%。2018年以来,猪肉价格大幅上涨,价格指数从96.0上涨到2020年上半年的174.6,上涨幅度达到81.88%(如图4所示)。

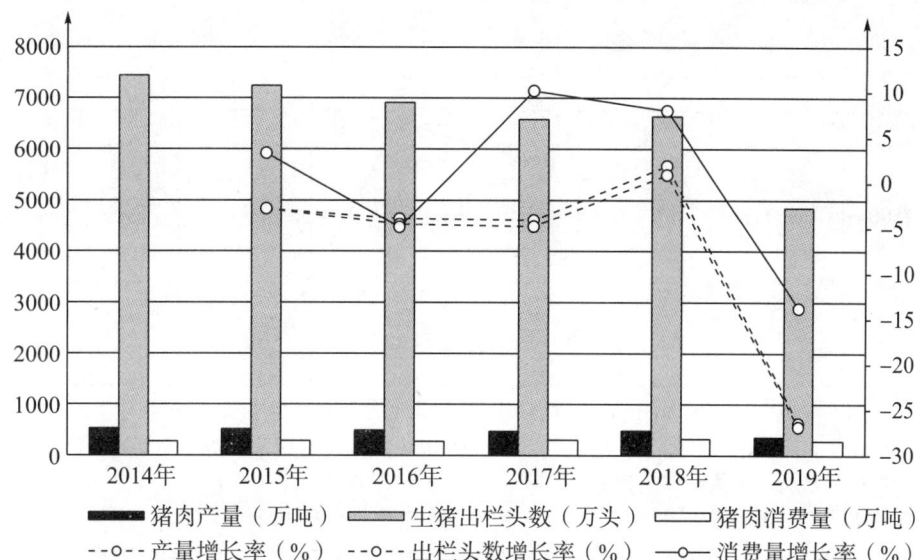

图3　2014—2019年四川猪肉产量、生猪出栏头数和消费量变化情况

资料来源：历年《四川统计年鉴》，消费量数据根据年人均消费数据和常住人口总数计算得出。

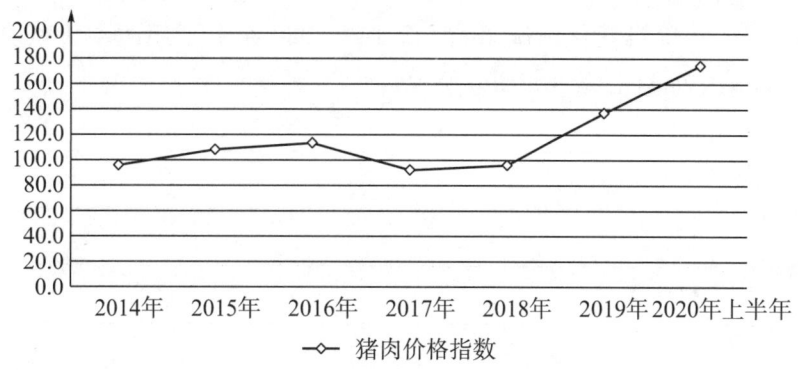

图4　2014—2020年上半年四川猪肉价格指数变化情况

资料来源：四川省统计局。

（三）鲜菜产大于需，价格基本稳定

四川是全国重要的蔬菜产区，是"南菜北运"和冬春蔬菜生产基地。经过多年的发展，蔬菜已成为四川种植业中栽培面积最广、产出量最大的经济作物，面积、产量均位居全国前列，不仅保障了全省人口蔬菜的基本需求，而且常年外销到全国各地，有效保障了全国蔬菜市场供给。2014—2019年，鲜菜及食用菌产量从3838.35万吨增长到4639.1万吨，增长了20.86%，年均增长3.86%；播种面积从1242.0千公顷增加到1413.0千公顷，增长了13.77%，年均增长2.61%；消费量从1001.00万吨减少到993.75万吨，减少了0.72%（如图5所示）。

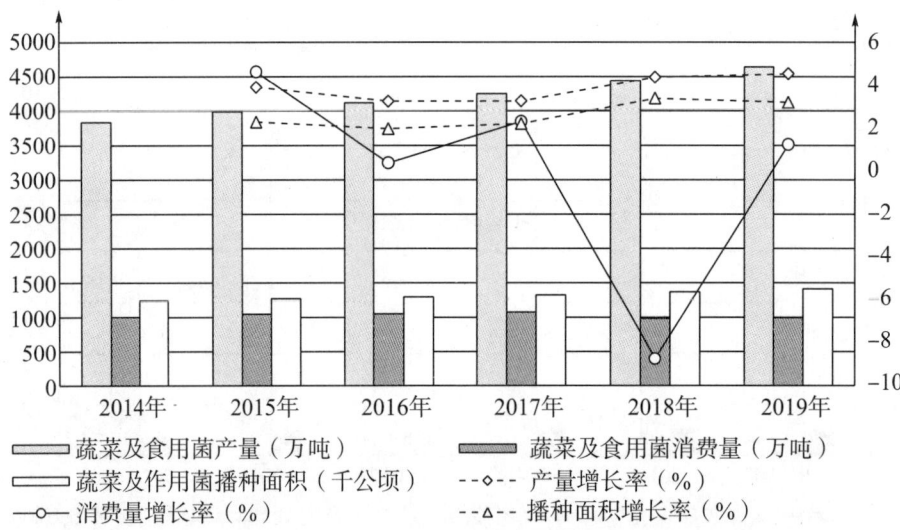

图 5　2014—2019 年四川鲜菜及食用菌产量、播种面积和消费量变化情况

资料来源：历年《四川统计年鉴》，消费量数据根据年人均消费数据和常住人口总数计算得出。

从人均鲜菜消费量来看，2014—2019 年从 122.97 千克下降到 119.14 千克，下降了 3.11%。从价格变化情况来看，2014—2020 年上半年蔬菜价格基本稳定，价格指数在波动中略有上涨（如图 6 所示）。

图 6　2014—2020 年上半年四川鲜菜及食用菌价格指数变化情况

资料来源：四川省统计局。

二、四川重要农产品稳产保供面临的突出问题

（一）粮食生产的总体形势不容乐观

近年来，四川在全国粮食生产中的地位逐年下降，粮食产量从 2004 年的全国

第 3 位下降到 2019 年的第 9 位，粮食贡献指数位列 13 个粮食主产区最末。粮食产不足需，结构性矛盾突出，每年"引粮入川"的数量约占自身粮食生产量的 1/3，并且从粮食剩余区转变为粮食短缺区，成为"粮食主产区中的主销区"。为了提高粮食综合生产能力，2014 年《四川省粮食生产能力提升工程建设规划纲要（2014—2020 年）》开始实施，并划定了 90 个粮食生产重点县（市、区），粮食产量有所增长，但增幅不大，稻谷产量年均增长率仅为 0.38%。而且，自 2006 年以来，稻谷播种面积已连续 13 年下降。小麦播种面积和产量已经连续 20 多年下滑。四川作为农业和人口大省，今后相当长一段时期，保障粮食安全将面临更加复杂的形势和更加严峻的挑战。

（二）农业生产的要素约束增强

1. 土地资源约束加剧

近年来，通过落实最严格的耕地保护政策，四川耕地面积快速下降的局面有所遏制，但从农业生产能力提升的角度来看，仍然面临诸多困难。一是土地细碎化严重，人均耕地面积少。2018 年按户籍人口计算的人均耕地面积仅有 1.106 亩，低于全国 1.455 亩的平均水平，且坡耕地面积比重高，平原仅占 7.7%，推行农业适度规模经营的难度大。二是耕地质量不容乐观，主要表现为中低产田面积大且污染严重，对农业单产水平的提高有明显的制约作用。在全省耕地中，中低产田面积占七成以上，造成农产品产量年与年之间稳定性较差。三是耕地撂荒现象严重，尤其是丘陵、山区等偏远地区的耕地撂荒形势更加严峻。由于大量青壮年劳动力外出务工、农业劳动力短缺、地理条件限制、种植比较效益低、土地流转机制不健全、农业机械化程度不高等，部分地区农村耕地大面积撂荒。据开江县 2020 年 6 月对任市镇响水滩、甘棠镇马号等山区村的调查，约有 3 成耕地撂荒；另据广元市利州区的调查，全区有 1.9 万亩耕地撂荒，约占全区耕地面积的 15.5%。耕地撂荒严重，复耕难度大，使原本数量不多的耕地更加稀缺。

2. 劳动力老龄化严重

据第三次全国农业普查数据，2016 年，四川农业生产经营人员中，55 岁及以上的人员占比为 38.1%，比全国的 33.6% 高出 4.5 个百分点；初中以下学历的农业生产经营人员占比为 94.9%，比全国的 91.8% 高出 3.1 个百分点，其中未上过学的农业生产经营人员占 9.0%，比全国的 6.4% 高出 2.6 个百分点。农业劳动力老龄化趋势明显且受教育年限低，接受新技术的能力有限，致使四川面临严峻的"谁来种地"困局。

3. 农业科技推广体系薄弱

纵向来看，虽然四川农业生产条件也在不断改善，但粮食产量的增长水平仍然较低,表明传统农业的精耕细作达到较高水平之后,单纯依靠改善生产条件来提高粮食产量的作用有限,未来应主要以科技进步作为粮食增产的新动力,着力提高单产水平。但是,目前的关键问题在于没有建立起有效的技术推广机制,公益性技术推广困难。当前农业科技推广人才队伍面临人员素质偏低、队伍不稳定、工作积极性不高等现实问题,严重制约了农业科研成果的转化和应用。在乡、镇基层推广机构中,具有大专以上学历的推广人员相当少,还有很大比例的中专以下文化程度的人员在从事农业技术推广工作。同时由于专业学习和技能培训的机会少,在职农技人员知识断层、老化,知识更新速度缓慢。近年来,农民专业合作社虽然在农业技术推广方面发挥了一定作用,但由于综合实力较弱,带动能力有限。这些都在一定程度上影响了农业新技术的推广应用和效益发挥。

(三)农户种养殖意愿不强

1. 农户种粮的积极性不高

主要表现为粮食生产成本上升,种粮利润减少。2018年,四川中籼稻、小麦、玉米三种粮食生产的平均总成本为18539.40元/公顷①,比2009年提高了10288.5元/公顷②,增幅为124.70%。粮食生产成本上升主要是物质和服务费用、人工成本上升和土地成本增加所致;粮食生产成本的快速上升导致粮食生产的净利润急剧下降,2018年,中籼稻、小麦、玉米三种粮食生产的平均净利润为-3626.40元/公顷,比2009年减少了5261.40元/公顷(如图7所示)。

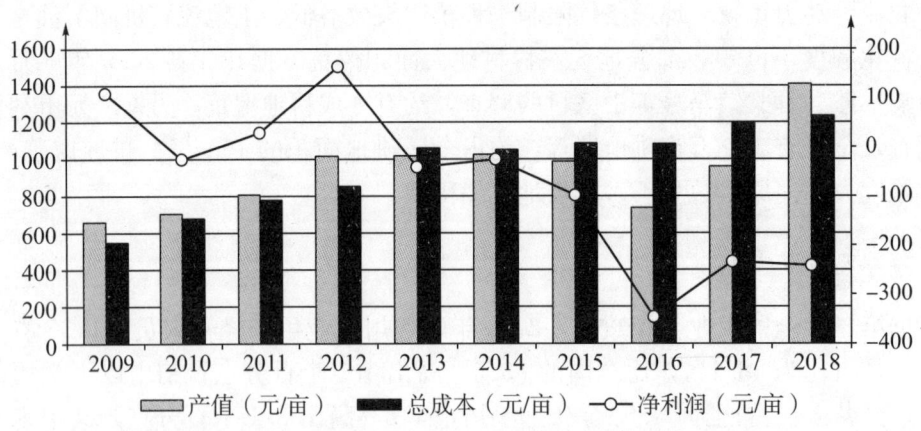

图7 2009—2018年四川省三种粮食生产的产值、成本与利润变化

资料来源:历年四川省主要农产品成本收益情况报告。

---

① 四川省2018年主要农产品成本预测分析,四川省人民政府网,http://www.sc.gov.cn/10462/10464/10797/2018/6/6/10452516.shtml。

② 2009年数据来源于苗芊《四川省2009年主要农产品成本收益情况分析》,载于《四川物价》,2010年第4期,第12~18页。

2. 农户养殖意愿不强

受非洲猪瘟和新冠肺炎疫情的双重影响，农户的生猪养殖意愿不强。当前养殖户对复产增养仍然信心不足，愿望不强烈，众多养殖户仍处于观望状态。由于非洲猪瘟防治难度大，许多养殖户担心猪瘟再次爆发，短期内不愿意增养。

（四）农业生产条件较为薄弱

1. 耕地有效灌溉面积增长缓慢

四川耕地有效灌溉面积占耕地面积的比重一直低于全国平均水平。2000—2018年，四川耕地有效灌溉面积增长了18.5%，占耕地面积的比重从38.37%提高到43.45%，提高了5.08个百分点；全国有效灌溉面积增长了26.9%，占耕地面积的比重从41.81%增长到50.60%，提高了8.79个百分点。四川有效灌溉面积数量少、占比低，导致农业生产抵御自然灾害的能力较弱。

2. 农业机械化水平较低

四川农业机械化水平远低于全国平均水平。2018年，全国主要农作物耕种收机械化水平为67%，而四川为59%，比全国平均水平低8个百分点。农业机械化水平的提高能够节约人工劳动，降低农业生产的人工成本，提高农业生产效率。四川农业机械化水平较低，丘陵山地面积大，难以实施机械化耕种，需要有针对性地从政策上大力扶持并加快发展。

（五）物流基础设施薄弱

1. 冷链物流设施建设不足

农产品流通连接生产和消费，是稳定市场供给和促进农民增收的重要载体，是脱贫攻坚内生动力的重要保障。但是，四川大多数生产基地及销售终端尤其是批发市场农产品预冷库、保温保鲜仓库、冷藏库等设施较为缺乏，大多数运输设备不具备保温保鲜功能，导致农产品的储藏、加工和运输能力不足，制约了农产品物流的发展。

2. 农产品物流主体的组织化程度不高

目前四川省的农产品物流还处于商物合一的初级阶段，农产品生产者的采购和销售的运输大都由其自行解决，第三方物流发展缓慢。以农户为主体的生产主体经营规模小，结构松散，竞争力差。贫困地区特别是深度贫困地区仍以"小农生产"为主，生产经营分散、集中度较低，交通不畅，物流成本高，生产与消费市场信息不畅，农产品直采直销较少，产品的商品率较低。以龙头企业为代表的流通主体规模弱小，功能不齐全，供应链组织困难，物流系统的运作主体比较单一，以农产品加工企业为主的龙头企业在市场上的影响力有限，很难成为农产品供应链的核心主体。

3. 农产品物流主体之间信息流通不畅

农产品物流信息贯穿于农产品物流活动的始终，从产前、产中到产后，在每一个阶段、每一个环节物流信息都应作及时处理。目前，四川农业信息网络不健全，缺乏一个统一规划设计的信息系统，市场供求信息不能快速传递，物流的信息化应用较低，农户获得市场信息的成本偏高。由于缺乏有效的信息导向，农资和农产品物流生产和流动具有一定的盲目性，难以应对市场需求的变化。同时，物流供应链上企业之间缺乏统一的信息平台以供各企业进行信息交流，造成本应多边共赢的企业相互之间缺乏必要的了解，阻碍了农产品供应链的发展。

（六）粮食企业经营状况堪忧

1. 国有粮食企业亏损严重

近年来，由于地方储备粮轮换出入库费用不断上涨，市场粮价总体上涨且波动较大，新陈粮食价差过大，但储备粮轮换的财政费用补贴标准偏低，导致承储企业储备粮轮换价差亏损严重，储粮越多，亏损越严重，企业缺乏储粮的积极性。

2. 成品粮加工产能过剩情况严峻

目前，我省大部分大米和食用植物油加工企业的加工量远远小于设计产能。规模小、竞争力弱的企业难以维持正常运行，处于半停产状态，开工不足，设备利用率不高，优质产能不足。

3. 传统加工行业整体发展水平较低

目前我省粮油加工企业"小、散、弱"的局面普遍存在，缺乏具有产业带动能力的大型成品粮油加工龙头企业。中小粮油加工企业运行成本上升较快，盈利空间不断压缩，提档升级面临瓶颈制约。初加工、粗加工产品多，产品品牌影响力仅限于县域、市域辖区内，知名品牌少。

（七）价格监测预警机制不健全

1. 价格监测主体不明确

当前，从事农产品市场信息采集工作的部门很多，采集信息的方式和要求各不相同，存在资源浪费和不经济现象，采集种类和标准的不同甚至可能引起最后分析结果的较大差异。

2. 信息采集标准缺失

不同规格、不同时点上市的农产品在市场上往往表现为多个价格。从产品形态和时间来看，种植类产品种类繁多，肉禽类产品生产和流通端形态不一致；从空间来看，不同的监测方法会导致区域信息共享障碍，这些都给数据信息的采集和利用带来很大困扰。由于原始数据的不准确进而造成统计分析结果的误差，不利于市场公平交易的进行。

3. 信息发布机制不健全

开展农产品市场监测预警的最终目的，是服务于农产品的生产者和经营者，服务于政府的宏观调控决策。但由于当前绝大部分商品价格已经放开，由市场形成，而价格监测点的人员不足、专业监测素质不高、监测方式简单，存在重监测轻分析现象，部分监测点实际上只起到了报价的作用，不能有效发挥价格监测点信息窗口作用。

4. 监测人员的工作积极性不足

由于没有专门从事价格监测工作的机构，除省级承担价格监测工作的部门外，省级以下承担价格监测工作的人员基本都是兼职，工作任务重，难以把主要精力投入价格监测工作中。而且，承担价格监测工作的机构大部分没有专门的监测经费，许多单位靠行政经费或事业经费及其他渠道的经费来承担工作，经费负担较重，难以保障价格监测工作的顺利开展。

三、疫后四川重要农产品稳产保供长效机制的构建

重要农产品稳产保供涉及生产、流通、储备、消费等环节，要做到重要农产品产得出、运得走、备得足、买得起，需要建立重要农产品的生产激励机制、产销衔接机制、储备调节机制和价格稳定机制。

（一）产销衔接机制

产销衔接是稳产保供的关键。无数事实证明，在农产品供给形势总体向好的情况下，风险往往出现在流通环节。如果流通不畅，即使有供给，也无法顺利送达消费者手中。新冠肺炎疫情期间封村断路，流通受阻，对城乡居民的生产生活造成了严重影响，再次验证了畅通产销的重要性。产销衔接机制重点突出"畅"字，即农产品市场供应要运输畅通、物流畅通和信息畅通，关键要抓好加强产销衔接、拓展流通渠道、优化应急网点、创新配送模式等重点工作。

1. 加强产销衔接

一是深化粮食产销合作。实施四川粮油"走出去"行动，积极组织粮油企业参加中国粮食交易大会和产销对接会。大力培育大型跨区域粮食企业，鼓励通过合资、合作、参股等方式共同组建跨区域的粮食收储、加工和经营企业，发展长期稳定的产销合作关系。加强与传统粮源地开展多种形式的产销合作，跨区域建立商品粮生产和收储基地、加工园区、营销网络。加强政府层面战略协作，加快推进成渝双城经济圈和万达开川渝统筹发展示范区建设，逐步扩大产销合作规模，加快大型综合物流园区建设，畅通物流通道，提高粮食流通的组织化程度。探索"物联网＋大数据＋云计算"等新技术在粮食产销合作中的应用，支持粮食企业互联网发展。

二是畅通"菜篮子"产品的销售渠道。摸清辖区内在田蔬菜种类、面积、产量，准确掌握本地需求、外调能力和购入需求。进一步落实好"菜篮子"产品运输"绿色通道"政策，加大产品调运力度，保障市场供应，同步监测区域内供需变化和跨省跨区供给调运情况，减少重大危机发生对农产品产地和销地相互衔接的影响。农产品流通企业和新型农业经营主体通过参股控股、兼并收购等多种方式形成产销优势互补、风险利益共担共享的股权投资合作企业，形成产销联动。积极开展"菜篮子"产品市场指导和产销对接工作，加强信息沟通，积极协调产区和销区构建稳定的对接关系。积极指导"菜篮子"产品生产企业、专业合作社和农户做好目标销地策划，特别是协助做好线上线下流通、物流运输渠道联系对接工作，确保产销两旺。应急情况下，由政府指定一批经营规模大、社会责任感强的生产、批发和零售企业，依托大型农产品批发市场、超市、商场、便利店、农贸市场建立应急商品投放体系，形成快捷便利、协调运转的市场应急供应机制。

2. 优化应急网点

一是加快推进省级综合性应急保供中心建设，形成省、市、县三级联动机制。建立由多部门协同组成的应急指挥机构，明确分工、完善职责，建立快速响应机制。以保障应急突发事件下农产品市场供应充足、价格平稳为目标，全面考虑人口、地理区位、交通、自然灾害风险等因素，建立健全粮食、蔬菜、肉类等重要农产品应急配送网络，实现区域性联动应急保供。

二是按照统筹安排、合理布局的原则，每个市（州）指定一批交通便利、设施较好、常年具备加工能力且符合应急加工条件的大中型粮油加工企业作为应急加工定点企业。加强粮食应急供应网点的建设和维护，以应急供应网点城乡全覆盖为原则，确保每个乡镇、街道、社区至少有一个应急供应网点。在城镇人口密集区域，以现有应急供应点、成品粮油批发市场、军粮供应站（点）、农贸市场、超市等为基础，新增一批应急供应点，增强辐射功能。在边远少数民族地区、灾害易发多发地区，适当增加应急供应网点，以保障应急状态下居民的购买需求。

3. 创新配送模式

一是加快建设一批区域性骨干粮油应急配送中心，加强智能化配送能力建设，并重点向民族地区、灾害频发地区倾斜，以提高突发事件中粮油等重要农产品的集中应急供给、调运及配送能力。全力打造以应急配送中心为基础，以农贸市场、生鲜超市和零售网点为补充的农产品市场流通体系。建议每个市州建立一个大中型粮油应急配送中心，有条件的县（市、区）改造建设一个区域性粮油应急配送中心，形成覆盖全面、布局合理、运作高效、保障有力的粮油配送网络。

二是发挥粮食骨干企业和应急加工企业的引领和稳定市场价格的作用，组织有序增加成品粮油商品库存投放，加大与大型超市、批发市场、农贸市场的对接，优先保障粮源需要，督促及时补足柜台货架，增强消费者信心。

三是大力发展农村商品物流，构筑农村商贸流通网络，鼓励连锁企业和超市向农村延伸。政府部门积极协调，帮助企业、种养殖户搭建线上平台，鼓励农产品进行线上销售。通过"农田直采＋点对点配送"即"消费者线上下单，农户现场采摘，企业分装发货，快递到家"的模式，提高物流效率。

四是建立"菜篮子"产品直通车制度，积极引导企业、农户与超市、学校、社区建立供货机制，扩大"农超对接""农居对接""农校对接"范围，拓宽"直采直供"模式，打通双向流通渠道，减少流通环节。组织农产品团体采购活动，开展"无接触配送服务"，培育"生鲜电商＋冷链宅配""中央厨房＋食材冷链配送"等新业态。

（二）储备调节机制

储备调节是保供稳价的重要抓手。储备作为调节供需关系和平抑市场价格的"蓄水池"，应突出"实"字，即储备充实、责任落实，重点应做好完善收储制度、强化储备能力、增加储备品种等工作。

1. 完善收储制度

一是建立和完善粮油、蔬菜、猪肉等重要农产品的常态化储备制度。建立健全中央储备和地方储备、政府储备和社会储备协调机制，保持中央储备粮规模基本稳定，全面完成地方储备粮增储任务。鼓励符合条件的多元市场主体参与地方粮食储备相关工作。借鉴目前粮食专项储备、政策性临时储备的经验，探索建立蔬菜、肉类等重要农产品的调控储备，专门用于稳定市场。建立蔬菜、肉类应急储备调控中心，与主要蔬菜、肉类生产基地建立长期的蔬菜、肉类应急储备合作制度。鼓励当地龙头企业与外省蔬菜及肉类生产企业鉴定供货约束协议，有效降低经营成本，提高肉菜保供能力。

二是强化重要农产品的应急储备。为避免出现居民在农产品供不应求时的心理恐慌，粮食储备应采取常态储备与应急储备相结合，确保储备充足、调运及时。适应粮食需求变化，合理确定粮油储备规模，适当增加优质品种的储备比例，地方储备口粮品种比例原则上不低于70%。调整储备结构，政策性储备与市场化需求相衔接，适时在品种之间进行调整。以稻谷、小麦、油茶籽储备为主，适当增加玉米储备。成品粮油储备一般应达到10～15天的应急供应量。蔬菜和肉类储备应根据当地"菜篮子"产品生产消费实际情况，确定"菜篮子"产品储备品种（耐贮蔬菜、肉类）和储备数量，加强肉菜储备调运及产销衔接，保障"菜篮子"主要产品均衡供给，价格稳定。

2. 强化储备能力

一是按照"政府引导、统筹规划、突出重点、分级实施"原则，根据粮食产业发展、产销状况、运输条件和应急保障需要，建设高标准储备库，提档升级仓储设施，逐步形成省、市、县三级仓储设施体系健全和大型粮库、骨干粮库、小型收储库点相辅相成的仓储网络体系。积极推动粮食仓储退城入园，促进仓储物流相对集聚。新建一批容量较大、储粮功能完善的标准化智能粮库，重点推进一批带动性强、配套设施齐全、现代化水平高的粮食仓储物流综合项目建设。加快推进智能仓库、低温仓库和绿色仓库等现代仓储设施建设，做好仓储设施维护的常态化。加快推进三州及少数民族地区老旧仓房的维修改造与升级，切实改善仓储条件，提高仓储和应急保供能力。

二是根据我省物流交通条件，充分考虑行政区划、粮源、收购量、储存量、粮食流向等因素，优化仓储布局，改善仓储结构，提升仓储功能。重点加强粮油生产大县（市、区）、城镇人口密集区、灾害频发地区和关键物流节点的仓储能力建设，完善收储网点，提升收储网点的收购、储备、保供综合能力。

三是加强政策支持和资金投入，重点培育发展一批大型龙头加工企业。按照区域日均粮油消费需求量，建立一定比例的粮油应急加工能力储备机构。加大成品粮油应急低温储备库建设的支持力度，严格落实储备任务，确保每个县保有一定数量的成品粮油应急储备机构。

四是建立社会责任储备，核定一批规模以上粮食加工企业加强社会责任储备。鼓励粮食经营企业建立合理商业储备。

3. 增加储备品种

一是加强农资储备。农资是农业生产的基础，尤其是农业的季节性决定了重要生产时节必须要有足够的农资产品与农事活动相匹配，种子、化肥、农药、农机装备要及时在各个生产环节实现供需对接。在应急情况下，必要的农资储备有利于保障农业生产经营活动的正常开展，降低不利影响。

二是加强饲料储备。四川是生猪养殖大省，饲料需求量大。新冠肺炎疫情导致养殖户损失的一个重要方面就是难以及时获得充足的饲料，对此同样要做好储备工作。

（三）价格稳定机制

农产品价格是一把双刃剑，价格上涨虽对生产者有利，但会增加消费者负担；价格下跌虽对消费者有利，但会打击生产者的积极性。价格稳定机制要突出"稳"字，即价格稳定、市场稳定，要做好加强监测预警、完善调控机制、完善应急预案、强化价格监管等重点工作。

1. 加强监测预警

一是按照预防为主、治理为辅的原则，以保障重要农产品供需总量平衡为总要求，推进准确及时的农产品价格监测体系建设。加强价格监测预警基础建设，加快推进县（区）、乡镇农产品市场信息监测中心建设，健全价格预警制度，完善应急监测保障机制，确保信息监测网络全覆盖。

二是切实搞好鲜活农产品生产、粮油库存及加工供应、市场动态监测、预测预警、信息发布与舆情管控工作，密切关注重要农产品的产销动态，充分了解农产品批发市场、农贸市场、农（商）超等一线农产品供需及市场价格变动情况。优化价格预警分析模型，以面粉、大米、食用油等主要粮食品种或单一品种市场价格在15天内涨跌幅20％为基准，及时发出价格预警信息，并做好各项应急供给准备工作。

三是充分利用云平台、大数据技术优化信息资源配置，进一步强化农产品价格监测预警信息化水平。应急情况下，启动粮油市场监测预警日报告制度，全面准确掌握粮情动态，做好信息预测预警发布工作，切实增强工作的预见性、针对性和有效性，着力抓好粮源组织和落实，特别是小包装成品粮油的生产和调度。

2. 建立调控机制

建议对重要农产品实行价格稳定带制度。其基本作用机制为，政府首先根据农产品的供需价格弹性确定一个农产品市场价格合理区间，最低限为最低保证价格，最高限为最高干预价格。当农产品市场价格低于政府确定的最低保证价格时，为维护农民利益、保护农民生产的积极性，政府指定的政策执行机构按照最低保证价格挂牌收购农民出售的农产品，增加储备；当农产品市场价格高于最高干预价格时，为保证市场平衡运行，政府指定的政策执行机构将农产品储备投放市场，以增加供给、平抑价格；当市场价格处在稳定价格带以内，政府对价格不采取干预措施，由市场机制自发调节价格；当市场价格接近最低保证价格或最高干预价格时，发出价格预警信号，并做好价格干预准备，以稳定消费者预期。在农产品储备不足的情形下，可以通过紧急调运等措施增加市场供给，把价格控制在稳定价格带以内。

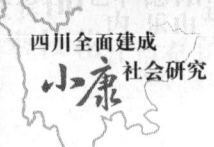

3. 完善应急预案

为了有效监测和控制各类突发公共事件或者其他原因引起的农产品价格异常波动,确保市场供应,保持市场价格基本稳定,建议尽快制定并出台《四川省粮食应急预案》《四川省"菜篮子"产品市场供应应急预案》,完善《四川省突发重大动物疫情应急预案》。建立重要农畜产品保供稳价应急机制,健全组织体系和应急响应工作机制,对重大疫情或自然灾害等异常情形及时做出反应,加强形势分析和风险研判,提升应急处置能力。

4. 强化价格监管

强化农产品价格监管机制,建立和完善农产品市场监管协作机制。建立以信用监管为基础的新型监管机制,优化信用评价标准和办法,全面建成企业信用监管体系。建立和完善检测机构、科研院所和专家学者参与的专业性抽查机制。加大执法监察力度,依法查处不执行明码标价、价格欺诈、串通涨价、囤积居奇、哄抬物价等价格违法行为。各地市场监管部门针对农产品价格波动情况,及时组织对生产、流通等各个环节的市场价格检查。

四、疫后四川重要农产品稳产保供长效机制的政策保障

(一)完善农业补贴政策

1. 提高农业补贴资金使用效率

进一步提高农业补贴政策的指向性和精准性,归并整合各类涉农资金,集中财力物力,重点加强农业综合生产能力建设。整合相关资金设立农田建设补助资金,大力支持高标准农田和农田水利建设。运用耕地地力保护补贴资金,鼓励各地创新方式方法,以绿色生态为导向,引导农民自觉提升耕地地力;支持利用农作物秸秆综合利用、农机深松整地、畜禽粪污资源化利用等资金,推进土地保护利用工作。利用生猪养殖补贴资金重点支持生猪规模养殖场(户)新建、改建和改进节水养殖工艺和设备、建设粪污资源化利用配套设施,助力尽快恢复生猪产能。

2. 加大财政资金统筹力度

严格落实"菜篮子"市长负责制,加大财政资金统筹力度,结合实际支持"菜篮子"产品生产企业改善安全防护措施,支持蔬菜规模化生产经营主体提升生产保供能力。加大冷链仓储物流建设的财政支持力度,重点支持家庭农场和农民合作社完善田间地头冷藏保鲜设施,不断增强农产品生产供给的弹性和抗风险能力。

3. 实施贷款贴息支持

用好用活产业扶贫资金,通过"公司+农户(贫困户)"等方式,建设一批标准化养殖场。对农民专业合作社、专业大户、家庭农场、农业社会化服务组织等新型农业经营主体的固定资产贷款和流动资金贷款,以及农业产业化龙头企业固定资产贷款给予贴息支持。省财政进一步加大贴息补助力度,采取"政银担"的模式,对有融资需求的从事粮油、蔬菜、禽蛋肉等民生物资生产的农业经营主体发放贷款,省财政筹措资金予以贴息支持,缓解经营主体融资难、融资贵问题。

(二) 加大金融支持力度

1. 深化银企合作

积极协调金融机构加大对粮食和蔬菜生产、畜禽养殖主体的再贷款支持力度。积极开展银企对接,细化实化具体措施,简化审批程序,全力保障重要农产品生产和农资供应信贷资金需求。指导政策性担保机构加大对"三农"产业的融资担保服务,深化与金融机构间的合作,全面加强和改进金融服务,健全农村金融服务体系。切实降低担保费率,减少反担保要求,扩大抵押担保物范围,着力缓解"三农"普惠领域特别是农民专业合作社及社员担保难、融资难、融资贵、融资慢的问题。

2. 加大涉农贷款投放

把支持"米袋子""菜篮子""肉盘子"工程作为服务"三农"的重点工作。针对"米袋子""菜篮子"工程,金融机构对重点信贷支持客户实施名单制管理,围绕农产品生产、加工、流通、销售全链条,放宽信贷审批权限,优化抵质押办法。应急情况下,金融机构要开辟快速审批绿色通道,简化审批流程,保障信贷规模,实施减费让利;推广线上"非接触式"金融服务,加强线上经营能力建设。针对"肉盘子"工程,围绕生猪产业发展重点客户和关键环节,积极支持生猪养殖、屠宰加工、运输流通以及饲料生产、疫病防控、畜禽粪污资源化利用等生猪全产业链客户。以生猪调出大县、大型养猪企业和规模化生猪养殖场为重点,突出支持规模养殖企业和养殖大户,带动中小养殖场户发展。

3. 开展农业信贷担保

充分发挥农业信贷担保体系作用,针对受新冠肺炎疫情影响较重的地区,保民生急需的粮、油、肉、菜等生产和流通企业,适当增加担保额度;应急情况下,所有新型农业经营主体提供的融资担保,担保费减半收取;对于供应直接保障民生的粮油、蔬菜、禽蛋肉等民生物资生产的农业经营主体,降低保费率,支持新型农业经营主体恢复生产和提高产能。

（三）强化政策性农业保险支持

1. 加大以奖代补支持力度

坚持"突出地方主责、体现激励导向、助力乡村振兴、循序渐进实施"的原则，以保险经办机构市场化运作为依托，以农户、龙头企业、专业合作组织等投保主体自主自愿为前提，按照事权与支出责任相适应的要求，在市、县财政自主开展并给予特色农业保险保费补贴的基础上，省级财政给予奖励性补贴，奖补重点向地方优势特色农产品倾斜。以"一县一品"地方特色农产品保险为目标，实施特色保险奖补政策，以充分调动市、县政府开展特色农业保险积极性。

2. 创新保险产品

鼓励农业保险经办机构进一步研发与丰富保险产品，鼓励开展由"保产量"向"保收入"转变的产品创新，开发和推广指数型农业保险，大力推广目标价格保险和收入保险，不断扩大政策性农业保险的覆盖面，更好地满足新型农业经营主体多元化保险需求，助力农村一、二、三产业深度融合发展。建立全面覆盖区域内小农户生产的主要产品品种的农业保险制度，扩大针对小农户生产的农业灾害保险的范围，将粮食、蔬菜、关键畜产品、温室大棚、畜禽养殖设施设备、农业机械等纳入政策性农业保险险种，更好地满足小农户多样化保险需求，助力小农户与现代农业有机衔接。同时，鼓励各县（市、区）继续开展保险品种创新，根据各自特色，确定各地特色农业的保险险种。同时，积极探索建立以政府为主导、政策性保险为主体、商业性保险参与、其他社会力量为补充的多层次大灾风险损失补偿体系，切实提高农业经营主体抗御大灾风险的能力。

3. 促进农业保险组织创新和再保险的发展

在完善商业性农业保险机构的同时，推进互助性、合作性农业保险的发展，利用互助保险在控制道德风险、运营成本方面的制度优势，推进农业保险的普惠性发展，同时进一步完善农业再保险体系和功能、机制。

负责人：汪希成（西南财经大学）
成　员：谢小蓉（西南财经大学）
　　　　　　谢冬梅（西南财经大学）
　　　　　　咸军凯（西南财经大学）
　　　　　　刘洁璇（西南财经大学）
　　　　　　牟镘朵（西南财经大学）
　　　　　　车茂娟（四川省统计局）
　　　　　　王丹美亚（四川省统计局）

金融集聚助推成渝地区双城经济圈协同发展研究

一、研究背景及现状

（一）研究背景

在 2020 年 1 月 3 日召开的中央财经委员会第六次会议上，习近平总书记提出"要推动成渝地区双城经济圈建设，在西部形成高质量发展的重要增长极"。由"成渝经济走廊"到"成渝经济区"，再到"成渝城市群"，以及现在的"成渝地区双城经济圈"，体现了中央顶层设计对川渝地区发展的战略重视。建设成渝地区双城经济圈对于促进新形势下的区域协调发展，引领西部地区高质量发展有重要意义，对于四川和重庆，既是历史性机遇，更是重大责任。

成渝地区双城经济圈位于长江上游，地处四川盆地，北接陕甘，南连云贵，西通青藏，东邻湘鄂，包括四川 15 个市和重庆 31 个区县，区域面积 20.6 万平方千米，是我国重要的人口、城镇、产业集聚区，是引领西部地区加快发展、提升内陆开放水平、增强国家综合实力的重要支撑，在我国经济社会发展中具有重要的战略地位。作为我国西部经济活动最活跃的区域，2000 年以来成渝地区双城经济圈经济增速明显高于全国增速。特别是近几年来，四川省后发加速态势愈加强劲，2019 年四川地区生产总值超过 4.66 万亿元，稳居全国第六。2019 年重庆地区生产总值超过 2.36 万亿元，人均地区生产总值排名全国前十[①]。

伴随着经济的快速发展，成渝地区双城经济圈金融业总量在不断发展壮大，金融基础设施和金融监管持续优化，金融创新稳步推进。银行业作为成渝地区双城经济圈金融业务的主要支柱，2018 年成渝两地的金融机构本外币存款余额分别为 38004.67 亿元和 36887.34 亿元，金融机构本外币贷款余额分别为 33294.70 亿元和 31425.87 亿元，商业银行存贷款增幅基本保持在 10% 左右。成渝地区双城经济圈证券业也有长足发展，2019 年年底四川辖区证券公司营业部 427 家、期货公司营

---

① 数据来源：四川省统计局，重庆市统计局。

业部51家，证券开户数1839.0万户，比上年末增长15.6%，全年证券交易额127385.5亿元，比上年增长28.7%，继续保持西部地区领头羊的地位。重庆共有证券营业部205家，证券公司总部1家，证券分公司42家，全年全市通过境内证券市场累计融资2197.74亿元。成渝地区双城经济圈保险业发展迅猛，两地的保险机构从无到有，险种从少到多，保障范围从小到大，实力由弱到强，2018年成渝两城的保费收入分别为927.1亿元和806.24亿元①，未来发展空间巨大。此外，重庆境外资本市场服务中心于2019年成立，该中心是重庆搭建本土企业境外上市或融资的服务窗口，旨在不断提升重庆经济证券化整体水平，促进金融服务实体经济。2019年11月，《天府·中国金融科技指数》在成都发布，四川金融科技指数位居全国第六、西部省份第一。四川银行业金融机构总资产、存款余额和贷款余额均居中西部第一。

成渝地区双城经济圈是中西部地区具有显著优势的增长极，它以成都、重庆为中心，具有承东启西的战略优势。该经济圈无论是在资源要素、产业基础、人口资源等因素上都有较大发展潜力。建设双城经济圈，核心就在于要突出成都、重庆两个中心城市带动作用。早在1993年，成都便曾被国务院定位为西南地区金融中心；2010年，国务院进一步明确"强化成都中心城市功能，建设成为全国重要的金融中心"；2018年2月，成都召开建设国家西部金融中心大会，提出"加快建设服务治蜀兴川战略、服务国家'一带一路'建设的西部金融中心"。重庆作为整个西部地区唯一的直辖市，凭借强大的政策及区位优势，在城市发展的崛起和升级过程中，成为我国长江上游的战略枢纽和西南地区最大的多功能现代化国际都市，这为将重庆打造成为"长江上游金融中心"奠定了坚实的基础。2003年，重庆已成为西部金融机构集聚高地；2007年，重庆的定位是长江上游地区金融中心；2013年，重庆从长江上游地区金融中心调整为长江上游区域性金融中心；2017年，重庆发布《重庆建设国内重要功能性金融中心"十三五"规划》；2019年，重庆发布《重庆国际金融中心建设方案》，打造内陆国际金融中心。

一个经济圈，两个金融中心，难免会引起竞争和摩擦，尤其在现有行政区划分格局下，成渝地区双城经济圈竞争多于合作，经济圈内各个经济主体之间的内耗加剧，导致发展推进过缓。相较于长三角和珠三角两大发展久远的经济圈，成渝地区双城经济圈内金融资源的各类资源配置效率不高，活力不足，地区生产总值处于弱势地位，经济综合实力弱于长三角经济圈和珠三角经济圈。此外，成渝双城资源整合力度不够，产业结构定位和发展方向存在雷同和不相适应的缺陷，虽然近几年来川渝两省市也积极采取了诸多措施和行动促进双方优势资源的整合互补，但由于两省市行政区划的分割，资源整合力度不够，各要素市场的发展与长三角、珠三角经济圈还存在一定差距。尽管四川的上市公司数量在西部地区名列首位，但是劳动力

---

① 数据来源：统计年鉴，金融运行报告，CSMAR数据库。

的自由流动性、用工的工种限制以及高技术人才等方面与东部经济圈相比存在较大差距。此外，成渝地区双城经济圈地方法人金融机构实力偏弱，区域性产权交易市场不够活跃，交易规模相对较小，缺乏全国性且有重要影响力的交易市场。综上，成渝地区双城经济圈的金融发展还存在较大空间，有待进一步推进。

实践证明，金融尤其是金融集聚效应对区域经济的发展具有显著的支撑和推动作用。金融集聚是货币资金、金融工具、金融机构、金融企业、金融市场、金融监管部门及其跨国金融机构在某地域高度集中，通过市场联系和非市场联系，形成相互竞争、相互合作的产业群体。金融集聚能够带来人才、资本和稀缺资源的集中，主要表现为金融资源的高度集中、金融机构间对基础设施和信息资源的共享、金融监管部门对金融市场的有效监管等。金融集聚可以带来金融机构间的相互协作和基础设施共享，有利于所在地区的经济发展；能够通过金融资源在周边地区的充分流动和优化配置，带来周边地区交易的增长、投资的繁荣和经济的发展。例如，在国家政策的支持下上海与北京不断吸收金融资源，聚集大量优质金融企业与金融机构，成为新的国际金融中心，通过其金融聚集效应带动周边区域经济发展。此外，金融集聚和金融中心之间存在相辅相成、互为因果的关系。一方面，当金融产业集聚发展到一定程度，金融资源和金融机构在某一城市大量集中，形成健全的金融体系和完善的金融市场时，该城市就会发展成为地区金融中心，当金融集聚程度进一步加深，地区金融中心进一步发展成为全国金融中心甚至国际金融中心；另一方面，金融中心的形成和发展也会进一步吸引各种金融资源、金融机构和金融市场的聚集。

建设成渝地区双城经济圈，核心就在于要突出成都、重庆两个中心城市的带动作用，以两个极核来带动整个成渝地区乃至西部地区的发展，促进产业、人口及各类生产要素和金融资源的合理流动和高效聚集。

因此，从金融集聚角度入手，研究成渝双城的金融集聚情况，找准存在的问题，分析问题产生的原因，探索在金融聚集客观规律的作用和政府积极的推动下如何发挥成渝双城金融中心的作用，是非常值得研究的课题。成渝地区双城经济圈要想实现经济协同发展，成为西部地区的增长极，必须改善中西部地区的金融发展环境，同时加强成渝双城金融中心的建设，促进成渝双城的金融集聚，提高两中心城市金融发展的带动作用和辐射作用，提高该区域金融资源的配置和使用效率，从而促进成渝地区双城经济圈的社会经济协同发展。

（二）研究意义

一是促进成渝地区双城经济圈经济社会协同发展。2000年以来成渝地区双城经济圈经济发展取得了巨大的成绩，经济增速明显高于全国平均水平，圈内投资、地区生产总值等均有显著提升，尤其是成渝双城地区生产总值位于全国前列。然而两地在发展中却没有真正达到双赢效益，在经济和金融发展中仍然存在一些问题：

地区经济综合实力弱于长三角经济圈和珠三角经济圈，人均地区生产总值增速总体较低；金融业发展水平不足、就业吸纳能力弱，金融资源发展和配置发展相对滞后，中心城市金融发展的带动作用、辐射效应也有待提高。与东部经济圈相比，成渝地区双城经济圈地方法人金融机构实力偏弱，区域性产权交易市场不够活跃，交易规模相对较小，缺乏全国性且有重要影响力的交易市场。本文将结合成渝地区双城经济圈的发展现状，对比其他经济区的发展情况，找出其发展不足的根本原因，探索解决问题的具体措施。

二是催生凸显成渝地区双城经济圈金融聚集效应。成渝地区双城经济圈在西部地区经济发展中占有极其重要的地位，成渝地区双城经济圈的良好发展对西部大开发的推进和长江上游经济的发展都将产生极大影响。本文从金融服务经济的角度切入，比较成渝地区双城经济圈和长三角、珠三角经济圈的金融集聚现状，为成渝地区双城经济圈金融集聚的优势和不足之处把脉。金融集聚根据行业不同分为银行业集聚、证券业集聚和保险业集聚，通过对比不同行业的集聚效应对经济发展的贡献程度，明确成渝地区双城经济圈金融产业发展的主要动力和痼疾，这对推动成渝经济协同发展具有重要意义。

三是助推成渝双城金融资源互补、协同合作。对比成渝地区双城经济圈内两大核心城市成都和重庆的金融集聚发展现状，有助于理性看待两市的金融发展成果及条件优势，处理好两市的合作竞争关系。其中，成都拥有较大规模的金融市场和数量较多的金融机构，重庆拥有较完善的金融机构种类和快速的增长势头，两市应突破行政壁垒限制，着力加强金融集聚，发挥比较优势，让信息资源充分流动，共同构建一个良性互动、资源共享、共建共治的区域金融发展机制。同时，以两市带动地方性金融机构发展，逐步实现城乡金融一体化，缓解金融发展不平衡难题，从而促成成渝地区双城经济圈的经济协同发展。

(二) 国内外研究现状

1. 金融集聚形成机理和影响因素

Kindleberger（1974）认为，金融市场中存在的规模经济形成了金融市场的集聚现象，同时信息不对称加剧了金融集聚。Krugman（1991）指出，与制造业相比，金融业的集聚现象更明显，伦敦金融空间集聚的重要因素是技术外溢导致的外部性。Lee 和 Marwede（1993）以集群内的金融生产、创新运作方式和集群彼此间的竞争关系作为具体研究对象，指出金融产业集聚间的竞争关系与金融服务业生产环境、生产条件和生产能力有关。Porteous（1995）认为，金融中心形成的原因大致可以从信息的外在性、信息腹地、地域依赖等方面来解释。Leyshon（1995）认为，已有的银行分支机构及溢出效应、金融文化、居民收入和层次以及居民的金融素养也是导致金融机构集聚的重要因素。Gehrig（1998）把影响金融产业集聚的因素分为离心因素和向心因素，离心因素包括企业垄断、市场进入限制和政府直接干预，而向心因素则包括市场流动性、信息溢出效应和规模经济。Naresh，Gary 等（2001）探讨了金融集聚形成原因。从供给方面看，金融集聚有助于获得大量高素质的专业劳动力，使金融中心所提供的配套服务，例如法律、精算、会计等更加完善；从需求方面看，金融企业可以通过定位在金融集聚区的高声誉降低信息不对称导致的逆向选择和道德风险问题。Taybor，Beaverstock 等（2003）认为，经济行为的社会根植性是导致金融集聚的根本原因，并从正反两方面实证分析了英国伦敦的集聚现象，结果表明，高素质的专业人才、良好的声誉、接近顾客等因素推动了伦敦金融产业集聚的发展，而官僚主义、拥堵的交通则是伦敦金融城主要面临的威胁。Simon，Zhao 等（2005）的实证研究表明，信息不对称很大程度上造成了金融集聚。李大垒（2010）以我国 1998—2007 年 35 个大中城市作为样本探讨了城市金融集聚的形成原因，结果发现地区生产总值、工业总产值和金融从业人员对城市金融产业的集聚有显著的正向影响，而园林绿地面积和居民储蓄对金融集聚的形成有显著的负向影响。李大垒（2013）的研究进一步表明，职工的平均工资、商业销售水平、教育投入水平、财政支出水平、金融业占地区生产总值的比重等因素对金融城市集聚的发展具有正向作用。

2. 金融集聚与区域经济增长方面的研究

黄解宇（2006）认为金融具有金融集聚效应、金融扩散效应、金融溢出效应等，金融集聚通过金融功能促进实体经济增长，金融通过集聚与扩散过程影响实体经济。林江鹏和黄永明综合分析了金融产业的集聚效应、外部规模经济效应、信息外溢效应、知识学习效应和网络效应，认为这些效应可以促进区域经济发展，并提出我国金融中心建设中的问题对策。陈文锋和平英（2008）对上海金融集聚与经济增长的关系的研究认为，金融集聚是经济增长的格兰杰成因。施卫东（2010）分析了金融集聚网络结构使集聚区内金融产业和相关企业同时受益的情况，以上海为例分析了金融集聚对上海产业结构变动的影响，得出上海金融发展对产业结构升级有促进作用。石沛等（2011）用指数和地理加权回归模型分析了我国金融集聚程度、产业结构空间分布特征及两者在地理空间上的关联性，表明我国金融集聚与产业结构空间分布特征相似，产业结构的调整在空间上带动金融集聚的发展，金融集聚对产业结构发挥反作用力。苏李等通过检验发现，中国金融服务业不是在集聚而是在扩散，运用协整与误差修正模型对东部、中西部的金融服务业地理集聚与经济增长进行研究，结果表明东部地区的金融服务业与经济增长存在明显的相互促进关系，金融服务业促进了当地经济长期增长。张晓燕（2012）实证分析了金融集聚和区域增长之间的关系，结果表明，金融集聚对区域经济增长具有显著的促进作用，同时，银行业集聚和保险业集聚能够显著推动区域经济增长，但证券业集聚对区域经济增长的影响不显著。罗子嫄、何怡庆等（2015）运用耦合模型和熵权法对

2007—2011年华东地区6省1市的金融集聚和经济发展的关系进行综合评价，结果发现，华东地区金融集聚程度和经济发展的非均衡性比较严重，除上海外，其他省份的耦合协调度普遍不高。张帆（2016）从金融资源和金融规模的角度实证分析了我国主要区域2001—2013年金融产业集聚效应变化情况，结果表明经济发达区域的金融集聚效应明显，经济欠发达区域在逐年增强，但整体效果不明显。

由此可见，金融聚集程度与经济发展息息相关，金融效应能够显著推动区域经济增长。

3. 金融集聚影响区域经济增长的机制

由上可知，金融集聚对区域经济增长的影响是显著的。在这种情况下，探讨金融集聚影响区域经济增长的机制既有理论意义，也具有一定的现实意义。

首先，学者们观察了金融集聚对产业结构的影响情况。石沛和蒲勇健（2011）研究了金融集聚与产业结构之间的空间关联机制，表明在空间上产业结构的调整带动了金融集聚的发展，同时金融集聚对产业结构的升级起到重要作用。杨义武和方大春（2013）利用长三角地区2003—2011年的面板数据研究了金融集聚与产业结构变迁之间的关系，结果表明，金融集聚与产业结构的特征如合理化、高级化之间存在着均衡关系，且这种均衡关系是长期稳定的，金融集聚与产业结构的高级化而非合理化推动着产业结构变迁，并且存在较明显的时滞效应；产业结构合理化和高级化能够持续推动金融集聚的发展；同时，长三角地区金融集聚主要是通过资本市场来影响产业结构的变迁。张华林（2014）基于1999—2012年的省际面板数据探讨了金融集聚对中国产业结构的影响，结果表明，从总体上看，金融集聚对产业结构具有显著影响；但分区域而言，东部地区的金融集聚对产业结构有显著影响，而中西部地区的金融集聚在一定程度上影响了产业结构。孙晶和蒋伏心（2015）分析了2003—2007年的省际数据，发现金融集聚对区域产业结构升级具有空间溢出效应，进一步的研究表明银行业集聚对产业结构升级的贡献度要明显大于保险业和证券业，并且呈逐年递增的趋势。

也有学者从金融风险的角度来观察金融聚集，由于高收益项目的风险比低收益项目的风险要大，金融集聚能够分散风险，通过改变资源配置和储蓄率来影响区域经济增长，但目前的实证结论并不一致。黄佳军和蒋海（2010）认为，金融集聚有利于降低金融市场中的信息不对称所造成的逆向选择和道德风险问题，从而有利于防范金融风险。黄佳军（2011）又指出，金融集聚会导致竞争强度的增加，由竞争所引发的金融创新容易加大金融机构和监管机构之间的信息不对称程度，这会提高金融风险，其实证结果表明，金融集聚一定程度上提高了我国银行业的金融风险。

金融业本身技术效率的提高也有助于促进经济增长。金巧强（2012）利用2005—2009年我国25个省会城市的面板数据考察了金融集聚对技术创新效率的影响，结果发现，在我国技术创新活动的资金来源主要是银行贷款，股权和债权融资在很多城市都不发达，这限制了中小企业的创新活动。田菁、孙祎凡等（2014）利用中国 2005—2010 的省级面板数据分析了金融集聚对金融服务业技术效率的影响，发现各个地区的金融服务平均技术效率水平比较低，差距比较大，金融集聚金融服务业技术效率的影响是非线性的，并且依赖于各地区的人力资本质量。其他研究方面，汪潇和姚辉（2011）探讨了金融集聚和城市总部经济发展能力之间的关系，研究发现，较高的金融集聚程度能够显著推动总部经济的发展。杜雪（2014）以"泛珠三角"区域为例探讨了金融集聚的极化和扩散效应，结果表明，广东省金融集聚的扩散效应占主导地位，其他省份金融集聚的极化效应占主导地位。

4. 对已有文献的评价

通过对国内外相关文献的梳理，发现国内外学者对于金融发展与经济增长之间的关系、金融资源以及金融集聚等在不同程度上进行了理论分析和实证研究，为金融集聚的进一步研究提供了基础和空间。

根据以往研究可知金融集聚是指金融资源、金融机构、金融市场、金融监管部门及其跨国金融机构在某地域高度集中，通过市场联系和非市场联系形成的相互竞争、相互合作的产业群体。规模经济、区位优势、交易成本、金融监管环境与税收制度等因素推动了金融产业集聚的形成和发展。

金融机构和金融资源的集聚能够降低交易成本，提高跨地区投融资效率，提高金融资源跨地区配置效率，对金融业和国民经济发展具有重要的外部效应。金融产业集聚能够促进区域经济增长，这一效应可分解对核心区的增长效应和对周边地区的辐射效应两个方面。

以往研究对本文的启示：

第一，关于金融资源的概念和范畴，学术界尚无一致或明确的界定，这样就导致了在研究过程中因定义不明造成变量选取的遗漏或不当。以往对金融资源的研究中大多用银行存贷款简单地替代金融资源，这是不全面的。本文认为，金融资源是指能以货币计价的、对经济发展有重要影响的金融资产和金融负债，包括金融机构存贷款、保费收入、证券筹资、信托、基金等。我们将从金融资源的角度研究金融集聚，并在此基础上进一步探究何种金融资源对促进经济协同发展具有更大的作用。

第二，金融产业集聚的内涵不明确。产业集聚理论已经日益完善，但主要针对制造业或者高新技术产业，对金融产业集聚的研究比较少。本文在产业集聚理论的基础上，结合金融产业的特征，观察金融聚集现象，探寻金融聚集形成机理。

第三，金融（产业）集聚还未形成全面、合理的衡量指标体系。以往学者多以区位熵或金融资源占比来衡量金融集聚程度，这是不全面的。金融（产业）集聚体现为金融资源的空间集中和地区扩散两个方向，此外经济因素及基础设施等非经济因素也影响着金融产业集聚的程度，因此我们拟建立较为全面和合理的金融（产业）集聚衡量指标体系，衡量经济圈中各个经济发达城市的金融（产业）集聚程度和变化，将各个城市分为国际金融中心、国家金融中心、地方金融中心和金融增长极。

第四，对金融集聚与经济增长之间关系的研究大多停留在国家宏观层面，且影响渠道和机制尚未形成一致结论。中国幅员辽阔且经济发展具有明显的不平衡性，应深入地区层面探讨金融集聚与区域经济增长之间的关系。本文从四大经济区和三大经济圈两个角度研究金融集聚和区域经济增长的关系，并进一步探讨不同金融集聚对经济增长的异质性，以及各金融中心对本地区的增长效益和对周边地区的辐射效应，从而为我国金融集聚的发展及国民经济持续发展提供重要的参考建议。

第五，传统的金融发展理论忽视了金融的区域特性，无法从根本上解释金融区域化现象。而现有的金融集聚理论过于强调金融资源的集中效应，往往以产业集聚为基础，忽视了金融集聚的扩散效应以及对周边地区的辐射效应。同时，相关机制理论和实证研究都还不够，得出的政策缺乏针对性。本文将考虑金融的区域特性，观察成渝地区双城经济圈金融集聚的扩散效应和辐射效应，以期提出针对性政策建议。

最后，金融集聚和区域经济增长的关系缺乏深入的实证研究，且存在许多具体问题：在样本区间上，以往研究时间跨度一般较短，使得实证结果往往不具有足够的说服力；在数据选择上，以往研究大多选择横截面数据、时间序列数据；在指标选取上，以往研究多采用传统的货币存量指标，只分析银行存贷款对经济增长的影响。本文拟筛选更为合理的综合性指标，使用面板数据，采用新的计量方法验证金融集聚与区域经济增长之间的关系，以期提高实证的质量和可信性。

（三）研究方法

一是文案调查法。系统搜集及整理相关文献，结合前人成果及相关基础理论，采用文案调查法梳理了金融与经济发展的关系，同时结合金融集聚发展理论，明确了金融聚集、金融资源及三大经济圈（成渝、长三角、珠三角）概念，理清了金融集聚与区域经济发展的相互作用机制，为研究奠定理论基础，构建本文的基本分析框架。

二是描述统计法。通过描述统计法，从经济和金融两个维度观察成渝地区双城经济圈金融与经济发展现状，分析发展过程中的优势与不足。

三是对比分析法。通过对比分析法研究成渝地区双城经济圈与长三角、珠三角两大经济圈的核心产业分布情况和产业差异，找到成渝地区双城经济圈在经济基础、产业结构、金融业发展程度等方面的突出问题并剖析原因。

四是定量分析法。应用定量分析对各经济区的金融集聚情况进行了实证，分析了成渝地区双城经济圈金融集聚的优势和不足，并研究了金融集聚对经济区协同发展的机制和作用，从而探讨成渝地区双城经济圈金融集聚与经济协同发展中存在的问题。

二、理论依据与分析

(一) 金融集聚概念及特点

1. 金融集聚

金融集聚蕴含着十分丰富的内容。国外学者自 20 世纪 70 年代便开始对金融集聚进行研究。Kindle Berger (1974) 最早提出金融集聚这一概念，并指出地域的集中性是金融集聚形成的关键，因为金融活动的参与者更倾向于在某一集中的地方进行交易，在产业逐步发展的过程中，这一现象会越发明显，规模也会随之壮大，从而产生外部规模经济效应，促使更多的市场参与者加入其中，最终形成金融集聚现象。Bosson (2003) 认为金融集聚是指由于金融机构为获取和交流信息而在特定区域快速集聚的过程。国内对金融集聚的研究起步较晚，对金融集聚的内涵也没有形成一致的观点。黄解宇、杨再斌 (2006) 认为金融集聚是"金融资源与地域条件协调、配置、组合的时空变化，金融产业成长、发展，进而在一定地域和空间生成金融地域密集系统的过程"。曾康霖 (2008) 一方面把金融集聚视为产业集聚的结果，另一方面将其看作金融资源在不同区域间的流动。谭朵朵 (2012) 指出金融集聚既是一种产业发展的过程，又是一种状态或结果——功能、层次、规模上金融资源系统的有序演化和地域环境与金融资源相互作用、相互推动的结果。

本文在以往研究基础上进行归纳总结，并结合研究主题，认为金融集聚是指金融行业相关企业围绕其中心，在分工的基础上，通过合作与竞争，使得金融市场、金融机构、金融工具、金融人才等汇聚于相邻地理位置。金融集聚具有内部相互依存和关联度高、资金融通功能强、信息交流成本和交易成本低等特点。金融集聚最终能对所在地区及周边区域的经济活动产生影响，达到助推区域经济增长的目的。

2. 金融集聚的特点及表现形式

金融集聚顾名思义就是将分散的金融资本等融合到一起，体现地域性特征。金融集聚的基础就是要将劳动力、工具、土地、资本等融合到一起，以吸引企业的加入，在这一过程中，在地域上越占有优势，集聚的生产要素越多，企业所获得的效益就越大。随着经济的发展，我国的金融聚集呈现出多样性的特点，表现为：第一，金融集聚现象形成原因的多样性。经济资本的不平衡性以及先天的经济结构造成我国金融集聚存在一定的地域差异性，每个经济区都有自己独特的优势与劣势；金融资源在不同的地点进行流通，必定会造成地区之间发展的不平衡，这也就造成了金融产业的规模、影响、发展情况的差异性。第二，金融产业组成部分的多样性。随着社会经济的发展和进步，金融产业组成部分的形式变得更加错综复杂，造成了金融集聚的多样性特点。第三，金融服务的多样性。随着金融工具、金融衍生品不断推陈出新，金融业由以前单一的服务向多样化的服务转变，满足了市场的多种化需求。

金融集聚的现象多发生在经济相对比较发达，人员流动较大，科技发达的地方，这些地方有着较好的发展基础和发展水平。产业集群是目前金融产业组织的基本组成形式之一。金融集聚的具体表现形式就是人才的集聚、金融机构的集聚、金融合作与交流中心的集聚、金融技术与金融研究的集聚、市场的集聚、金融机构的集聚。

3. 金融集聚效应的形成机理

经济活动在追求利润最大化的动机下，会形成一种空间集中的倾向，这种倾向所产生的正外部性使金融资源在地域间产生了一种时空动态变化过程。在这个过程中，金融系统与非金融系统之间有了进一步的交流，相互影响、不断发展，从而形成了金融集聚。

从金融集聚效应发展的动态过程来看，伴随着实体产业的集聚，金融集聚逐渐形成。在产业集聚和区域经济发展形成的规模经济以及溢出效应等相关因素的综合作用下，金融组织在空间上逐渐聚集。产业的聚集会使区域内的资本需求量迅速增加，进而增加该区域各企业的业务量，客观上使得该地区对于各类金融机构提供的借款、贷款和金融交易等相关服务的需求量增加，由此导致金融集聚。另外，快速发展的金融产业导致金融资源和人才等要素需求的增长，当金融基础设施发展到一定规模，金融资源进入高速流动的状态时，金融产业的发展也必将进入快速集聚的阶段。

从金融集聚效应的静态结果来看，当一个地区的金融业发展到一定规模时，能够实现较高的金融服务效率和畅通的信息传递。从静态功能的角度来看，首先，金融集聚将促进该金融领域大量定价、服务、交易以及信息集散等组织的出现；其次，通过对金融中心各种功能的进一步发掘，可以发现各种金融中心的出现通常伴随着该领域产业集群的诞生，该集群的诞生会促进区域内各行各业的快速发展，进而实现整个区域实体经济的产业集群。

（二）经济圈相关概念

1. 经济圈

经济圈又称大城市群、城市群集合、大经济区、大都会区或都会区集合，指一定区域范围内的经济组织实体，是生产布局的一种地域组合形式，主要从地域的自然资源、经济技术条件和政府的宏观管理出发，组成某种具有内在联系的地域产业配置圈。经济圈通常指疆域极广的国家内部某一特定区域，常为城市群体的集合或在国家经济总量（GDP）中占有很大比重，并对全球经济产生影响。本文所涉及的经济圈为成渝双城经济圈、长三角经济圈以及珠三角经济圈。

表1 三大经济圈概况

经济圈	占地面积（平方千米）	常住人口数（万人）	人口密度（万人/平方千米）	包含省（市）
长三角经济圈	225195	16326.40	0.0725	上海市、浙江省、江苏省、安徽省
珠三角经济圈	54956	6300.98	0.1147	广东省
成渝双城经济圈	239539	10015.49	0.0418	四川省、重庆市

表2 三大经济圈包含城市

经济圈	包含城市	城市个数
长三角经济圈	南京、镇江、扬州、常州、苏州、无锡、南通、泰州、盐城、杭州、嘉兴、湖州、绍兴、宁波、舟山、金华、台州、温州、上海、合肥、芜湖、滁州、马鞍山、铜陵、池州、安庆、宣城	27
珠三角经济圈	广州、深圳、珠海、佛山、惠州、东莞、中山、江门、肇庆	9
成渝双城经济圈	成都、德阳、自贡、泸州、绵阳、乐山、遂宁、内江、南充、宜宾、眉山、达州、广安、雅安、资阳、重庆	16

2. 经济圈协同发展

所谓协同，就是指协调两个或者两个以上的不同资源或者个体，协同一致地完成某一目标的过程或能力。当经济发展到一定水平时，金融资源和金融机构为了追求更高的经济效益和利润，会向该地区集中，形成金融集聚。在此基础上，丰富的金融资源、健全的金融机构和完善的金融市场又会为当地的经济发展提供充足的资金和优质的金融服务，从而推动经济（圈）发展，这样就形成了经济（圈）发展—金融集聚—经济（圈）发展这样一个良性的循环。由此可见，金融集聚和经济（圈）发展是相互作用、相辅相成的，这就是本文所指的协同发展。

我国目前存在的经济圈主要有长三角经济圈、珠三角经济圈、环渤海经济圈以及成渝双城经济圈，不同经济圈的协同发展在指导思想和方法路径上各有特色。结合我国已有的经济圈协同发展理念，本文总结出广泛适用的经济圈协同发展概念，即经济圈协同发展是指以经济圈中心城市建设为载体，以优化区域分工和产业布局为重点，调整优化经济圈内部经济结构和空间结构，形成优势互补、合作共赢的发展新格局。

（三）金融集聚对经济（圈）的影响

近年来，无论是学术界还是产业界，都加强了对金融集聚产生的影响与效应的关注。

1. 金融功能

美国著名金融学教授罗伯特·默顿认为，金融体系具有以下六大基本功能：清算和支付功能、融通资金和股权细化功能、资源配置功能、风险管理功能、信息提供功能、激励功能。按金融功能理论，金融发展将有利于提高资源配置效率，提高风险管理能力，引导储蓄和社会资本向区域中心转移和集中。通过提高资金周转速度和资本使用效率，推动实体经济发展和产业转型升级，最终提升区域经济发展水平和发展质量。

金融集聚可以更好地深化金融的基本功能。金融集聚通过外部规模经济效应、资源优化配置效应、创新激励效应和累计循环因果效应来深化金融的基本功能并进一步推动经济的发展。

（1）外部规模经济效应

金融机构集聚和金融服务机构集聚是金融集聚的内涵之一。得益于金融集聚的外部规模经济效应，整个地区的融资成本大大减少，金融机构以及金融服务机构得到迅速发展，提高了金融专业化服务水平，促进经济发展。金融集聚中心存在规模效应，金融集聚中心减少了资金的流动与结算成本，促进了不同区域间资金流的融合与转移，经济发展迅速。金融集聚通过促进不同区域间金融信息交流和资源共享而获得规模经济效应。

（2）资源优化配置效应

Wurgler（2000）发现金融集聚程度越高的国家，资源配置效率越高。金融集聚提高了金融服务的专业化分工水平，金融资源的使用效率也随着金融系统专业化程度的提高而得到提高。Levine（1997）等人将金融集聚效应对区域经济发展的作用机制提炼为以下几个方面：第一，金融集聚可以通过集聚居民手中的储蓄来促进投资；同时，金融产业集聚降低了金融机构获取信息的各项成本，从而改善了资源配置，金融中心能够聚集和重组区域内的金融资源，提高资源的使用效率；金融集聚有利于分散和降低风险，从而促进金融创新；完备的金融制度可以降低交易费用，推动专业化、技术创新和经济增长。

（3）创新激励效应

金融人才集聚是金融集聚的内涵之一，金融集聚区拥有丰富的创新资源，通过金融体系促进各产业的技术进步与发展。完善的金融体系更能促进专业化市场分工的形成和技术创新。金融集聚可以分散技术创新风险和加快技术转化，有效缓解技术创新的信贷约束，从而提高创新水平。此外，金融集聚带给经济圈的不仅是资金，还有更多的商业信息，这些信息推动商业模式的发展，促进产业结构的转型。技术的提高、管理的改良、市场的扩大、人才的流入、信息的涌入为经济圈提高金融创新速度和效率、降低交易成本提供了重要保障。

（4）累计循环因果效应

发展水平较高的地区，金融发展与经济发展具有双向互动作用，即金融集聚与经济增长之间存在累计循环因果效应。金融集聚通过金融系统的功能对经济增长起促进作用，而经济增长又能反作用于金融集聚，促进金融资本的增长，从而促进金融集聚系统的发展。但是在发展落后的地区，金融集聚只能单方面推动经济的发展。

2."极化—涓滴（涓流）"效应

金融集聚由金融集聚效应和扩散效应促进经济增长，正如赫希曼所提出的"极化—涓滴"效应对区域经济的促进作用。首先，金融集聚可以借助金融产业的自身优势，利用金融产业与其他产业发展的关联性效应，有效促进地方产业结构的优化与升级，加速区域经济发展。其次，金融集聚发展到一定程度必然会产生金融辐射效应，以带动周边城市的经济与本区域经济的高效融合。

金融集聚效应通过网络效益、规模经济效应、产业强化机制效益，加快技术进步、促进区域经济增长。一个经济圈的经济增长来自该区域的增长极。金融集聚的扩散作用会使得经济圈内的中心城市对其他城市产生一种效益，即"极化—涓滴效应"。"极化—涓滴效应"通过金融集聚中心城市向其他城市建立网络增加投资等方式促进其他城市经济的增长。一般一个金融集聚区域首先形成增长极，通过投资增加、产品创新、增设分支机构等方式，使得资金集聚、融资渠道增加，金融活动更加便利，最终扩散到经济实体。可见，使金融资源在空间领域进行集聚并发挥辐射效应是当代金融业的发展趋势和显著特征，因此，提升地区金融业的集聚度和辐射功能是促进该地区金融业竞争力提升的关键。

但是，无论从上述两方面的任何一个方面出发，对金融发展程度不高的地区，金融集聚对经济圈的"马太效应"是不能忽视的，金融资源分布不均、金融机构不良竞争、中小企业适应困难等问题都会阻碍经济圈的协同发展。

三、成渝地区双城经济圈金融集聚的发展现状

（一）成渝地区双城经济圈经济增速高，金融集聚发展潜力大

金融集聚需要良好的经济环境支撑。2011—2018年，成都、重庆、上海和深圳分别作为成渝地区双城经济圈、长三角经济圈和珠三角经济圈的中心城市，经济都保持高速增长。虽然在经济总量上，成都、重庆与上海和深圳依然存在较大差

距，2018年成都、重庆经济总量分别为15343亿元和20363亿元，上海和深圳经济总量分别为32680亿元和24222亿元。但从地区生产总值增速来看，2019年，成渝地区双城经济圈的经济增速为7.5%，分别比长三角经济圈和珠三角经济圈的经济增速高0.5和0.7个百分点。成渝地区双城经济圈后发优势明显，发展潜力巨大。

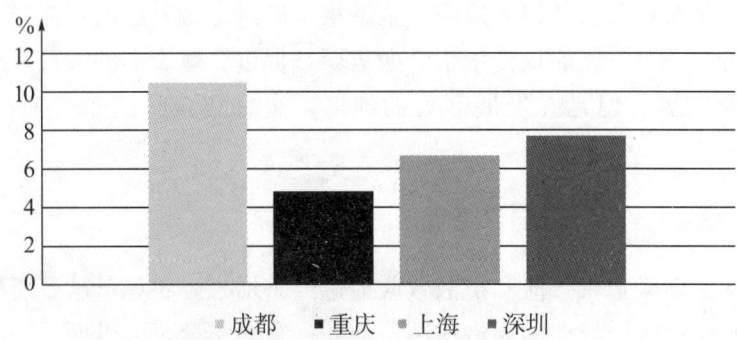

图1 经济圈中心城市地区生产总值

数据来源：各城市统计年鉴。

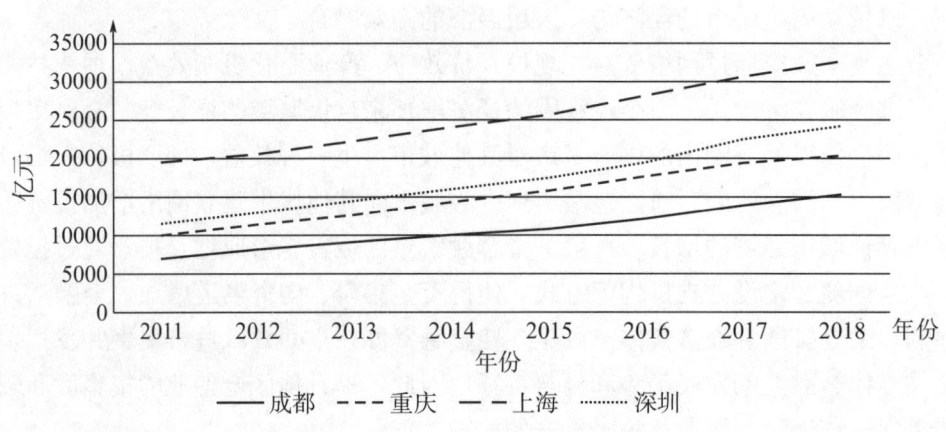

图2 2018年中心城市经济增速

数据来源：各城市统计年鉴。

（二）成都金融机构规模较大，重庆金融机构门类较多

成都金融机构呈规模化聚集。截至2018年年底，成都共有各类金融机构及中介服务机构2600余家，其中银行业机构84家、保险业机构94家、证券业机构334家、地方金融机构900余家。2018年，成都银行成为省内首家上市银行，资产规模跃升至4840亿元，华西证券登陆A股，深交所西部基地落地，成都知识产权交易中心揭牌，区块链知识产权融资服务平台获批。同时，成都也成为金融后台服务和外包机构集聚地，截至2018年年底，共有大型金融后台中心16家，中小型30余家，外包服务机构170余家。

重庆金融机构门类齐全。截至2018年年底，重庆拥有银行业机构109家、保险业机构57家、证券业机构291家。随着全国首家互联网消费金融、全国首家专业信用保证保险、西部首家民营银行等一批具有突破意义的法人金融机构在重庆落地，重庆成为中西部金融机构门类最多的城市。2018年上交所资本市场服务重庆基地成立，是上交所在西部地区与地方共建的第一个资本市场服务基地。

（三）成都集聚区建设成效显著，重庆金融市场优势突出

成都高度重视金融集聚区建设，形成了交子公园金融商务区核心发展载体、天府国际基金小镇等金融集聚区。截至2018年年底，交子公园金融商务区累计入驻各类金融及配套机构超过2122家，天府基金小镇成功引入基金公司330余家，成为西部最大的基金产业园区。成都有外资银行16家，外资保险机构25家，同样高度重视国际化金融交流合作，近年来先后举办2016年第三次G20财长和央行行长会、国际金融科技论坛、2018亚信金融峰会等重量级国际化金融会议。

表3 2018年成都、重庆各项金融指标

一级项目	二级项目	成都	重庆
金融综合实力	2018年全球金融中心指数排名	79	未上榜
	2018年中国31个金融中心城市排名	5	8
金融业绩效	本外币存款余额（亿元）	37826.00	36887.34
	本外币贷款余额（亿元）	32637.00	32247.75
	保费收入（亿元）	927.00	806.24
	上市公司数量（个）	95	50
	股票总市值（亿元）	7600.00	4700.00
	金融业产值（亿元）	1750.15	1942.33
	金融业从业人员数量（万人）	22.83	18.21
金融机构规模	银行业机构数量（个）	84	109
	保险业机构数量（个）	94	57
	证券业机构数量（个）	334	291
	证券交易所西部基地数量（个）	1	0
金融市场开放程度	外资银行机构数量（个）	16	21
	外资银行中作为西区管理的数量（个）	10	17
	外资保险机构数量（个）	25	49

数据来源：《2019年成都金融行业创新服务白皮书》。

重庆处于"一带一路"和长江经济带"Y"字形大通道的连接点上，经由重庆，可以深入中国西部腹地并直达中亚和南亚，战略地位突出，吸引了一批国际金

融机构入驻，保持着较高的市场开放度。截至 2018 年年底，重庆拥有 21 家外资银行，且在其中 17 家担任西区管理者，拥有中外合资及外资保险机构 49 家，2019 年举办的中新金融峰会被视为重庆打造国际金融中心的重要平台。

四、成渝地区双城经济圈金融集聚面临的问题

（一）成都、重庆两地金融业落后于上海、深圳，集聚程度亟待加强

1. 金融业发展落后于上海、深圳

工业和建筑业作为第二产业的代表性行业，其产值能够反映第二产业发展水平。2018 年，成都、重庆、上海、深圳四城工业产值分别为 5663.75 亿元、5997.70 亿元、8694.95 亿元和 9254.00 亿元，建筑业产值分别为 926.82 亿元、2331.09 亿元、1071.75 亿元和 724.46 亿元。整体而言，成都、重庆两地的工业产值落后于上海和深圳，成都的工业产值低于重庆，但近几年来成都增速较快，2018 年重庆工业产值较上年略有下降。重庆建筑业表现突出，产值居于四城之首，且一直保持较高增速。对比而言，成都和上海建筑业产值差距不大，深圳居于最末。相较于重庆，其他三城的建筑业发展速度平缓。

金融业在国民经济中处于牵一发而动全身的地位，关系到经济发展和社会稳定，具有优化资金配置和调节、反映、监督经济的作用。房地产业作为拉动中国经济发展的支柱产业，横跨生产、流通、消费三大领域，在增加财政收入、创造就业机会、改善居住条件、带动相关产业和促进经济发展等方面有着十分重要的作用。2018 年，成都、重庆、上海、深圳四城金融业产值分别为 1750.15 亿元、1924.33 亿元、5781.63 亿元和 3067.21 亿元，房地产业产值分别为 780.34 亿元、1134.72 亿元、1992.52 亿元和 2080.42 亿元。相较于作为高水平金融中心的上海和深圳，成都、重庆两地的金融业发展落后，处于低水平，房地产业产值也维持在较低水平，存在较大发展空间。成都和重庆金融业的整体发展水平相近，产值增速保持一致，但重庆在房地产业产值上总体高于成都，且近年来增速略快于成都，有缓慢扩大差距的趋势。

表 4　成都、重庆、上海、深圳金融业及房地产业产值

年份	金融业产值（亿元）				房地产业产值（亿元）			
	成都	重庆	上海	深圳	成都	重庆	上海	深圳
2011	638.44	773.49	2277.40	1563.63	387.90	437.46	1019.68	893.47
2012	740.59	934.38	2450.36	1721.12	426.20	608.50	1147.04	1123.00
2013	893.22	1080.14	2823.29	1951.01	549.32	743.59	1343.77	1203.27

续表4

年份	金融业产值（亿元）				房地产业产值（亿元）			
	成都	重庆	上海	深圳	成都	重庆	上海	深圳
2014	1071.81	1225.27	3400.41	2194.93	578.51	817.04	1530.96	1323.87
2015	1254.23	1410.18	4162.70	2501.57	597.71	847.72	1699.78	1564.41
2016	1415.60	1642.59	4765.83	2810.73	710.73	926.19	2125.62	1777.57
2017	1604.33	1813.73	5330.54	2924.26	740.92	1048.25	1873.05	1894.32
2018	1750.15	1924.33	5781.63	3067.21	780.34	1134.72	1992.52	2080.42

数据来源：各城市统计年鉴。

2. 金融集聚程度亟待加强

目前用来评价金融集聚程度的常用方法有产业集聚指数评估法和综合指标体系评估法。产业集聚指数评估法主要是通过计算产业集中度指数、赫芬达尔指数、空间基尼系数和区位熵指数等来度量金融集聚程度；考虑到金融集聚是金融机构规模、金融业绩效、金融就业规模等各方面的综合体现，本文参考国内外学者关于金融集聚的研究成果和数据，构建了三大经济圈金融集聚指标体系，并采用客观赋权的因子分析法来测度各经济圈金融集聚水平。

构建指标体系要遵循相关性、可比性、可得性等原则，本文在借鉴以往研究成果的基础上，根据上述原则，构建了金融集聚的综合衡量指标体系，该指标体系从金融机构规模、金融业绩效和金融就业规模三个角度寻找了15个衡量指标，具体见表5。

表5 金融集聚程度指标体系

一级指标	二级指标	计量单位
金融业绩效	年末金融机构本外币存款余额	十亿元
	年末金融机构本外币贷款余额	十亿元
	证券交易总额	万元
	股票交易总额	万元
	基金交易总额	万元
	债券交易总额	万元
	原保险保费收入	亿元
	国内股票A股筹资额	亿元

续表5

一级指标	二级指标	计量单位
金融机构规模	金融机构营业网点数	家
	总部设在辖内的证券公司数	家
	总部设在辖内的期货公司数	家
	总部设在辖内的基金公司数	家
	证券公司营业部数量	家
	年末上市公司数量	家
金融就业规模	金融机构营业网点从业人员	人

数据来源：统计年鉴，Wind 数据库。

金融业绩效可用金融机构存贷款余额、保险公司保费收入、证券交易额以及国内股票 A 股筹资额来衡量；金融机构规模可用金融机构营业网点数、总部设在辖内的证券公司数、期货公司数、基金公司数、证券公司营业部数量以及上市公司数量衡量；用金融机构营业网点从业人员反映金融从业人员规模。

本文选取三大经济圈共 7 个省、直辖市 2011—2018 共八年的数据作为样本，样本量总计 56 个。为解决不同指标数据在量纲上的差异性，在进行因子分析之前，对各指标数据进行标准化处理，使得指标间可比可加，计算公式如下：

$$x_{ij}^* = \frac{x_{ij} - \overline{x_j}}{S_j}$$

在进行因子分析之前，首先要判断原有变量是否适合进行因子分析，只有变量间存在较强的相关关系时，才可以将其综合和浓缩。本文采用 KMO 值和巴特利特球度检验，结果表明 KMO 值为 0.789，原有变量间相关性较强，适合进行因子分析；巴特利特球度检验 p 值为 0.000，应拒绝相关系数矩阵是单位阵的原假设，同样认为原有变量适合进行因子分析。

表6 KMO 值和巴特利特球度检验

KMO 值		0.734
巴特利特球度检验	近似卡方	2341.368
	自由度	105
	p 值	0.000

采用主成分分析法提取因子并选取特征值大于 1 的因子，得出特征值和方差贡献率，当提取 2 个主成分时，累计方差贡献率达到 83.366%，原有变量的绝大部分信息可以被 2 个因子解释，且各个变量的信息丢失都较少，因此提取 2 个因子效果较为理想。也可以借助碎石图进行因子提取，前 2 个因子间的连线最陡峭，特征值均大于 1，其余因子特征值小于 1 且连线较为平缓，故本文确定因子个数为

2个。

表7 因子解释变量的方差贡献

因子编号	初始特征值			旋转平方和载入		
	特征值	方差贡献率（%）	累计方差贡献率（%）	特征值	方差贡献率（%）	累计方差贡献率（%）
1	9.539	63.590	63.590	6.371	42.475	42.475
2	2.966	19.776	83.366	6.134	40.891	83.366
3	0.967	6.447	89.813			
4	0.510	3.403	93.217			
5	0.444	2.961	96.178			
…	…	…	…			

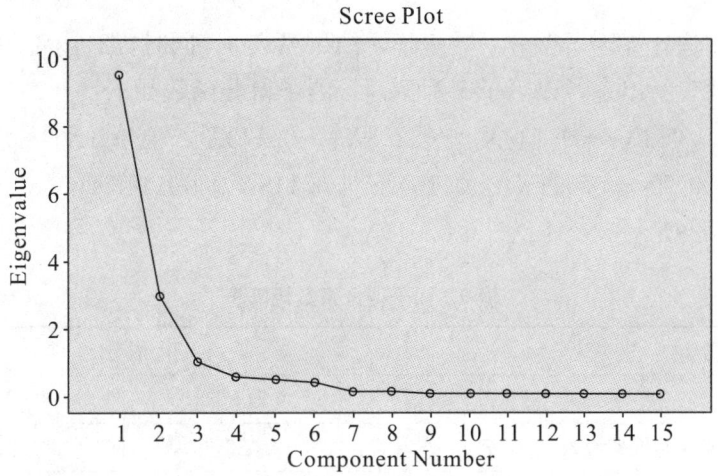

图3 因子分析碎石图

由旋转后的因子载荷矩阵可知，前两个因子能较好解释15个变量，而且前两个主成分的特征值均大于1，因此我们选择前两个因子来度量金融集聚。

表8 旋转后的因子载荷矩阵

	成分	
	1	2
原保险保费收入		0.892
总部设在辖内证券公司数	0.817	
总部设在辖内基金公司数	0.939	
总部设在辖内期货公司数	0.877	
国内股票A股筹资额		0.7

续表8

	成分	
金融机构营业网点数		0.904
金融机构营业网点从业人员		0.937
证券公司营业部数量	0.568	0.796
证券交易总额	0.912	
股票交易总额	0.691	
基金交易总额	0.808	
债券交易总额	0.874	
年末金融机构本外币存款余额	0.563	0.813
年末金融机构本外币贷款余额		0.872
上市公司数量	0.504	0.818

运用回归法计算因子得分系数矩阵，结果见表9，同时，2个因子可以用15个指标具体线性表示出来，以因子1为例写，因子得分函数如下：

$$F_1 = -0.033X_1 + 0.137X_2 + 0.208X_3 + 0.173X_4 - 0.011X_5 - 0.157X_6$$
$$-0.097X_7 + 0.031X_8 + 0.164X_9 + 0.118X_{10} + 0.145X_{11} + 0.16X_{12}$$
$$+0.028X_{13} - 0.013X_{14} + 0.014X_{15}$$

表9 因子得分系数矩阵表

	成分	
	1	2
原保险保费收入	−0.033	0.163
总部设在辖内证券公司数	0.137	−0.018
总部设在辖内基金公司数	0.208	−0.117
总部设在辖内期货公司数	0.173	−0.068
国内股票A股筹资额	−0.011	0.12
金融机构营业网点数	−0.157	0.231
金融机构营业网点从业人员	−0.097	0.204
证券公司营业部数量	0.031	0.113
证券交易总额	0.164	−0.041
股票交易总额	0.118	−0.019
基金交易总额	0.145	−0.035
债券交易总额	0.16	−0.044
年末金融机构本外币存款余额	0.028	0.118

续表9

	成分	
年末金融机构本外币贷款余额	−0.013	0.149
上市公司数量	0.014	0.126

采用计算因子加权总分法对各城市每年的金融集聚程度进行综合评价,权重的确定取决于2个因子的方差贡献率,将上文计算得出的因子得分加权后得到综合评价得分,综合评价得分的计算公式为:

$$F=\frac{0.4248F_1+0.4089F_2}{0.4248+0.4089}$$

在成渝地区双城经济圈、长三角和珠三角经济圈的主要城市中,除安徽外,长三角和珠三角经济圈其余城市的金融集聚水平均显著高于成渝两地,重庆金融集聚处于三大经济圈主要城市的末尾,表明金融集聚效应未得到充分发挥,金融集聚态势不够明显(见表10)。

表10 三大经济圈金融集聚得分及排名

经济圈	得分	排名
珠三角	1.060	1
长三角	0.031	2
成渝双城	−0.591	3
省/直辖市	得分	排名
广东	1.060	1
上海	0.479	2
江苏	0.200	3
浙江	0.119	4
四川	−0.377	5
安徽	−0.676	6
重庆	−0.805	7

从金融集聚增长速度看,2011—2018年广东、上海、江苏和浙江的金融集聚水平的增长速度明显高于四川、安徽、重庆,表明成渝经济圈的金融集聚水平还有较大的发展空间。

表11 三大经济圈金融集聚得分

年份	长三角经济圈得分	珠三角经济圈得分	成渝地区双城经济圈得分
2011	−0.352	0.326	−0.728
2012	−0.332	0.391	−0.716

续表11

年份	长三角经济圈得分	珠三角经济圈得分	成渝地区双城经济圈得分
2013	-0.253	0.584	-0.684
2014	-0.100	0.722	-0.620
2015	0.237	1.328	-0.539
2016	0.314	1.674	-0.515
2017	0.362	1.753	-0.474
2018	0.371	1.698	-0.452

表12 三大经济圈主要省（市）金融集聚得分情况

年份	上海	江苏	浙江	安徽	广东	四川	重庆
2011	-0.075	-0.258	-0.282	-0.792	0.326	-0.580	-0.876
2012	-0.034	-0.222	-0.275	-0.800	0.391	-0.552	-0.880
2013	0.090	-0.159	-0.188	-0.756	0.584	-0.517	-0.850
2014	0.269	0.039	0.004	-0.713	0.722	-0.427	-0.813
2015	0.802	0.436	0.339	-0.630	1.328	-0.305	-0.774
2016	0.890	0.528	0.430	-0.597	1.674	-0.265	-0.765
2017	0.980	0.548	0.481	-0.561	1.753	-0.199	-0.749
2018	0.908	0.687	0.445	-0.558	1.698	-0.170	-0.733

区位熵是衡量特定区域内某一要素的空间分布情况以及反映某一专业化程度的指标，是识别产业集聚的最常用方法。为了进一步探究不同金融行业集聚水平的差异，找出成渝双城经济圈金融集聚水平落后的根源，在此借鉴徐胜（2014）和邓杨丰（2013）的做法，用区位熵来衡量银行业、保险业以及证券业的集聚水平，三个行业的集聚程度区位熵可以表示为以下公式：

$$LQ^{bank} = \frac{D_i/P_i}{D/P}$$

$$LQ^{stock} = \frac{A_i/P_i}{A/P}$$

$$LQ^{insure} = \frac{I_i/P_i}{I/P}$$

其中，D_i 表示 i 地区金融机构各类存贷款余额，P_i 表示 i 地区的地区生产总值，D 表示全国金融机构各类存贷款总额，P 表示国内生产总值；A_i 表示 i 地区上市公司总数量，A 表示全国上市公司总数量；I_i 表示 i 地区的保险机构原保费收入，I 表示全国保险机构原保费收入。① 一般来说，区位熵大于1，表明该地区该

---

① 数据来源：Wind 数据库，统计年鉴。

产业的集聚具有比较优势,有较强的竞争力;区位熵等于1,表明该地区该产业集聚处于均势;区位熵小于1,则说明该地区该产业集聚水平较低,处于劣势。

比较成渝地区双城经济圈内中心城市银行、保险和证券业的金融集聚态势,发现成都在银行、保险和证券业方面的集聚程度均优于重庆,显示出较为明显的金融集聚效果。2013年以来,成都银行、保险和金融集聚水平逐步下降,表明成都的金融资源相对分散,未形成合力。

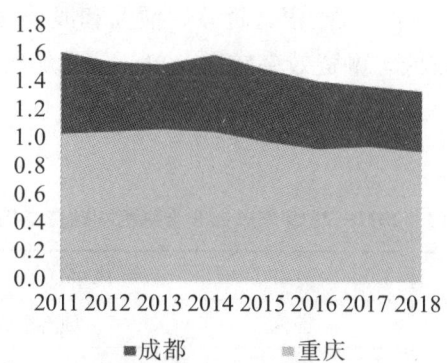

图4 成渝地区双城经济圈银行业集聚水平

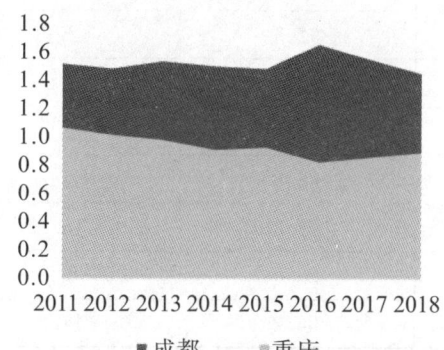

图5 成渝地区双城经济圈保险业集聚水平

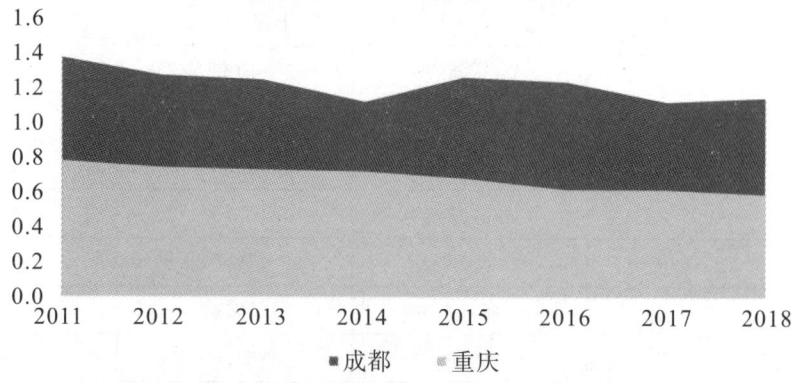

图6 成渝地区双城经济圈证券业集聚水平

（二）融资渠道单一且不畅，融资效率较低

2011—2019年，成渝两地融资额逐年递增。从结构来看，两地非金融机构融资主要依赖银行贷款，2019年，成都与重庆的银行贷款占总融资额的比重分别为86.18%与97.18%，而且重庆银行贷款占总融资额的比重远远超过成都，近年来有递增趋势，债券融资与股票融资占比更低，尤其重庆，2019年股票融资占比仅为0.32%（见表13、表14）。虽然银行贷款、债券和股票都可以为企业融资服务，但债券与股票融资成本较低，融资效率较高，单一依赖银行贷款势必会影响经济资源的配置效率。可见成渝地区双城经济圈的融资方式以贷款为主，融资渠道比较单一，融资效率较低。

表13　2011—2019年成都非金融机构融资结构表

年份	融资额（亿元）	比重（%）		
		贷款	债券	股票
2011	1216.7	91.4	8.3	0.3
2012	1604.7	88.1	2.2	9.7
2013	2559.9	92.5	2.1	5.4
2014	4946.9	92.2	4.0	3.8
2015	5812.0	88.8	4.6	6.6
2016	6651.5	85.8	8.6	5.7
2017	7390.8	77.3	16.9	5.9
2018	8086.5	86.0	8.2	5.8
2019	9865.6	86.2	11.2	2.6

表14　2011—2019年重庆非金融机构融资结构表

年份	融资额（亿元）	比重（%）		
		贷款	债券	股票
2011	2616.9	83.9	10.0	6.1
2012	2987.5	80.4	18.6	1.0
2013	4968.2	87.3	10.5	2.2
2014	5473.0	83.5	16.5	0.0
2015	2969.0	64.7	32.8	2.5
2016	3410.5	59.6	34.6	5.8
2017	3719.5	98.2	0.3	1.5
2018	5000.0	94.3	5.0	0.7

续表14

年份	融资额（亿元）	比重（%）		
		贷款	债券	股票
2019	5969.6	97.2	2.5	0.3

数据来源：金融运行报告，各省（市）统计年鉴。

企业融资可以选择银行贷款，也可以通过债券和股票市场直接融资。银行存贷转换率反映了储蓄转换为投资的效率，而股票交易额则反映了资本流入企业的多少。虽然上海、广东的存贷转换效率较低，但其股票交易额却远超其他地区，这反映了直接融资与间接融资的替代效应，但四川不仅存贷转换效率低，其股票交易额也处于落后地位，表明四川融资渠道不畅，存贷资金未被充分利用。

表15　三大经济圈主要省（市）存贷转换率

年份	上海	江苏	浙江	安徽	广东	四川	重庆
2011	0.639	0.759	0.887	0.720	0.662	0.656	0.840
2012	0.645	0.751	0.897	0.721	0.663	0.633	0.818
2013	0.640	0.745	0.889	0.731	0.648	0.633	0.790
2014	0.649	0.749	0.903	0.748	0.666	0.648	0.822
2015	0.515	0.713	0.859	0.739	0.587	0.644	0.793
2016	0.543	0.729	0.825	0.726	0.623	0.648	0.778
2017	0.597	0.763	0.839	0.744	0.645	0.672	0.794
2018	0.605	0.805	0.898	0.768	0.703	0.712	0.871

表16　三大经济圈主要省（市）股票交易额　　　　　　　单位：万元

年份	上海	江苏	浙江	安徽	广东	四川	重庆
2011	255084.35	84718.39	109689.91	15695.24	178394.87	32890.12	12270.10
2012	331844.32	86543.74	97267.96	15207.94	210853.85	32423.00	12774.03
2013	548185.98	135179.29	150684.71	21783.49	360250.52	55566.83	21789.95
2014	788051.36	224304.29	231494.46	36483.94	566090.86	88181.60	31690.43
2015	1597212.65	588096.13	680379.04	102682.06	1266331.34	224711.02	87349.51
2016	1787172.27	456238.69	426470.59	70342.98	1676918.77	214443.54	55605.44
2017	1825605.26	468733.19	431209.53	75360.34	1641200.38	296619.09	61534.42
2018	1617933.64	482368.03	375494.06	70796.50	1208644.17	225922.98	51412.16

数据来源：CSMAR数据库，各省（市）统计年鉴。

（三）成渝地区"双核"独大，对周边区域的辐射作用有待提升

2011年，国家发改委印发《成渝经济区区域规划》，文件指出将打造以成都、重庆为核心，沿江、沿线为发展带的"双核五带"空间格局，推动区域协调发展，其中"双核"指成都和重庆，"五带"指成绵乐发展带、沿长江发展带、成内渝发展带、城南渝发展带和渝广达发展带。我们先分析成渝地区双城经济圈内各经济带的发展现状，再通过与其他经济圈核心城市进行对比，寻找成渝经济圈发展的优势与不足。

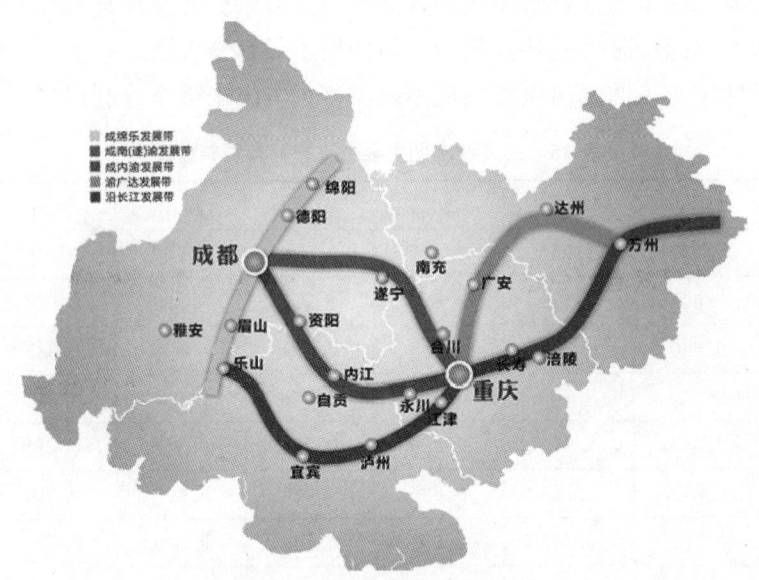

图7 "双核五带"空间布局

成都、重庆在地区生产总值、人均地区生产总值、财政收入和出口额上均表现出"双核"领先优势，远远超出经济圈内其他经济带（见表17）。沿江经济带内各市的平均财政收入和出口额仅次于经济圈内两大中心城市，但其对地区生产总值的贡献在各经济带中处于末尾，说明沿江经济带的经济推动作用未充分发挥。

表17 2018年成渝地区双城经济圈经济指标

经济带	地区生产总值（亿元）	区间（亿元）	梯度	经济带	人均地区生产总值（元）	区间（元）	梯度
重庆	20363.19	>20000	1	成都	94782.12	>50000	1
成都	15342.77	10000<20000	2	重庆	65933.30		1
渝广达	12726.95		2	成绵乐	48036.22	40000<50000	2
成南渝	5186.34	5000<10000	3	成南渝	43258.81		2
成绵乐	1727.81	<5000	4	成内渝	43090.44		2
成内渝	1529.49		4	沿长江	39422.85	<40000	3
沿长江	1331.87		4	渝广达	34799.60		3
经济带	财政收入（亿元）	区间	梯度	经济带	出口额（万美元）	区间	梯度
重庆	2265.54	>1000	1	重庆	5135400	>4000000	1
成都	1424.16		1	成都	4150700		1
沿长江	155.49	100<1000	2	沿长江	173300	50000<4000000	2
成绵乐	113.81		2	成绵乐	88900		2
渝广达	90.54	<100	3	渝广达	23700	<50000	3
成南渝	88.87		3	成内渝	21000		3
成内渝	58.32		3	成南渝	15600		3

数据来源：各城市统计年鉴。

成都、重庆地区生产总值分别为15342.77亿元和20363.19亿元，而成都周边城市绵阳、德阳、乐山、资阳的地区生产总值分别为2303.82亿元、2213.87亿元、1615.09亿元和1066.53亿元，周边城市中经济实力相对较好的绵阳地区生产总值不及成都的六分之一，充分说明成都、重庆作为成渝地区双城经济圈发展的驱动引擎未能带动周边经济快速发展，对周边城市的辐射作用不足。

表18 2018年成渝地区双城经济圈各城市地区生产总值和人均地区生产总值

城市	地区生产总值（亿元）	区间	梯度	城市	人均地区生产总值（元）	区间	梯度
重庆	20363.19	>15000	1	成都	94782	>60000	1
成都	15342.77		1	重庆	65933		1
绵阳	2303.82	1500<15000	2	德阳	62569		1
德阳	2213.87		2	乐山	49397	4000<6000	2
宜宾	2026.37		2	自贡	48329		2
南充	2006.03		2	绵阳	47538		2
泸州	1694.97		2	宜宾	44604		2
达州	1690.17		2	眉山	42157		2
乐山	1615.09		2	资阳	42112		2
内江	1411.75	<1500	3	泸州	39230	<4000	3
自贡	1406.71		3	广安	38520		3
眉山	1256.02		3	遂宁	37943		3
广安	1250.24		3	内江	37885		3
遂宁	1221.39		3	南充	31203		3
资阳	1066.53		3	达州	29627		3

数据来源：各城市统计年鉴。

表19 成渝地区双城经济圈金融集聚梯度现象

城市	金融集聚得分	区间	梯度
成都	3.61797	>3	1
重庆	3.50543		1
绵阳	−0.08436	−0.3<3	2
南充	−0.23972		2
德阳	−0.24711		2
宜宾	−0.27257		2

续表19

城市	金融集聚得分	区间	梯度
泸州	-0.31589	<-0.3	3
达州	-0.3194		3
乐山	-0.33193		3
内江	-0.3497		3
自贡	-0.35373		3
眉山	-0.36859		3
遂宁	-0.37771		3
广安	-0.40612		3
资阳	-0.41552		3

成渝地区双城经济圈内金融集聚效应表现极不平衡，成都和重庆金融集聚得分分别为3.62和3.50，其他周边城市的金融集聚得分均小于0。根据金融集聚得分，我们将成渝地区双城经济圈内的城市划分为3个梯度，成都和重庆处于第一梯度，绵阳、南充、德阳和宜宾处于第二梯度，泸州、达州等地处于第三梯度。从金融集聚得分来看，二、三梯度城市的金融集聚得分均匀递减，而第一梯度与二、三梯度的金融集聚得分差距巨大，表明成渝"双核"对周边城市的辐射作用不强。

五、成渝地区双城经济圈金融集聚的影响因素分析

（一）成渝"双城"政策协调性与包容性不足

自1997年重庆成为直辖市后，受行政区划限制，成渝两地在制定政策时主要根据自身情况和条件，以自身利益最大化为首要目标，竞逐金融中心城市，培育各自的金融集聚的能力，缺乏统一的协调性与包容性，金融合作不足，阻碍了金融集聚效应，对周边城市发展的带动作用不够。

从战略高度来讲，成都和重庆均有"金融中心"的定位，并且两地在金融发展的不同领域的确各有优势，但对一个经济圈来说，在维持"双中心"的前提下，各自发挥自己在经济圈中金融的比较优势，进行差异化规划，实现优势互补，真正实现"双中心"下的金融集聚，才有从根本上避免双方的恶性竞争和资源浪费，助力整个经济圈的协同发展。

（二）信用制度发展不完善，多元化投融资体系建设不足

融资渠道单一且不畅，存贷转换效率低，证券业发展缓慢，股票交易额小，其主要原因在于信用制度发展还不完善，信用环境亟待改善，多元化的投融资体系尚

未形成。

长期以来我国的金融体系以银行业为主导,多层次资本市场发展滞后,加上信用制度发展不完善,缺乏公开、公正、公平的权威信用评级机构和统一的评级指标体系,调查显示,银行贷款融资比例高达94.32%,选择股市融资和债券融资的企业均不超过2%。企业融资存在巨大的"模式错配"。一方面,中小企业通过股票、债券等方式融资困难,直接上市门槛很高,多数企业达不到上市的门槛条件;另一方面,信用制度发展不完善导致转化机制存在市场信用障碍,整体信用环境欠佳,不良贷款率居高不下,中小企业必须取得银行的评级授信,才能够获得银行贷款机会,从而进一步加大中小企业筹资困难。而且,中小企业难以提供银行放贷必需的抵押或质押品,更难获得银行信贷支持,致使中小企业的融资渠道单一,银行吸收的储蓄难以转换为投资,表现为存贷转换效率低下。另外,成渝地区双城经济圈股票交易额与长三角、珠三角两大经济圈相比较为落后,证券业发展还有较大上升空间。成渝地区双城经济圈保险业金融集聚水平与长三角、珠三角相比存在一定差距,行业的市场化深度远远不够。综上所述,成渝地区双天经济圈多元化投融资体系尚未形成,直接投资与间接融资替代效应不能得到很好的体现。

(三)银行信贷增速放缓,信用风险持续暴露

银行是我国金融机构的主体,银行业贡献了约七成的金融业增加值,银行信贷增速放缓,资产质量下降,信用风险持续暴露是导致成渝金融业增加值占地区生产总值比重低的主要原因。

近年来,由于存款理财化、货币市场基金化趋势明显,且受监管趋严影响,金融机构表外及同业业务收缩,存款派生效应下降,使得存款增长放缓。而且,受互联网金融、直销银行以及利率市场化的影响,商业银行营业网点和从业人员均出现缩减趋势。

同时,低效率企业对银行业贷款需求高,占用金融资源较多,尤其是利率不敏感行业,如基础设施投资和房地产,投资占比高,增长快,对贷款需求较高。从资金来源看,基建、房地产等行业贷款占比较高,均高于全行业平均贷款占比,而这两个行业的增加值占比远低于其他行业,加上经济下行压力下"僵尸企业"出清过程中银行不良贷款难以回收,使得信用风险持续暴露,不良贷款率攀升,银行资产质量的恶化反过来又会影响企业融资,从而影响实体经济的发展。

六、对策建议

(一)构建成熟的金融合作机制,提高资源配置效率

成渝地区双城经济圈应抓住《成渝经济区区域规划》颁布实施这一绝好契机,

统一规划和部署，打破行政体制障碍和条块分割格局，完善协调联动机制，依托成都、重庆两个中心城市，构建一个资源共享、良性互动、功能齐全的"双核型"区域金融中心。

一是建立金融工作协调机制。牢固树立一体化发展理念，充分发挥两市各自的比较优势，将成都的总量和规模优势与重庆相对完善的金融机构种类和快速的增长势头优势相结合，做到统一谋划、一体部署、相互协作、共同实施，唱好"双城记"，辐射整个成渝地区双城经济圈，成为带动地方金融经济发展的车轴。

二是推动金融机构开展深入合作。推动两地法人金融机构通过整体上市、重组收购、引进战略投资者等方式，实现多元化发展，进一步做大做强做优。

三是加快两地银行、保险、证券业协同，助推各类资源突破区域限制，进一步整合金融资源，加强各领域的资源共享优势互补，互利共赢。

四是打造错位补位的产业集群。重点推进现代物流、现代金融、商贸服务、高技术服务业和科技服务业发展，建设现代服务业基地。对于川渝地区重叠度高，发展有一定基础的电子信息和汽车制造两大支柱产业，应该着力于协同延长产业链，扩大区域内产业分工，提升成渝地区内循环水平。

（二）引导建设多元化投融资体系，拓宽企业融资渠道

一是两地人民银行和金融监管部门要协调配合，充分发挥政策指导作用；金融机构要积极争取信贷政策，对经济圈周边地区给予更多的信贷资源支持，对开发重大项目、基础设施建设、核心产业转型升级、战略性新兴产业等业务要开通绿色通道，减少中间环节，提升服务效率。

二是要以发展资产业务为重点实现市场突破，建立开放的投资市场。以私募股权基金和非存款类金融机构为主体，发行各类企业债券、中期票据、短期融资债券和公司债券，不断推进资产证券化业务。

三是在加大外资引进力度的同时，必须拓宽民间融资渠道，逐步建立一个以个人投资为主体，国家财政性投资为引导，信贷资金为支撑，外资和证券市场资金等各类资金为补充的多元化的投资体系。

四是提高金融科技协同创新能力。成渝地区金融机构应打造同业数字化转型合作模式，进行协同创新，实现优势互补，共同拓展业务，集约使用资源，共享数字化转型成果，形成联合竞争优势；联合制定风险防控措施，实现金融创新和风险防控的平衡。同时，借助"一带一路"国家平台，将金融科技创新产品推广至沿线国家，深化国际金融科技交流合作。

（三）优化银行资产质量，管控信用风险

一是优化银行资产质量。要加强信贷资产质量的监测，严格实施贷款形态划分，提高不良贷款数据和不良贷款迁徙测量的准确程度，确保贷款分类准确，真实

反映不良贷款，充分暴露风险，在掌握真实情况的基础上，切实制定分类管理的方案。同时，兼顾效率和风控，按照"前台服务营销、中台内控管理、后台支持保障"的原则细分部门职能，分管前中后台的行长也要相互制约，避免职能交叉，实现前中后台真正的分设制衡。

二是合理调整信贷结构。按照盘活存量、优化增量的思路，将资金投向实体经济，从严控制信用和保证贷款，提高贷款的抵押率，注重联保贷款、仓单质押贷款的风险控制，谨慎开展和担保公司的合作业务。

三是优化产品结构。对于传统风险较大的流动资金贷款，通过贷款品种转换成具有真实贸易背景、风险较小的新产品，并强化风险节点控制，力争产品、需求和风控水平相匹配。按照客户行业特点和生产经营周期，合理确定贷款期限，严禁"短贷长用"，对大额或中长期贷款增加收息频率，确定分期还款计划，缓释信贷风险。

负责人：李南成（西南财经大学）
成　员：朱　莉（西南财经大学）
　　　　　黄潇莹（西南财经大学）
　　　　　薛英杰（西南财经大学）
　　　　　蔡远航（西南财经大学）
　　　　　黄译霄（西南财经大学）
　　　　　贺　彦（西南财经大学）
　　　　　张　萌（西南财经大学）
　　　　　莫家玉（西南财经大学）
　　　　　周　怡（四川省统计局）
　　　　　安江丽（四川省统计局）

成德眉资同城化研究

同城化不仅是区域协调发展的高级形式,也是现代化都市圈形成的必由之路。习近平总书记在中央财经委员会第五次、第六次会议上指出,我国经济发展的空间结构正在发生深刻变化,中心城市和城市群正成为承载发展要素的主要空间形式;要求加快推进成渝地区双城经济圈建设,强化重庆和成都中心城市带动作用,形成以城市群为主要形态的增长动力源,推动重庆主城区与渝西地区同城化和成德眉资同城化发展。

四川省委坚定落实习近平总书记重要讲话要求,把加快成德眉资同城化发展作为推进成渝地区双城经济圈建设的先手棋。成德眉资同城化发展已从战略构想进入落地实施,有了一个良好开端。但伴随着同城化发展的持续推进,出现了一些亟待解决的问题,客观分析当前的现实基础和困难挑战,有利于坚持问题导向和目标导向的统一,在解决问题中聚焦聚力实现共同发展。

一、新形势下同城化发展的内涵与规律

(一)同城化是相邻城市突破区划限制的融合共生

2005年,深圳市政府在《深圳2030城市发展策略》中提出,"加强与香港在高端制造业、现代服务业以及其他领域的合作,与香港形成'同城化'发展态势"。这是国内"同城化"概念的首次亮相。"同城化"类似于国际上的"都市圈""城市群"概念[①],国内学者基于自身专业背景对"同城化"的内涵分别有不同的定义,但迄今为止并没有一个科学严格的界定。

随着国内区域经济一体化进程的不断加快、愈来愈明显的"同城化"需求以及国内众多区域的不断实践,学界对同城化的内涵有了较为普遍的认知:同城化是顺应区域经济发展趋势,旨在通过突破行政区划壁垒,使得中心城市和周边城市逐渐实现资源要素同用、城市运营同体、竞争优势同构、公共服务共享,成为区域发展

---

① 王振. 长三角地区的同城化趋势及其对上海的影响[J]. 科学发展,2010(4).

共同体。同城化是新时代区域协调发展战略内涵的重要实践，也是区域城市间经济与社会发展到一定程度的必然趋势，更是提高区域经济整体竞争力的必然选择。

（二）同城化发展过程中呈现出明显的阶段性特征

结合国内同城化发展的实践来看，不同地区的同城化发展有不同的发展路径与动力机制，但都分为较为明显的几个阶段，而且不同阶段都有不同的发展特征。

市场经济较为发达的地区如广州、佛山同城化的推进起步阶段是市场的自发互动。自20世纪80年代起，广佛两地经济就已经开始频繁互动，在2009年官方正式启动同城化进程以前，两地交界处已形成连绵的建设空间。佛山的民用专业化制造业领先全国，依托广州作为交通枢纽进行物流运输，同时以广州为重要的消费市场。2009年，广佛两市在《珠江三角洲地区改革发展规划纲要（2008—2020年）》的引领下签署了《广佛同城化合作建设框架协议》，对基础设施、产业协作、环境保护等问题进行了协商，并签署了城市规划、产业协作、交通基础设施、环境保护等专项协议，标志着两市同城化政策层面进程正式启动。[①] 2019年，伴随着《粤港澳大湾区发展规划纲要》的印发，广佛同城化进入了战略升级阶段。

市场经济没有广佛等发达的中西部地区，其同城化发展路径则是自上而下推动的。如郑州、开封同城化，2005年10月，在中原城市群规划开封专题座谈会上，河南省提出"郑汴一体化"，这是郑汴一体化首次出现在官方文献中，自此两市积极推进郑汴一体化建设。起步阶段首先是交通等基础设施先行，2009年1月，河南省政府在政府工作报告中提出统筹推进郑汴新区的规划，同年成立了建设郑汴新区领导小组，郑州管委会和开封管委会相继挂牌成立。郑汴新区根据规划的产业组团，由省发改委统一协调招商。郑汴一体化进入新阶段，持续发力，在政府的一系列政策推动下，郑汴两地同城化持续深化。

基于国内不同地区的实践，同时考虑到成德眉资四市的现实基础，2020年7月中共四川省委办公厅、四川省人民政府办公厅印发《关于推动成德眉资同城化发展的指导意见》，明确提出按照起步期、成长期、提升期三个阶段进行推进，并对三个阶段的成长目标进行了明确：2020—2022年为起步期，用三年左右的时间奠定现代化都市圈坚实基础；2023—2025年为成长期，用三年左右的时间基本形成现代化都市圈格局；2026—2035年为提升期，用十年左右的时间使得现代化都市圈格局更加成熟。

从成德眉资同城化发展现状来看，其发展路径类似于郑汴等同城化的发展模式，目前正处于起步期。

---

① 姜佳好，高海翔，李妍. 2019中国城市规划年会论文集［C］. 2019-10.

二、国内外同城化经典案例及启示

同城化是现代化都市圈形成的必由之路,现阶段国内外较为成熟的都市圈亦经历过同城化阶段。从国外来看,较有代表性的是东京都市圈建设,从国内来看,自深圳率先提出与香港的同城战略后,国内若干地区陆续开启了同城化步伐,现阶段有20余组城市在推进同城化发展,推进时间有先有后,程度有高有低,较有代表性的、发展成效最为突出的是长三角、大湾区和京津冀以及广佛同城化等。成德眉资同城化的发展阶段和规律是"既不能跳过也不能用法令取消的",但通过了解国内外同城化推进的历程、汲取相关经验"能缩短和减轻分娩的痛苦"。

(一)国内外同城化经典案例

1. 国外经典案例:东京都市圈建设

东京都市圈是以日本首都东京为中心的日本三大都市圈之一,其实际范围一般包括东京都、神奈川县、千叶县、埼玉县,即所谓的"一都三县",面积约1.35万平方千米,约占国土面积的3.6%。

东京都市圈的建设有比较明显的三个阶段:20世纪50年代至70年代初,经济高速增长背景下以控制规模、开发新城为主要特征的都市圈雏形期;20世纪70年代初至80年代,经济中低速增长背景下以一极集中、适度疏解为主要特征的都市圈扩张期;20世纪90年代起至今,经济增长停滞、社会矛盾凸显背景下以多核分散、职住平衡为特征的都市圈成熟期[1]。

随着发展阶段的不同,东京都市圈的发展规划也进行了相应的调整,相应规划还通过立法增强权威和强制性。前后历经五次规划调整,东京都市圈逐渐形成了当前"多核心、多圈层"的区域空间结构和高度互补的城市功能布局。在这个庞大的都市圈中,围绕着核心城市东京,周边的城市既保持了一定的独立性,又形成了特色鲜明的分工,如从东京、川崎到横滨的环东京湾地区就是日本著名的京滨工业带。同时,城市之间通过快速交通体系保持了紧密联系,东京都市圈拥有世界上规模最大的城市轨道交通系统,轨道交通年客流量居世界第一。

2. 国内经典案例:长三角一体化

长三角地区经济发达、地域相近、人缘相亲、文化相通,一体化发展的呼声和行动由来已久。1982年12月,国务院决定设立的上海(长江三角洲)经济区是长三角合作的最早雏形。

---

[1] 张军扩,侯永志. 东京都市圈的发展模式、治理经验及启示[N]. 中国经济时报,2016-08-19.

从具体部署看,长三角地区的都市圈发展可以分为三个阶段:第一阶段,2010年6月,国家发展改革委印发《长江三角洲地区区域规划》,强调要建立健全泛长三角合作机制,加快南京都市圈建设,建设杭州都市圈,编制南京都市圈、淮海经济区区域规划。第二阶段,2016年6月,国家发展改革委公布的《长江三角洲城市群发展规划》提出,着力构建"一核五圈四带"的网络化空间格局,其中"一核"即发挥上海龙头带动的核心作用和区域核心城市的辐射带动作用,"五圈"即推动南京都市圈、杭州都市圈、合肥都市圈、苏锡常都市圈、宁波都市圈同城化发展。第三阶段,2019年2月,国家发展改革委发布《关于培育发展现代化都市圈的指导意见》;2019年12月,中共中央、国务院印发《长江三角洲区域一体化发展规划纲要》,部署加快都市圈一体化发展①。

随着经济社会的发展,长三角越来越重视社会保障和公共服务的一体化,致力于发展成果共享。发展范围从最初的上海及其周边少数城市到现在覆盖27个城市。随着范围的不断扩大,长三角更加注重发挥先发地区的带动作用,辐射带动其他地区发展。如苏南地区和浙北地区得益于上海的经济辐射,形成了经济发达的沿江工业带和沿海工业带,上海整车的诸多零部件有90%来自江苏和浙江两省的企业。

(二)对成德眉资同城化推进的启示

通过对国内外同城化、都市圈建设先发地区发展历程的梳理,可以得出以下几点启示。

1. 同城化建设需久久为功

成德眉资同城化的推进涉及四个独立的城市,其中成都还是副省级城市,不管是体制机制的建立还是交通互联、产业共兴、服务共享,不同的阶段都会出现不同的问题,非咬定目标、齐心合力、久久为功而不能"同城"。国内外成熟案例业已证明。东京都市圈建设正式规划虽然是在1956年出台,但早在20世纪30年代之前就开始打基础,至今已近百年。1982年12月,国务院决定设立的上海(长江三角洲)经济区是长三角合作的最早雏形,至今已近40年,才逐步走向成熟。

2. 核心城市辐射带动至关重要

从同城化、都市圈培育建设规律来看,核心城市的辐射带动至关重要。核心城市足够强大,拥有足够高的话语权,就能吸引越多的资源在本区域内布局。通俗地讲,核心城市的强大与否决定了该区域能把"蛋糕"做到多大,"蛋糕"越大,周边城市受益越多。国内外成熟案例莫不如是。东京作为都市圈核心城市、世界城市,发挥了强大的全球资源配置的向心力和区域经济带动力。依托上海的核心位

---

① 刘西忠. 传统都市圈向现代化都市圈的演化及趋势[J]. 中国国情国力,2020(9):48—51.

势，苏州、无锡、宁波等周边城市主动承接上海制造业转移，形成错位发展格局，差异协作、共建共享的产业生态推动了利益格局的均衡和水涨船高格局的形成。

3. 规划引领、体制机制和政策支持是根本保障

国内外较为成熟的都市圈发展都离不开规划引领以及政策体制支持。东京都市圈的建设规划前后历经五次（见表1），规划所面对的时代背景和外部环境虽然不一，但都具有很强的针对性和鲜明的时代特征。同时，为了保证规划的权威性和顺利实施，日本政府前后共制定了包括《首都圈建设法》在内的十多项相关法律。长三角一体化的日臻成熟也离不开规划引领，2020年4月，伴随着中共中央国务院印发的《长江三角洲区域一体化发展规划纲要》，长三角一体化发展因为高规格的规划引领又进入发展新阶段。同时，"决策层、协调层和执行层"三级合作机制，以及不断通过合作联盟、合作协议、合作基金、专业论坛、专题合作等方式打破行政壁垒实现全领域对接，也起到了关键作用。

表1 日本东京都市圈的五次规划

规划次数	规划时间	规划范围	规划人口（万人）	规划背景	规划思路
第一次	1958—1975年	以东京为中心，半径100千米的地区	2660	控制东京都的无序扩张与人口、产业的快速聚集，解决都市圈人口过密、农村边远地区人口过疏的问题	在东京中心城区外设置5~10千米绿色隔离带，阻止城市建设继续向外扩展；在绿环外围建设工业城市，以保障中心区的环境质量。
第二次	1968—1975年	由东京都及其临近的神奈川县、千叶县、琦玉县、栃木县、群马县、茨城县和山梨县等一都七县全部区域	3310	第一次规划人口控制规模被提前突破，通过绿环来组织中心区向外扩张的设想未实现，城市建设用地继续快速向外蔓延	将东京作为经济高速增长的全国管理中枢，并实施以实现合力中枢功能为目的的城市改造
第三次	1976—1985年	一都七县全部区域	3800	人口与中枢管理职能向首都圈过度集中，形成"一极集中"的单极国土结构，影响国家均衡健康发展	选择性分散东京的高级中枢管理功能，提出建设"区域中心城市复合体"，形成多极多圈型结构

续表1

规划次数	规划时间	规划范围	规划人口（万人）	规划背景	规划思路
第四次	1986—1999年	一都七县全部区域	4090	面对经济全球化挑战，必须进一步强化中心区的国际金融智能和高层次中枢管理职能	基本延续第三次规划思路，进一步强化都市圈中心区的国际金融和高层次管理职能；正式提出发展副中心，承担中心区部分产业和政务功能
第五次	1999—2015年	一都七县全部区域及周边地区	4180	将都市圈建设成为更具经济活力，充满个性与环境共生、具备安全舒适高品质生活环境的可持续发展区域	在第三、四次规划基础上，再次强调建立多中心城市，提出"分散型网络结构"的空间模式

4. 快速便捷的交通网络是重要前提

综观国内外同城化以及都市圈建设，快速便捷的交通网络是"标配"。东京都市圈拥有世界上规模最大的城市轨道交通系统，上海都市圈全面形成轨道交通半小时通勤圈。可以说，交通通达性越高，同城化程度越高。交通网络越是快速便捷越能打破空间的限制，降低资源集聚对区位的依赖，为城市之间人流、物流、资金流和信息流等各种要素的快速高效流动提供重要保障。同时，同城化作为一个区域整体，也需要与外界有着顺畅的交通连接来保证内部要素与外部要素的双向交易。

三、成德眉资同城化发展的现实基础与初步成效

（一）在内有发展基础

1. 中心城市活力强劲，门户枢纽地位凸显

成德眉资是较为典型的"大带小"城市组群。成都是国家中心城市，近年来成为全国最具成长性的新一线城市，经济发展非常有活力。在全球化与世界城市研究网络发布的最新世界城市排名中，成都超过杭州、武汉、重庆等城市，由2010年的第252位升至2020年的第59位，跃升至Beta+级别。2019年，成都经济总量达到1.7万亿元，按可比价格计算，比上年增长7.8%，比全国平均水平高1.7个百分点；年末常住人口1658.1万人，人均地区生产总值10.3万元，超过世界银行划分的高收入国家水平。2019年成都双流国际机场旅客吞吐量突破5500万，位列中国大陆第四，中欧班列（成都）累计开行4600余列，位居全国第一，约占全国

开行总量的 1/4，国际门户枢纽地位凸显。

2. 地域空间相连，具备同城通勤的黄金半径以及有利于辐射的空间形态

德阳横跨龙泉山，与成都北部、东部区域紧密相连，资阳西连成都，眉山与成都东南面相依，四地地理空间紧密相连。成都 11 个区（市）县与德眉资三市 9 个区（市）县交界，成都主城区距德眉资三市中心城区 50 千米左右，都在"高铁半小时""高速一小时"通勤圈，完全达到同城化的国际通行标准——1 小时通勤圈，方便跨区域工作、生活、消费等。同时，成德眉资是成都平原的主体组成部分，拥有较为开阔的发展空间，以成都为中心、以德眉资为腹地的环状结构也有利于中心城市向外围城市递进辐射扩散。

3. 历史人文相亲，合作交流密切频繁

成德眉资四市同属一个省级行政区，同望一座山，共饮一江水，同为古蜀文明的重要发源地，德阳的三星堆与成都的金沙遗址同一文脉，简阳原归辖资阳，眉山的仁寿等是天府新区重要组成板块，四地拥有深厚的历史渊源和人文纽带。成德眉资四市同属成都平原经济区，经济合作、商贸往来十分密切，在省委提出"把加快成德眉资同城化发展作为推进成渝地区双城经济圈建设的先手棋"之前，四地就已经在共建医疗体等方面有了合作，成都与德阳早在 2013 年便签署了《成都德阳同城化发展框架协议》和《关于共建工业集中发展区的协议》，通过了规划、工业经济、政府采购、交通、教育、旅游、城市水源地保护、金融 8 个合作事项。

现阶段，四地紧紧把握成渝地区双城经济圈建设的重大机遇，合作交流更趋频繁。

（二）在外有发展机遇

1. 成德眉资同城化是落实国家战略的必由之路

习近平总书记指出，要发挥重庆和成都两个中心城市的优势带动作用，唱好"双城记"。成渝两地积极响应，成都东进、重庆西拓。但是，要唱好"双城记"，不仅要相向而行，更要能级相当。2019 年，成都市经济总量达到 1.7 万亿元，占全省的 36.5%，但与重庆相比，尚有 1/4 左右的差距，与京津冀、长三角、粤港澳的中心城市经济总量以及其他主要经济指标相比也有一定差距。同时，随着成都人口与产业的加速聚集，空间不足的矛盾日益突出。然而，从成都现行发展空间来看，西部区域都江堰灌区核心区是重点生态功能区，南部区域是对产业布局要求较高的天府新区，北部区域面积相对较小，与德阳紧密相连，中部区域是城市核心区域，人口密度较大，不适宜相关产业布局。因而，不论是从积极落实国家战略、肩

负历史使命来看,还是从成都自身发展需要来看,成德眉资同城化都是必由之路。

2. 成德眉资处于国家重点发展优势地区、多重发展机遇叠加区

在应对全球化不确定性风险的背景下,西部地区是我国经济发展最大的回旋地。成渝地区又是我国西部人口最密集、产业基础最雄厚、创新能力最强、开放程度最高的区域,有望成为继京津冀、粤港澳大湾区、长三角之后,又一拉动我国经济高质量发展的重要动力源。其发展除了可以直接带动西部地区开放开发,还可以加强我国经济发展韧性和延长战略纵深。同时,成都都市圈是西部陆海新通道重要枢纽,新一轮西部大开发、"一带一路"建设、长江经济带发展等多重战略机遇在这里交汇叠加,现在又迎来成渝地区双城经济圈建设的历史性机遇,机遇无限,潜力也无限。

3. 中心城市及其引领的都市圈成为代表区域参与竞争的基本经济地理单元

习近平总书记在《推动形成优势互补高质量发展的区域经济布局》中指出,"我国经济发展的空间结构正在发生深刻变化,中心城市和城市群正在成为承载发展要素的主要空间形式"。有研究表明,世界上最大的40个巨型城市区域拥有不足世界18%的人口,却参与了全球66%的经济活动和大约85%的科技革新。在当前全球化时代的国际竞争格局中,国家的综合竞争力取决于是否有若干综合经济实力强大的城市群与全球城市区域。区域经济也正由传统的省域经济与行政区经济向城市群经济转变,巨型城市区域将成为中国经济、人口集聚的主要空间形态。[①] 这是成德眉资同城化发展的重大机遇,也是紧迫所在。

(三)四方面成果初步显现

按照《关于推动成德眉资同城化发展的指导意见》提出的推动成德眉资同城化"三步走",即到2022年起步期,力争区域地区生产总值突破2.7万亿元,常住人口城镇化率达到70%左右,基础设施一体化程度大幅提升,基本公共服务均等化规划总体实现,阻碍生产要素自由流动的行政壁垒和体制机制障碍基本消除,奠定现代化都市圈坚实基础。从推进现状来看,这几方面的成效已开始显现。

1. 经济实力不断提升,城镇化率显著提高

2019年,成德眉资四市地区生产总值为21506.56亿元,占全省的46.1%。其中,第二产业增加值7193.79亿元,占全省的41.4%,第三产业增加值13124.77

---

① 郝洪,巨云鹏. 深度融合 长三角四省市从未像今天这样互动频密[EB/OL]. (2019-01-02). http://news.china.com.cn/2019-01/02/content_74332182.htm.

亿元，占全省的53.7%，工业增加值5767.04亿元，占全省的43.1%，社会消费品零售总额10150.60亿元，占全省的47.6%，地方一般公共预算收入1771.82亿元，占全省的43.5%。现阶段，成德眉资四市经济总量达到2.2万亿元，按照2019年成德眉资四市平均增速7.6%计算，到2022年基本能达到起步期定下的2.7万亿元的目标。

2019年成德眉资四市常住人口2564万人，占全省的30.6%，城镇化率达到65.3%，比全省高11.51个百分点，比2018年的53.3%提高了12个百分点，城镇化率显著提高，距离2022年起步期定下的70%左右的目标相差的5个百分点。

表2　2019年成德眉资同城化主要经济指标及排序

	地区生产总值（亿元）	第一产业增加值（亿元）	第二产业增加值（亿元）	第三产业增加值（亿元）	工业增加值（亿元）	社会消费品零售总额（亿元）	地方一般公共预算收入（亿元）
全省	46615.82	4807.24	17365.33	24443.25	13365.70	20144.32	4070.70
成都市	17012.65	612.18	5244.62	11155.85	4118.40	8313.40	1483.00
德阳市	2335.91	234.60	1184.39	916.92	1085.89	893.99	124.96
眉山市	1380.20	199.16	527.13	653.91	391.27	556.05	110.77
资阳市	777.80	142.06	237.65	398.09	171.49	387.05	53.09
成德眉资合计	21506.56	1188.00	7193.79	13124.77	5767.04	10150.49	1771.82
四市占全省比重（%）	46.10	24.70	41.40	53.70	43.10	50.40	43.50

数据来源：四川省及成都、德阳、眉山、资阳市统计局。

2. 交通基础设施一体化大幅提高

2018年9月，成德眉资四市政府共同签署《关于加快成德眉资同城化发展合作协议》，标志着四市正式开启了同城化多边合作，协议明确提出要加快推进交通基础设施同城化发展，全力构建半小时交通圈。现阶段，经过四市的不断努力，已经初步形成了多层次、多方式、立体化、网络化的现代化综合交通运输体系，为成德眉资同城化发展打下坚实基础。

航空同城化加快发展。2019年4月，德阳—成都双流国际机场候机楼作为全省首个城市候机楼正式启用，日接待旅客500人次，累计运送旅客2.1万人次，眉山、资阳城市候机楼相继提上日程。德阳、资阳、眉山至成都天府国际机场快速通道正在有序推进，德阳至天府国际机场快速通道现已完成工可方案，正协调推动前期工作，成都航空枢纽正在加快成为四市共享国际航空枢纽。

铁路动车公交化成效显著。成德眉资动车公交化运营车次不断加密，截至

2020年8月,成德之间日开行动车增加至83列,成眉之间日开行动车69列,成资之间日开行动车29列,德眉资三市与成都基本建成半小时高铁交通圈。连接成德眉资四市的成都外环铁路已全面启动前期工作,正在抓紧组建项目公司。成眉市域铁路S5线眉山段已完成工可报告初稿,成资市域铁路S3线目前已进入勘察设计阶段,成德市域铁路S11线完成工可及前期要件编制。

道路同城化步伐不断加快。2020年5月,成德眉资四市联合签订《成德眉资打通同城化城际"断头路"行动计划》,成德眉资打通同城化城际"断头路"项目共计15个,总里程220.2千米,项目总投资约172亿元。截至2020年8月,成资间6条断头路目前已开工4条;成眉间3个"断头路"项目(简仁快速路、S103剑南岷东大道双流段改造工程、S401丹蒲快速通道)总投资70.9亿元,均已开通建设;成德间已开工建设4条,其中金旌路、广大路、彭什沿山路德阳境已建成并投入使用。

公交同城化取得新进展。自2018年10月全省开通第一条跨市公交线路——眉山天府新区视高镇至成都天府新区兴隆湖以来,成德、成眉间又陆续开通广汉—青白江、广汉—新都、什邡—彭州7条城际公交线路。自2019年12月成德眉资四市公共交通"一卡通"实现全面同城以来,天府通实现跨区域多场景应用,出售"天府通·成德通卡"1665张,累计刷卡10.1万余次,"天府通·成资通卡"公交累计发行卡7974张,累计刷卡396.2万人次。

表3 成德、成眉、成资交通基础设施(截至2020年8月)

	成都—德阳	成都—眉山	成都—资阳
距离	50千米	70千米	60千米
既有高速	5条	4条	3条
既有快速公路	4条	2条	0条
既有轨道	3条	3条	2条
接壤边界/通道数	153千米/21个	115千米/6个	101千米/7个
既有跨市公交	3条(广汉—青白江、广汉—新都、什邡—彭州)	4条(兴隆湖—视高、彭山北—黄龙溪、彭山北—恒大文旅城、彭山北—成都地铁10号线)	0条
既有动车列数	每天83列	每天69列	每天29列
既有地铁接口	4个(成都地铁3号线、5号线、17号线、18号线)	3个(成都地铁1号线、5号线、10号线)	0个
未来规划建设	"9高13轨13快"成德综合交通体系	"7高8轨16块"成眉综合交通体系	"7高11轨16快"成资综合交通体系
服务圈	半小时	一小时	半小时

数据来源:眉山、德阳、资阳交通运输局。

3. 基本公共服务均等化深入推进

成德眉资同城化进程中有关公共服务对接共享的工作主要包括提升教育合作发展水平、推动医疗卫生事业合作发展、推动社会保障同城化、强化公共事务协同治理、健全跨境处置水源保护、重污染天气等事宜。其中教育、医疗、社保等尤为影响四地居民的同城感受。现阶段，在这几个方面四市均合力持续推进，取得了一定成果。

教育同城化方面。一是优质教育不断共享，冠城七中、成都嘉祥外国语学校落户眉山天府新区，成都外国语学校落户仁寿县，川大眉山校区项目双方达成广泛共识。电子科大成都学院什邡校区、德阳成都外国语学校将于2020年开始招生。"石室祥云"教学资源已在省教育资源公共服务平台开放共享，实现了资阳师生免费访问使用。截至2020年8月，成都四中、七中等优质网教资源覆盖德眉资29所学校。二是人才交流日益密切。2019年，成德间结对学校扩大至50余对，资阳已确定10所学校与成都结对共建，德阳3200余名教师参与成都举办的系列教学培训活动，相关教育专家库新增成都、资阳、眉山专家106人。同时，四市还就职教联盟、国际交流、师资培养等进行了广泛交流。

医保同城化方面。一是医保部分信息数据实现互联共通。成德眉资四市按季度交换共享四市部分医保指标数据，包括城职、城乡参保人数及不同级别医疗机构住院、门特结算人次等两大类10个细分项目医保数据，目前已完成2019年度、2020年1季度数据交换。二是异地就医医药机构数量持续扩大。现阶段已实现四市医保参保人员在四市区域内开通异地就医联网结算的定点医药机构个人账户刷卡和住院直接结算，同时成都已率先实现取消对德阳、眉山、资阳三市的异地就医提前备案程序。三是医保经办服务业务办事指南统一。对照《全国医疗保障经办政务服务事项清单》，初步形了《成德眉资同城化医保经办业务办事指南》，为逐步实现四市医保经办业务无差别受理奠定了基础。

社保同城化方面。一是实现养老保险无障碍转移。充分利用部级、省级联网平台，实现企业职工养老保险关系无障碍转移。2014年至2019年，德阳与成都、眉山、资阳间共办理养老保险关系转移接续49954人次，其中转入37681人、转出9583人、临时账户转移接续2690人次。二是实现了社保卡互认互办。除社保卡注销外的申领、补换、激活等10项业务已实现全省通办。三是实现社保卡协同发展。已实现持异地社保卡办理人社各项业务；实现异地住院结算、特病结算、门诊结算、药店划卡等医疗应用；实现惠民惠农财政补贴社保卡"一卡通"异地发放。

4. 行政壁垒和体制机制障碍正逐步打破

同城化的关键一环就是打破行政壁垒，成德眉资"一盘棋"多方面融合发展。现阶段，得益于省委省政府的正确领导、四市的倾力合作，阻碍要素自由流动的行政壁垒与体制机制障碍正逐步"破冰"。

初步构建了联动协调机制。现阶段，成德眉资四市建立了同城化发展"决策层＋协调层＋执行层"三级联动协调机制，初步构建了层次分明、合作紧密、执行有力的联动协调工作体系。2020年7月成立了四川省推进成德眉资同城化发展领导小组办公室，眉山市成立了同城化发展工作领导小组，德阳市与资阳市分别设立了区域协同发展局和同城化发展工作局。市级层面还建立了区域协同发展工作推进会月推进制度，进一步加强对同城化发展的组织领导和统筹协调。

行政壁垒逐步被打破。2020年5月，四川省推进成德眉资同城化发展领导小组办公室对外发布"推动成德眉资交界地带融合发展的7个实施方案"，确定了成德眉资交界地带的简阳—雁江、简阳—乐至、青白江—广汉、彭州—什邡、金堂—中江、天府新区成都片区—天府新区眉山片区、新津—彭山作为同城化发展支撑点，在破除行政壁垒等方面先行先试。同时，大力推进"三区三带"建设，共建成德临港经济产业带、成眉高新技术产业带、成资临空经济产业带。现阶段这些交界地带、"三区三带"已通过不断破除行政壁垒在基础设施、产业协作、生态环保、公共服务等领域开展深入合作，由点及面，为更大范围内推进同城化发展提供了坚实的保障。

四、新老问题掣肘成德眉资同城化发展

现阶段，成德眉资同城化发展虽然取得了较大进展，但同城化发展仍处于极核带动向协同建设转型的初级阶段，还面临着不少现实问题与困难挑战。

（一）成德眉资同城化推进内生动力不足、外部影响力不够

1. 部门、社会参与度低，支持力度不够

成德眉资同城化的推进关系成渝地区双城经济圈这一重大国家战略的建设，意义重大。但现阶段推进的内生动力明显不足，部分省直部门参与度、支持力度都较低，思想和行动尚未与中央和省委决策部署统一，还存在着认为"成德眉资同城化是成德、德阳、眉山、资阳四个市的事情"这样的错误观念，本位意识比较突出，导致部分规划、资金筹措、基础设施建设等工作协调起来较为困难，影响同城化进度。同时，因为成德眉同城化尚处于起步阶段，市域铁路等交通基础设施正在建设，美好愿景落实落地仍有较长历程，部分企业看不到发展前景、信心不足。从目前介入情况来看，成德眉资四市国有企业介入程度较深，但囿于自身发展压力，作用发挥有限，部分省属国有企业以及民营企业介入程度较有限，未能积极参与同城化发展建设。

此外，自省至市虽然搭建了同城化领导工作班子，但总体来看人手较为匮乏。

四川省推进成德眉资同城化发展领导小组办公室包括驾驶员在内仅有19人,大部分人员是从成德眉资四市发改、交通、规划、经信、编办等抽调而来,流动性较大;德眉资三市虽然组建了同城化发展相关部门,但人手普遍仅有4～5人,人员不足,加之前期同城化需要政府部门协调推进的工作较多,更是捉襟见肘。

2. 市(州)"一亩三分地"思维仍存

成德眉资同城化发展关键要树立"一盘棋"思想,才能实现基础设施互联互通、产业协作共兴、公共服务共享。但从成德眉资同城化推进现状来看,由于长期以来形成的行政区划的惯性思维,四市在审视、谋划、推进自身发展的同时,未能充分考虑周边区域的协同、合作、互补发展,"一亩三分地"思维定式仍存,在部分专项规划体系构建中,立足于自身市州的差异性诉求较多。此外,成都市部分相关部门反映,德眉资三市对成都市依赖性较强,部分市州工作推进存在"等成都、靠成都、要成都"的观念,与成都纵向交流合作频繁,但是四市横向之间的交流合作非常少。

3. 同城化品牌影响力有限,项目招引难

成德眉资同城化虽然早在制定成都平原城市群"十三五"规划前就有研究,但明确部署却是在2018年9月"一干多支"发展战略推进成都平原经济区协同发展工作会议上。相较于长三角、广佛、长株潭等地区,成德眉资同城化时间短、影响力小、品牌知名度低。在对外招商引资方面,工作开展较为困难,央企等对此缺乏认知,据四川省推进成德眉资同城化发展领导小组办公室反映,甚至还存在领导班子换届之后同城化是否还继续推进等顾虑。成德眉资同城化的推进最终落脚点都是具体项目,尤其是重大项目,品牌影响力不够带来的项目招引难非常不利于成德眉资同城化的推进。

(二)体制机制及规划体系尚不完备

1. 体制机制尚不完备

虽然目前成德眉资同城化初步构建起了"决策层+协调层+执行层"三级联动协调机制,但部分工作协调及推进机制尚未完全理顺,部分关键机制尚未构建。

一是组织协调机制不完备。从省级管理来看,统筹成德眉资同城化推进的四川省推进成德眉资同城化发展领导小组办公室职责不清,不利于统筹推进全局工作。四川省推进成德眉资同城化发展领导小组办公室不是独立法人,是意识形态机构,主要工作是统筹协调决策层的指令以及反馈执行层相关意见建议,同时协调推进成德眉资同城化相关工作。但现阶段承担了不少省级相关部门派发且要求限期完成的相关工作,不利于本职工作推进,影响同城化进度。从市级管理来看,因为四市机构设置及职能分工存在差异，致使部分工作对接不畅、对接效率不高。如交通方面，成都的铁路、市域轨道、城市轨道的规划、建设、运营监管分属市交通局、市规划和自然资源局、市住建局等不同市级部门，德阳、眉山、资阳则由市发改委、市交通运输局等不同市级部门负责。"三区三带"推进方面，成德共建临港临港经济产业带，但不同于眉山、资阳对接天府新区、东部新区等相关部门，德阳是与成都市北改办对接，工作对接非常不通畅。

二是成本共担和利益分享机制尚未建立。成德眉资同城化涉及四个不同城市，要实现交通共建共享、产业协作共兴，需要一定的成本共担和利益分享机制，但现阶段，资本怎样投、项目怎样落、财税怎样分及经济指标协商划分等事项都不明确，致使产业协作共兴、部分交通基础设施共建等迟迟没有取得实质性进展。

三是经济区与行政区适度分离机制尚未建立。随着成德眉资同城化的深入推进，以及交接地带、"三区三带"先行示范区的积极尝试，阻碍要素流动的行政壁垒正在逐渐"破冰"，但"破冰"范围、程度远远不够。德眉资三市普遍反映，在主动融入成都发展过程中，规划对接、政策协同、设施互通、平台共建方面面临着很多障碍。如现阶段，四市交界地区、"三区三带"示范区在农业、工业等共建产业发展区意向强烈，但按照财政项目管理制度要求，项目申报实施只能以行政区域来执行，这非常不利于跨区域产业区的建设，更不利于产业协作发展。

2. 部分上位规划缺失、区域内规划缺乏沟通衔接

在规划方面，成德眉资同城化发展拟要构建"1+1+N"的综合规划体系，两个"1"即《成都都市圈发展规划》《成德眉资同城化国土空间规划》，"N"即包括《成德眉资同城化综合交通基础设施规划》《成德眉资陆海联运新通道体系规划》等在内的数个专项规划。成德眉资同城化发展规划引领至关重要，但现阶段，"1+1+N"综合规划体系中，两个"1"尚未出台，"N"中较为关键的《成德眉资同城化综合交通基础设施规划》也尚未出台。《成德眉资同城化综合交通发展专项规划(2020—2025年)》中"畅通都市圈公路网"的重要项目——38条跨市快速公路因暂未纳入国家级上位规划，无法通过省级审批立项，不能获得土地、资金等要素保障支持，项目难以顺利推进。

同时，四市仍然局限在本区域内修编总体规划及产业专项规划，已启动的产业专项合作规划编制进展也较为缓慢。四市产业规划缺乏有效衔接导致各城市产业发展定位不明确、横向错位不明显、纵向分工协作不配套等问题凸显。

（三）区域实力相差较大，相关政策缺乏系统和配套性

1. 成德眉资四市经济综合实力悬殊

（1）纵向比较看

2019年，成都地区生产总值分别是德阳市的7.3倍、眉山市的12.3倍、资阳市的21.9倍，地方一般公共预算收入分别是德阳市的11.9倍、眉山市的13.4倍、资阳市的27.9倍。近十年德眉资三市地区生产总值占成都地区生产总值比重呈下降趋势，2010年还能占到近四成，达到38.4%，2016年以来，占比逐年下降，2017年占比下降到29.99%，不到三成，2019年下降至26.42%。近十年德眉资三市地方一般公共预算收入占成都地区一般公共预算比重也在二成左右浮动（见表4、表5）。

（2）横向比较看

与国内同城化发展先发地区相比，成德眉资四市经济实力差异还是非常大。2019年，广州地区生产总值达到23628.1亿元，佛山10751亿元，佛山占广州地区生产总值的比重近五成，为45.5%，近五年比重不断上升，比2015年的44.2%提升了1.3个百分点。京津冀、长三角各省市地区生产总值虽有一定差异，但并不非常大，地区生产总值较少的省市占较多的省市比重均维持在四成左右（见表6）。

表4 近十年成德眉资四市地区生产总值及德眉资三市占成都比重

	2010年	2015年	2016年	2017年	2018年	2019年
成都市（亿元）	5551.33	10801.16	12170.23	13889.39	15698.94	17012.65
德阳市（亿元）	921.27	1605.06	1752.45	1960.55	2148.39	2335.91
眉山市（亿元）	552.25	1029.86	1117.23	1183.35	1269.90	1380.20
资阳市（亿元）	657.90	1270.38	943.44	1022.21	728.63	777.80
德眉资三市合计（亿元）	2131.42	3905.30	3813.12	4166.11	4146.92	4493.91
三市合计占成都比重（%）	38.40	36.20	31.30	29.99	26.42	26.42

注：2015年开始，资阳市的简阳市归辖成都。数据来源于成都、德阳、眉山、资阳市统计局。

表5 近十年成德眉资四市地方一般公共预算收入及德眉资三市占成都比重

	2010年	2015年	2016年	2017年	2018年	2019年
成都市（亿元）	526.94	1157.64	1175.40	1275.50	1424.16	1483.00
德阳市（亿元）	45.80	88.61	100.07	106.17	117.58	124.96
眉山市（亿元）	24.69	83.15	90.30	93.16	103.20	110.77

续表5

	2010 年	2015 年	2016 年	2017 年	2018 年	2019 年
资阳市（亿元）	24.47	61.77	46.84	49.77	52.85	53.09
德眉资三市合计（亿元）	94.96	233.53	237.21	249.10	273.63	288.82
三市合计占成都比重（％）	18.02	20.17	20.18	19.53	19.21	19.48

注：2015年开始，资阳市的简阳市归辖成都。数据来源于成都、德阳、眉山、资阳市统计局。

表6 近五年广佛、京津冀、长三角各省市地区生产总值

	2015 年	2016 年	2017 年	2018 年	2019 年
广州（亿元）	18100.00	19610.94	21503.00	22859.35	23628.10
佛山（亿元）	8003.92	8630.00	9549.60	9935.88	10751.00
佛山占广州比重（％）	44.22	44.00	44.41	43.50	45.50
北京（亿元）	22968.60	24899.30	28000.40	30319.98	35371.30
天津（亿元）	16538.19	17885.39	18595.38	18809.64	14104.28
河北（亿元）	29806.10	31827.90	35964.00	36010.27	35104.50
天津占河北比重（％）	55.50	56.20	51.70	52.20	40.20
上海（亿元）	25643.47	28178.65	30133.86	32679.87	38155.32
江苏（亿元）	70116.40	76086.20	85900.90	92959.40	99631.50
浙江（亿元）	42886.00	46485.00	51768.00	56197.15	62352.00
上海占江苏比重（％）	36.60	37.00	35.10	35.20	38.30

数据来源：相关地区统计局。

2. 部分政策缺乏协调性与配套性

四市经济综合实力悬殊，加之成都又是副省级城市，享受了许多国家级改革创新试验政策，有更加雄厚的财政实力和更多的宏观调控手段，制定的政策更加开放，如统筹城乡综合配套改革、自由贸易试验区、高新区自主创新、全面创新改革等。德眉资三市受经济发展水平和财政经济影响很难享受到相同的政策红利，导致地区之间政策落差较大，政策系统性、整体性、协调性不足。如在农业产业扶持政策方面，成都市出台《成都市都市现代农业产业精准支持行动计划（2019—2021年）》，在现代农业产业功能区、农产品加工产业链、重点龙头企业、农业科技中心建设、农产品区域公用品牌打造等方面给予强有力的政策扶持。而眉山等地农业农村投入相对不足，财政支持力度与成都相比有一定差距，吸引资本投资农业的积极性不高。目前，中共四川省委办公厅、四川省人民政府办公厅印发了《关于推动成

德眉资同城化发展的指导意见》，但是推进成德眉资同城化发展的具体政策意见尚未出台，缺乏突破性的政策支持、激励约束、配套支撑，特别是缺乏有效推动资源互补、分工协作、市场一体、互利共赢的一揽子政策措施。

（四）核心城市能级有待提升，同城化支撑引领作用需进一步加强

1. 极核带动力较弱，"虹吸效应"较强，辐射带动能力不足

同城化发展具备的要件之一是需要有一个带动能力较强的中心城市。虽然近年来成都已经成为全国最具成长空间的新一线城市，经济活力较强，但比较来看，尤其是与京津冀、长三角、粤港澳等中心城市发展水平相比，现阶段成都带动力仍然较弱，辐射能力不足。

成都于2019年在世界城市体系中跃升至59位，相较于2018年提升了12个位次，世界Beta+城市的中国城市只有成都市。但作为成渝双核一极，成都带动辐射能力仍显不足，2019年成都经济总量1.7万亿元，与重庆相差0.7万亿元，而且从近十年数据看，成都与重庆经济总量差距逐步加大，已经由2010年的2406.2亿元扩大到2019年的6593.1亿元。

成都辖区面积分别是上海、广州、深圳的2.22倍、1.89倍、7倍，但是经济总量分别只占上海、广州、深圳的44.6%、72%、63.2%。核心城市自身发展尚未满足，对发展要素需求较高，如东部新城尤其是东部新区急需大量产业、项目导入，对周边的"虹吸集聚"仍大于"辐射扩散"，加之尚未建立利益共享机制，没有形成良性竞争合作关系，实质性的合作较少，辐射带动能力有限。

同时，成都、重庆本就集聚了成渝地区大部分的人口、产业和要素资源，双城经济圈建设还将继续做大做强成都、重庆这两个中心城市，增强了成都、重庆对资源、要素的虹吸效应。德眉资三市本就与成都经济实力相差较大，随着成都、重庆虹吸效应的进一步增强，德眉资三市的科技、人才等资源和要素会加速流失。

表7　2010年以来成都与重庆地区生产总值绝对差距

年份	地区生产总值				绝对差距（亿元）
	成都		重庆		
	绝对值（亿元）	增速（%）	绝对值（亿元）	增速（%）	
2010	5551.3	15.0	7957.5	17.2	2406.2
2011	6950.6	15.2	10048.1	16.4	3097.5
2012	8138.9	13.0	11456.3	13.6	3317.3
2013	9108.9	10.2	12832.8	12.3	3723.9
2014	10056.6	8.9	14322.9	10.9	4266.3

续表7

年份	地区生产总值				绝对差距（亿元）
	成都		重庆		
	绝对值（亿元）	增速（％）	绝对值（亿元）	增速（％）	
2015	10801.2	7.9	15789.8	11.0	4988.6
2016	12170.2	7.7	17674.3	10.7	5504.1
2017	13889.4	8.1	19424.7	9.3	5535.3
2018	15342.8	8.0	20363.2	6.0	5020.4
2019	17012.7	7.8	23605.8	6.3	6593.1

数据来源：成都市、重庆市统计局。

表8　2019年成渝双城及京津冀、长三角、粤港澳中心城市发展水平对比

城市	土地面积（万平方千米）	常住人口（万人）	城镇化率（％）	地区生产总值（亿元）	增速（％）	人均地区生产总值（万元）	地方一般公共预算收入（亿元）	社会消费品零售总额（亿元）
成都	1.40	1658.10	74.40	17012.70	7.80	10.30	1482.97	8313.40
重庆	8.20	3124.30	66.80	23605.80	6.30	7.60	2134.90	8667.30
北京	1.68	2154.00	86.60	35371.30	6.10	16.40	5817.10	12270.10
上海	0.63	2428.00	88.30	38155.30	6.00	15.70	7165.10	13497.20
广州	0.74	1530.60	86.50	23628.60	6.80	15.60	1697.20	—
深圳	0.20	1343.90	100.00	26927.10	6.70	20.30	9424.20	6582.90

数据来源：相关地区统计局。

2. 成德眉资支撑引领作用需进一步加强

近两年，成德眉资主要经济指标占比呈下降趋势，支撑引领作用需进一步加强。2019年，成德眉资地区生产总值占全省比重为46.1％，比2018年降低了0.2个百分点；三次产业增加值中，除第二产业增加值占全省比重提升了0.1个百分点外，其他均是下降，其中第三产业增加值占全省比重下降了0.3个百分点；社会消费品零售总额占全省比重为47.5％，比2018年下降了0.2个百分点；地方一般公共预算占全省比重收入虽有上升，但相较于2018年仅上升了0.1个百分点（见表9）。

从近五年数据看，成德眉资地区生产总值与国内先发地区长三角、京津冀等相比，差距较大。2019年，成德眉资地区生产总值仅占广佛的62.6％、京津冀的25.4％、长三角的10.7％。

表9 近两年成德眉资四市主要经济指标占全省比重   单位：%

	地区生产总值	第一产业增加值	第二产业增加值	第三产业增加值	工业增加值	社会消费品零售总额	地方一般公共预算收入
2018年	46.3	25.2	41.3	54	42.4	47.7	43.4
2019年	46.1↓	24.7↓	41.4	53.7↓	43.1	47.5↓	43.5

注："↓"代表与2018年相比，指标下降。根据《四川统计年鉴2019》及成德眉资四市提供的相关数据计算整理。

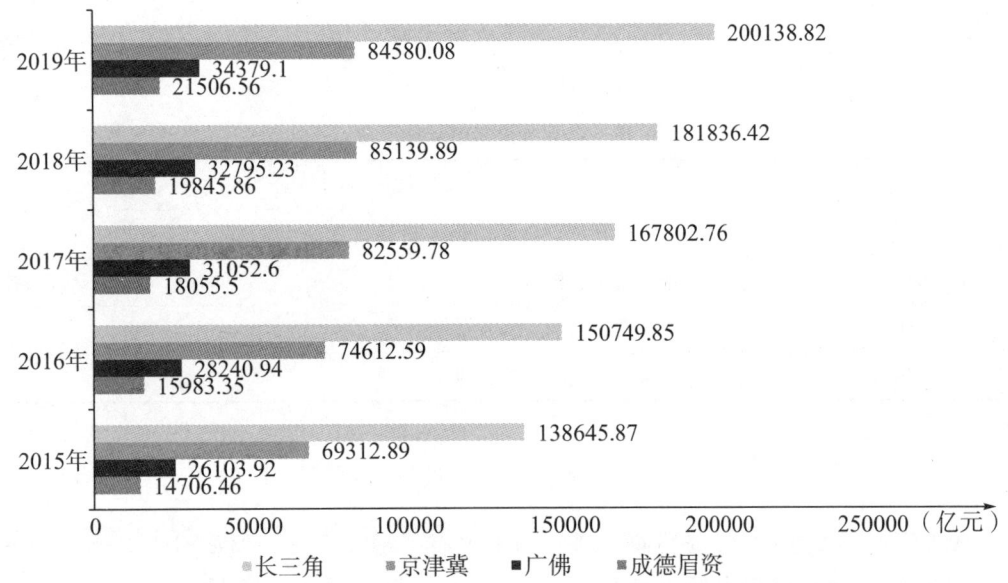

图1 2015—2019年成德眉资与国内先发地区地区生产总值对比

注：本图中长三角包括上海、江苏、浙江，京津冀主要包括北京、天津、河北，广佛主要包括广州、佛山。数据来源于各地统计局。

（五）关键领域问题突出

1. 同质化问题突出，主导产业缺乏协作，功能互补不足

从现阶段成德眉资四市产业布局来看，同质化问题较为突出。成都产业门类范围广、发展基础好、规模体量大，五大支柱产业电子信息、汽车制造、食品饮料、装备制造、生物医药在不同程度上与德眉资三市存在同质同构，成都与资阳重点发展的轨道交通、商用汽车、绿色食品、医药健康等产业同质同构，成都眉山都在发展电子信息产业，成德与德阳都在发展装备制造产业（见表10）。德眉资三市现有主导产业部分也存在着同质问题，如德阳、眉山、资阳的主导产业中均有食品加工产业等。此外，现阶段各市都瞄准新兴产业，成德眉资之间产业同质化竞争态势将加剧。

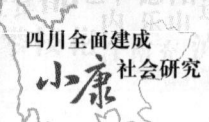

近年来，虽然德眉资三市也在承接成都的部分产业转移，但由于两地缺乏有效沟通机制，区域性产业布局协同不够。如成都"东进"区域相关产业未能与德阳相关园区产业融合发展、错位发展，在装备制造、汽车产业、航空航天等产业协作上还未取得实质性突破，转移对象与承接地预期目标存在差异，产业协作推进缓慢，仍未形成"成链成群"抱团发展的格局。

同时，成德眉资四市产业层次相差较大。成都聚集的现代新兴产业较多，规模较大，而另外三市传统产业占比较大，产业协同发展基础有一定差距。同时，四市现有的协作主要是市场驱动下企业自发性的产业链配套分工，以及承接部分不符合成都发展定位的产业转移，在价值链、创新链上缺乏紧密协作的内动力和统筹衔接，导致产业协作呈现零散性、低层次、低效率等特征。

表10 成德眉资四市支柱产业

城市	支柱产业
成都	电子信息、汽车制造、食品饮料、装备制造、生物医药
德阳	机械、食品、化工、医药
眉山	电子信息、轻工、纺织、食品
资阳	汽车制造、医药、食品、轻纺业

2. 要素保障不到位，交通互联互通水平不够高

现阶段，虽然成德眉资交通互联互通水平有了很大提高，但相对于广佛、沪苏同城化互联互通水平仍有较大差距。

从广佛、沪苏等案例来看，同城化两地间均规划建设由高速公路、快速路、高铁和城市轨道组成的综合立体交通网络以服务于城际交通通勤的需求。截至2019年，广佛间已建成高速公路7条、干线公路16条、铁路7条、地铁1条、日均动车达92对。截至2020年8月，成德眉资之间开行动车列数最多的成德之间也仅有83列。从发展现状看，现行阻碍成德眉资同城化交通互联互通的主要问题有两个。

一是建设用地难保障。同城化项目尤其是基础设施项目用地需求较大，虽经规划优化选址，尽可能避让永久基本农田，却仍然不可避免会占用基本农田。德阳、资阳、眉山三市均反映，跨区域的交通项目都涉及占用基本农田的问题。四川省推进成德眉资同城化发展领导小组办公室调研显示，当前成德眉资同城化建设中10条城际快速公路都不同程度存在占用基本农田问题，共占用基本农田约12390亩；7条"断头路"项目也涉及占用基本农田问题，共占用基本农田约6507亩。成德眉资四市虽积极对上争取，力图通过纳入天府国际机场场外配套项目、国省道项目和国土空间规划等多途径解决，但由于数量大、周期长、不确定因素多，建设项目用地保障工作仍存在较大困难。

二是建设资金筹措难。交通基础设施资金需求大、成本回收难，资金缺口问题

是成德眉资 4 市政府共同面临的突出问题。现阶段，成德眉资四市交通基础设施项目建设资金基本上都是自筹，尚未探索出一条较为顺畅的渠道引导社会资本介入。加之社保缴纳资金、征地年产值等逐年上涨，导致征地拆迁成本逐年增加，进一步增大了地方政府征拆资金缺口，导致地方政府支付相关征拆费用不及时，附着物迁改推进缓慢，施工梗阻点不能及时打通，拆迁农民时常阻工等问题，影响工程建设推进。德眉资三市财政收入本就不高，2019 年，德阳、眉山、资阳三市地方一般公共预算收入分比为 124.96 亿元、110.77 亿元、53.09 亿元，本级财政除正常支出外，还需支付政府性项目资金、债务本息等大量资金，财政收支矛盾突出。同时，部分城市如资阳市等 PPP 项目已实施的项目财政占比已达 10％，难以再采用 PPP 模式建设，地方政府又不能通过信托、金融租赁等方式举债，不能通过 BT、垫支修建等方式实施项目，融资难的问题亟待解决。

3. 政策差异性明显，公共服务共享难度较大

当前，成德眉资同城化在公共服务领域如教育、社保、环境共治等方面都取得了实效，但因为政策等差异性的影响，也面临一些难啃的"硬骨头"，尤其是医保方面。

医保政策制度体系趋同难度较大。我国各地区医疗保障体系二十多年来统筹层次不高（市级统筹），运行相对独立，造成成德眉资四市基本医疗保险和生育保险政策从覆盖人群到保险费率、从保障方式到待遇标准、从设计理念到具体实施措施均存在巨大的差异，深入推进成德眉资医疗保障同城化发展，最终实现四市医保政策制度统一面临的障碍阻力较大（见表 11）。

实现医保参保关系无障碍转移接续难度较大。四市职工医保参保关系无障碍转移接续及缴费年限互认一直以来都是社会关注较高的问题，目前国内其他地区尚无较好解决此问题的先行做法。这个课题虽然一直在探索，但目前面临的困难障碍不仅局限于医保领域，还牵涉财政监管等各方面，短期内实现的难度很大。

表 11　2019 年成德眉资四市参保人数及基金运行数据

	成都	德阳	眉山	资阳
城镇职工基本医疗保险参保人数（万人）	923.63	81.10	34.47	23.11
在职退休比	3.53∶1	2.34∶1	2.95∶1	1.67∶1
城乡居民基本医疗保险参保人数（万人）	824.53	277.74	267.60	257.99
城镇职工基本医疗保险基金收入（亿元）	351.53	13.28	15.74	11.48
城镇职工基本医疗保险基金支出（亿元）	247.16	12.02	9.93	10.07

续表11

	成都	德阳	眉山	资阳
城乡居民基本医疗保险基金收入（亿元）	66.19	22.07	20.84	19.20
城乡居民基本医疗保险基金支出（亿元）	62.62	21.53	19.91	20.32
各级财政补助（亿元）	43.65	13.95	13.20	12.20
各级财政补助占比（%）	65.95	63.21	63.00	63.53

数据来源：成都市医保局。

五、进一步促进成德眉资同城化发展的意见建议

为进一步推动成德眉资同城化发展，结合现阶段推进情况，在借鉴先进地区发展经验基础上，从思想认识、完善体制、优化设计、协作发展、产业抓手等方面对成德眉资同城化发展提出相关建议。

（一）凝聚成德眉资同城化发展共识与合力

1. 建立考评体系，充分调动工作积极性，形成建设合力

四市目标督查部门将同城化年度目标任务纳入各级绩效考核范围，并由同城化办公室牵头协调将同城化年度目标任务纳入省级绩效考核范围，进一步推动各责任单位凝心聚力共同完成目标任务。成德眉资同城化行动计划的项目涉及诸多领域，建议列出专门的清单。在实施过程中，要紧紧围绕落实清单的需要，建立联合编制和发布项目清单、立项统筹、推进举措、检查考核等机制，确保清单中的项目能够按进度和标准迅速推进。

2. 不断加强成德眉资四市干部人才交流

探索建立干部异地交流制度，选派优秀干部挂职锻炼，推动成德眉资四市的干部人才交流培养常态化；联合并持续举办以成德眉资同城化发展为内容的中高层干部培训班，促进四市干部统一同城化发展的思想观念和工作思路，尤其是在触及核心利益的问题上形成互利共赢合作观念；引进高水平的管理人才，建立健全高效的组织体系和工作机制，凝聚形成推动成德眉资同城化的强大合力。

3. 以重大项目为支撑，引导各类主体积极参与

搭建一批功能性的大平台，谋划实施一批战略性、引领性、示范性强的重大项目，以重大项目支撑同城化发展。不断深化"放管服"，全力为项目单位提供优质

高效审批服务，积极为市场主体投资兴业营造稳定、公平、透明、可预期的营商环境。研究出台支持社会资本参与同城化发展的政策措施，探索运用政府与社会资本合作、特许经营等方式，支持各类企业参与同城化项目建设，发挥产业联盟、创新联盟、行业协会、商会等桥梁纽带作用，引导各类主体参与同城化发展。

4. 借势宣传，提升同城品牌影响力与美誉度

充分利用西博会、进博会、中外知名企业四川行等各类展会平台，联合开展重大项目推介，提升同城品牌影响力与美誉度。加强同城化发展重大规划、重大政策的解读，重大举措、重大进展、重大成果的发布，增强人民群众的获得感，提高认知度和参与度。

（二）进一步完善体制机制及规划体系

1. 自上至下完善工作协调机制

在现阶段成德眉资同城化"决策层＋协调层＋执行层"三级联动协调机制基础上，进一步明确协调层相关职能部门职责，尤其是四川省推进成德眉资同城化发展领导小组职能职责；同时建议成德眉资四市联合成立同城化专责小组，负责交通、产业、公共服务等相关领域工作衔接和落实，解决不同城市职能职责归属不统一的问题，并明确专责领导和工作部门，建立常态化沟通交流和联系协商机制。

2. 探索建立区域成本共担和利益分享机制

成德眉资同城化发展行政壁垒"破冰"难，关键在于没有按照平等协商、权责一致的原则，建立与之相适应的利益协调机制和模式。建议能够在产业转移与协作、园区合作共建、税收利益分成等方面加强研究建立健全分享机制，加快研究"资本怎样投、项目怎样落、财税怎样分"及经济指标协商划分等事项。在利益分享方面，可通过共建产业园区率先探索"存量不动＋增量分成"的模式，出台"区域股份合作制"操作方案，明确区域利益共享分配机制，将共建成果计入各地区考核指标。同时建立区域利益争端处理机制，通过召开领导小组会议、同城化发展联席会议、工作推进会等形式协调地方利益冲突。

3. 积极争取相关项目纳入上位规划，统筹协调区域规划

一是结合成渝地区双城经济圈建设战略部署，建议由四市发改部门、交通运输部门共同向上争取，推动《成都都市圈（成德眉资同城化）发展规划（2020—2025年）》相关项目事项、平台载体、改革政策及时纳入国家"十四五"规划、《成渝地区双城经济圈建设规划纲要》，并争取将《成德眉资同城化综合交通发展专项规划（2020—2025年）》相关项目纳入《成渝地区双城经济圈多层次轨道交通体系规划》

和《成渝地区双城经济圈综合交通发展规划》，保障项目顺利立项、按期推进。二是强化区域规划、专项规划、空间规划的衔接协调，在省"十四五"规划中突出成德眉资同城化战略重点，建立健全四市规划衔接协调机制，明确衔接原则和重点，规范衔接程序，确保四市各类规划协调一致。

（三）不断做强成都极核提升辐射带动水平

1. 聚焦新型工业化进程推进，全力提升城市规模能级

一是不断增强工业发展后劲。当前，成都要推进城市规模能级再上新台阶，关键在工业，难点也在工业。要以产业功能区为载体，以产业链为核心，以工业项目为抓手，着力打造和培育工业重点产业集群，切实抓好工业重大项目的引进工作，并加强项目跟踪，注重项目建设实效，增强工业发展的后劲。同时做好功能区的生活配套设施规划建设，进一步促进重大工业项目的竣工投产达产达效。二是充分发挥东部新区作为成渝相向发展的新兴极核作用，积极承接中心城区向外转移的现代制造业和生产性服务业，为成都规模能级再上新台阶开辟新战场、提供新支撑。

2. 立足产业发展基础，推动重点优势产业加快发展

电子信息及汽车制造业方面，重点加大产业供应链建设，垂直整合产业链上下游环节，积极对接和融入产业链高端和价值链核心。信息传输软件和信息技术服务业方面，着力不断扩大国内产业分工体系中的比较优势。轨道交通产业方面，充分利用聚集西南交大、中铁二院、中铁二局等大型企业及先进机构，覆盖科技研发、勘察设计和工程建设的全产业链系统集成的基础及优势，推动轨道交通产业发展再上新台阶。此外，积极推动生物医药产业高质量发展，促进军民融合下军工产业发展壮大，同时在产业布局时更多考虑成都的交通区位条件，优先发展适合航空运输的产品体积小、重量轻、附加值高的行业。

3. 聚焦要素市场盘活，积极推动资源要素充分集聚蓄能

一是深入实施创新驱动发展战略，着力吸引创新资源集聚。要进一步加大研发投入力度，稳步提高 R&D 经费支出占地区生产总值的比重，逐步改变研发投入不足的局面。着力推进人才建设，加强政策支持和人文关怀，吸引更多高层次人才来蓉发展。二是坚持以项目为中心组织经济工作，加快推动重大项目招引落地。聚焦产业化项目，瞄准产业新城、关键行业、新兴领域，加强要素保障，提升能快速形成经济增量的工业投资、更新改造投资和服务业产业投资比重，推动产业转型升级和提质增效。加强重点项目招引，强化以项目为中心的经济组织方式，及时跟踪全市重大项目落地和建设进度，积极协调解决重点项目尤其是产业化项目建设过程中遇到的问题和困难，加强在建项目促建工作，确保投资意愿如期转化为投资实物工作量。

(四) 多渠道探索要素保障工作

1. 多渠道筹措建设资金

一是项目属地政府及相关部门积极学习借鉴"城市综合运营"和片区综合开发模式，有效解决资金难题；二是项目属地政府和国有平台公司积极研究创新投建模式，由省级或成都市大型国有投资平台公司牵头，四市以资金或资源入股，成立成都都市圈基础设施投资建设公司，推动同城化设施互通项目建设；三是四市财政部门、发展改革部门积极协调省财政厅、省发展改革委向上对接，争取发行成都都市圈基础设施建设专项债券，保障项目建设运营及偿债基金需求，确保建设项目顺利推进。

2. 多方式增强土地要素保障

一是四市规划和自然资源部门加快推进国土空间规划编制报批工作，并积极向上争取用地审批改革试点。2019年3月12日发布的《国务院关于授权和委托用地审批权的决定》确定在北京、天津等8个省市开展为期1年的试点，将永久基本农田转为建设用地和国务院批准土地征收审批事项委托地方政府。建议由自然资源厅牵头向上争取，将四川纳入新一轮试点范围。

二是争取国家部委认可支持。按照自然资源部《关于占用永久基本农田重大建设项目用地预审的通知》中"为贯彻落实党中央、国务院重大决策部署，国务院投资主管部门或国务院投资主管部门会同有关部门支持和认可的交通、能源、水利基础设施项目，允许将其占用基本农田纳入用地预审受理范围"的要求，建议积极争取自然资源部的支持，在编制报审《成渝地区双城经济圈多层次轨道交通体系规划》和《成渝地区双城经济圈综合交通发展规划》时给予支持，解决同城化城际快速通道占用基本农田问题。

三是以成渝地区双城经济圈建设为契机探索跨区域统筹用地指标和基本农田占补动态平衡，依法推动解决城际交通建设项目用地问题，实现普通国省道、快速通道的线位、点位等空间资源有效预留，落实用地要素保障。

3. 多方位优化政策环境

成德眉资四市在技术标准导则、规划管理制度等方面均各自制定了技术文件，但四市间存在很多标准不一致的情形，成都市的部分标准高于其他三个市，标准的不一致影响跨区域设施的衔接协调和四市发展建设的整体性。建议以成都市标准为基础，在规划、建设、公共设施配置等方面，进一步研究制定适用四市的统一技术标准，逐步扩大采用相同技术标准的范围，推动标准同城化。同时，以同城化改革举措为主要内容,鼓励开展试点示范,建议由省发改委及改革办对省级层面支持其他地区发展的有关政策进行具体梳理,制定并尽快出台具体实施方案,凡是有利于同城化加快发展的,四市均可按照规定参照执行,为成德眉资同城化发展提供优良的政策环境。

（五）稳步推进关键领域破题

1. 协同推进产业生态圈建设

整体协调和差异化分工是都市圈产业竞争力快速提升的重要路径。成德眉资四市要聚焦省委、省政府明确的三次产业发展主攻方向,立足自身优势禀赋,共建高效分工、错位发展的现代产业体系。一是要充分发挥政府引导作用,确定先进制造业和现代农业、现代服务业发展导向,编制同城化产业转型升级指导目录,促进四地产业融合、布局优化、成链集群发展。二是创新跨市域开发模式,加大产业规划统筹协调力度,形成"研发设计在成都,生产制造在周边"和"总部＋基地"的产业发展格局。三是加强四地招商引资政策对接,逐步统一招商引资标准,互通招商信息,共享招商资源。四是支持四地通过共建产业园区和承接产业转移示范区的形式,以及不断深化四地高新技术产业开发区、经济技术开发区等"一区多园"改革,破除产业同质同构,推动产业功能互补。

2. 有序推进公共服务共享

公共服务是成德眉资同城化推进的根本价值取向。从现阶段来看,有不少的"硬骨头"横亘其中,要掌握工作"方法论",坚持先易后难、民生优先,从群众急难愁盼的事情入手,把能干的事情先干起来,切实推动基本公共服务同城化、均等化。当前,要继续强化教育合作,不断推动成都等优质教育资源与德眉资三地共享,要强化医疗合作,推进医联体建设,要强化社保合作,深入推进社保无障碍转移、养老保险待遇核查互认、就业机会共享,要强化人力资源协作,鼓励和支持三市在成都设立人才密集的研究机构和创新平台,优先支持三市技能型人才在成都就业,为三市引进高端人才开设绿色通道。远期要探索改进公共服务供给方式,探索推动公共服务由按行政等级配置向按常住人口规模配置转变。

负责人：李　灵（成都极课教育科技有限公司）
成　员：车茂娟（四川统计局）
　　　　田精耘（成都极课教育科技有限公司）
　　　　张　军（成都极课教育科技有限公司）
　　　　贺　嘉（四川统计局）